Kernpunkt der Lehre des Buddha ist die Frage, wie sich das Leiden in der Welt verringern und schließlich überwinden läßt. Aus einer ursprünglich monastischen Bewegung wurde der Buddhismus in der Moderne zu einer treibenden Kraft im Bereich der Friedensbewegung und im Kampf um soziale Gerechtigkeit. Der Dalai Lama sowie Aung San Suu Kyi, die buddhistische Oppositionsführerin Burmas, erhielten den Friedensnobelpreis, Thich Nhat Hanh wurde mehrfach zum Friedensnobelpreis nominiert. Auch im Westen tritt der Buddhismus immer mehr aus dem Elfenbeinturm von Klöstern und Meditationszentren heraus, und seine Anhänger werden in der Gesellschaft aktiv: So meditieren sie in Gefängnissen mit Schwerverbrechern, engagieren sich in der Hospizbewegung für humanes Sterben, setzen sich für die Rechte der amerikanischen Indianer ein oder initiieren erfolgreich Programme zur Selbsthilfe für soziale Randgruppen. Dieses neue Gesicht des Buddhismus wird inzwischen weltweit mit dem Schlagwort »Engagierter Buddhismus« bezeichnet.
Mitgefühl leben versammelt wegweisende Schriften der führenden Vertreter dieser auch im deutschsprachigen Raum immer wichtiger werdenden Bewegung innerhalb des Buddhismus. Seine Autoren zeigen auf, daß die buddhistischen Tugenden des »aktiven Mitgefühls« und der »liebenden Güte« nicht nur für die Anpassung des Buddhismus an die Gegebenheiten der modernen Industrie- und Informationsgesellschaften beigetragen haben, sondern sie zeigen auch, daß die Verbindung meditativer Praxis mit einem sozial integrierten und aktiven Leben möglich ist.

Die Autoren dieses Bandes sind Robert Aitken, Richard Baker, Stephen Batchelor, Sister Chân Không, der Dalai Lama, Jack Kornfield, Joana Macy, Peter Matthiessen, Gary Snyder, Thich Nhat Hanh, Robert Thurman und andere.
Der Herausgeber ARNOLD KOTLER ist ein von Thich Nhat Hanh ordinierter Dharma-Lehrer und Gründer des auf Engagierten Buddhismus spezialisierten Verlages Parallex Press.

Arnold Kotler (Hg.)

Mitgefühl leben

Engagierter Buddhismus heute

Aus dem Amerikanischen
von Thomas Geist

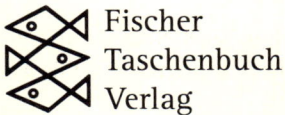 Fischer
Taschenbuch
Verlag

Spirit
Herausgegeben von
Stephan Schuhmacher

Deutsche Erstausgabe
Veröffentlicht im Fischer Taschenbuch Verlag GmbH,
Frankfurt am Main, März 1999

Die amerikanische Originalausgabe erschien 1996
unter dem Titel ›Engaged Buddhist Reader. Ten Years of
Engaged Buddhist Publishing‹
im Verlag Parallax Press, Berkeley
© Parallax Press 1996
Für die deutsche Ausgabe
© Fischer Taschenbuch Verlag GmbH, Frankfurt am Main 1999
Satz: Fotosatz Otto Gutfreund GmbH, Darmstadt
Druck und Bindung: Clausen & Bosse, Leck
Printed in Germany
ISBN 3-596-14256-3

INHALT

TEIL 4
DAS ERGRÜNEN DES SELBST

TEIL 5
GEMEINSCHAFT

TEIL 6
DIE ZUKUNFT LIEGT IN UNSERER HAND

TEIL 1
Den Frieden leben

DER DALAI LAMA

Altruismus kultivieren

Die grundlegenden Quellen des Glücks sind ein gutes Herz. Mitgefühl und Liebe. Verfügen wir über diese, werden wir so leicht nicht aus der Ruhe gebracht, selbst wenn wir von Feindseligkeit umzingelt sein sollten. Mangelt es uns aber andererseits an Mitgefühl und ist unser Geist von Zorn oder Haß erfüllt, können wir selbst unter den besten Bedingungen keinen Frieden finden. Wir werden unsicher und mit der Zeit ängstlich, und es mangelt uns schließlich an Selbstvertrauen. Dann kann selbst eine Kleinigkeit unsere innere Welt aus dem Gleichgewicht bringen. Sind wir hingegen gelassen, können wir auch mit einem sehr schwierigen Problem noch angemessen umgehen.

Um unsere menschliche Intelligenz wirklich nutzen zu können, brauchen wir Gelassenheit. Geraten wir durch Zorn aus dem Gleichgewicht, ist es schwer, intelligent zu handeln. Unsere Intelligenz wird stumpf, wenn negative Gedanken in uns die Oberhand gewinnen. Bei näherer Betrachtung der Menschheitsgeschichte über die Jahrtausende und ganz besonders der Ereignisse dieses Jahrhunderts wird klar, daß die menschlichen Tragödien, wie etwa der Holocaust, aus negativen Emotionen wie Haß, Zorn, Angst und Mißtrauen hervorgegangen sind. Ebenso wird deutlich, daß die vielen positiven Entwicklungen der menschlichen Geschichte ausschließlich von heilsamen Geisteszuständen wie dem Mitgefühl herrühren.

Die heutige Wirtschaftslage bringt es mit sich, daß jede Nation von jeder anderen abhängig ist. Selbst einander feindlich gesinnte Nationen sind im Wettbewerb um die Weltressourcen zur Kooperation gezwungen. Sowohl in der globalen Gemeinschaft als auch in der Familie ist der Mensch auf Harmonie und Koope-

11

ration auf der Basis gegenseitigen Respekts angewiesen. Altruismus ist der alles entscheidende Faktor.

Sobald ein Mensch sich für die Menschheit verantwortlich fühlt, wird er oder sie ganz selbstverständlich für die Umwelt sorgen, was immer auch ein Bemühen um eine Verminderung des industriellen Wachstums und des Bevölkerungswachstums einschließt. Wenn wir engstirnig nur auf unser unmittelbares Umfeld schauen, können wir keine positive Zukunft schaffen. In der Vergangenheit konnten wir die Langzeitwirkungen unseres Handelns vernachlässigen, weil diese weit weniger folgenreich waren als heute. Aufgrund der Fortschritte in Wissenschaft und Technologie können wir heute zwar viel größeren Nutzen schaffen, aber auch viel ernsthafteren Schaden anrichten. Die Bedrohung durch Atomwaffen und die Möglichkeit der Zerstörung unserer Umwelt durch zum Beispiel das Abholzen ganzer Wälder, Luft- und Wasserverschmutzung und die Zerstörung der Ozonschicht sind ziemlich alarmierend. Wir alle haben die Gefahren möglicher Tragödien deutlich vor Augen. Andere, kaum wahrnehmbare Veränderungen jedoch, wie etwa der Verlust natürlicher Ressourcen wie zum Beispiel des Mutterbodens, sind vielleicht noch gefährlicher, denn wenn sich ihre Auswirkungen zu zeigen beginnen, ist es bereits zu spät. Auf allen Ebenen können wir erkennen, daß aufrichtige Kooperation, ein realistisches, auf Mitgefühl und Altruismus gegründetes Gefühl von Verantwortung nicht nur verlangt, daß wir die Menschen respektieren, sondern auch anderen Lebensformen sowie der gesamten Umwelt mit demselben Respekt und derselben Verantwortung begegnen. Eine altruistische Geisteshaltung ist der Schlüssel für jede Arbeit zum Wohle des Individuums, der familiären, der nationalen und auch der internationalen Gemeinschaft.

Auf meinen vielen Reisen durch die ganze Welt begegne ich Menschen aus den verschiedensten Gesellschaftsschichten, und ich stelle immer wieder fest, daß viele von ihnen mittlerweile aufrichtig an diesen Fragen interessiert sind und mit den oben beschriebenen Sichtweisen übereinstimmen. Die grundlegende

Frage ist daher: Wie läßt sich Mitgefühl entwickeln und aufrecht-erhalten? Religiöse Überzeugungen können – sofern man sie hat – recht hilfreich sein, aber man kann auch gut ohne Religion leben. Mitgefühl, Liebe und Vergebung hingegen sind alles andere als ein Luxus. Ohne sie können wir nicht überleben.

Wann immer ich über die Bedeutung von Mitgefühl und Liebe spreche, fragen mich die Menschen, mit welcher Methode man diese Haltungen denn entwickeln könne. Das ist nicht einfach. Es gibt keine spezielle Methode, die einen befähigt, diese Qualitäten augenblicklich hervorzubringen. Sie können nicht einfach einen Knopf drücken und abwarten, daß sie erscheinen. Ich bin mir bewußt, daß einige Menschen genau das von einem Dalai Lama erwarten, aber ehrlich gesagt, alles, was ich anbieten kann, ist meine eigene Erfahrung. Wenn Sie etwas davon nützlich finden, nutzen Sie es bitte. Sollte jedoch nichts Interessantes für Sie dabei sein, macht es mir nichts aus, wenn Sie es einfach wieder vergessen.

Wir sollten damit beginnen, unsere eigene Alltagserfahrung zu untersuchen und die Lebensgeschichten anderer zu lesen, um die Konsequenzen von Zorn und im Gegensatz dazu die Folgen von Liebe und Mitgefühl zu erkennen. Wenn wir eine Vergleichsstudie dieser beiden Haltungen durchführen, entwickeln wir ein tieferes Verständnis für die negativen Folgen des Zorns und für die ent-sprechend positiven Folgen des Mitgefühls. Sobald wir von den Vorteilen des Mitgefühls und den negativen Konsequenzen von Zorn und Haß – daß sie nämlich immer Unwohlsein in uns erzeugen – überzeugt sind, geben wir uns mehr Mühe, unsere Wut zu besänftigen. Gewöhnlich glauben wir, unser Zorn würde uns vor irgend etwas schützen, aber das ist eine Täuschung. Am wichtigsten ist es, sich der negativen Folgen von Zorn und Haß bewußt zu werden. Negative Emotionen helfen einfach nicht.

Im Falle einer Naturkatastrophe oder wenn es zu einer von Menschen verursachten Tragödie kommt, haben manche das Gefühl, daß ihnen ihre Wut mehr Energie oder Mut für ihren Kampf geben würde. Meiner Erfahrung nach kann uns der Zorn zwar genug Energie geben, zu handeln oder den Mund aufzumachen, aber diese Energie ist blind und kaum zu kontrollieren. In dem Augenblick ist uns vielleicht alles egal, aber nach wenigen Minuten schon empfinden wir Reue. Wenn wir zornig sind, gebrauchen wir böse oder harte Worte, die wir, einmal ausgesprochen, nicht wieder zurücknehmen können. Begegnen wir demselben Menschen später wieder, nachdem unser Zorn verflogen ist, fühlen wir uns schrecklich. In einem kurzen Augenblick haben wir unsere Urteilskraft verloren und sind halb verrückt geworden. Es gibt viele Ebenen und Stärken des Zorns. Sind wir verärgert, ist dies noch relativ einfach zu kontrollieren. Sind wir jedoch zornig, müssen wir auf andere Techniken zurückgreifen, um mit der gewaltigen Energie umgehen zu können. Indem wir negative Geisteszustände als negativ erkennen, reduzieren wir bereits ihre Gewalt. Meine eigene Erfahrung hat mich davon überzeugt, daß wir glücklicher und gesünder sind, mehr lächeln und lachen und mehr Freunde haben, wenn wir unsere Wut verringern. Geistige Ruhe beziehungsweise Gelassenheit ist eine sehr wichtige Voraussetzung für Glück. Ein äußerer Feind, egal wie mächtig, kann unseren geistigen Frieden niemals direkt angreifen, denn Gelassenheit ist formlos. Nur unser eigener Zorn ist in der Lage, unser Glück und unsere Freude zu zerstören. Der wahre Feind der Freude ist der Zorn.

Es gibt viele unterschiedliche Geisteszustände, die alle ganz direkt unser Wohlergehen beeinflussen. Wenn wir verschiedene Geisteszustände in uns analysieren, können wir lernen, die positiven und heilsamen zu entwickeln und zu kultivieren und die negativen und zerstörerischen zu vermeiden und so zu beseitigen. Ein grundlegender Unterschied zwischen der Erforschung der materiellen Außenwelt und der Untersuchung unseres Geistes liegt in der Tatsache, daß ersteres große Laboratorien und gewaltige Geldmittel erfordert. In der inneren Welt hingegen untersuchen Sie mit stetiger Anstrengung, welche Gedanken nützlich und welche schädlich sind, und Sie kultivieren diejenigen, die Ihnen helfen. Mit der Zeit wird Ihr geistiger Gesamtzustand wesentlich ausgeglichener, und Sie werden feststellen, daß Sie viel glücklicher und gelassener sind. Das ist eine Art Yoga für den Geist.

Jeden Tag können wir uns schon beim Aufwachen an das Mitgefühl erinnern. Eine altruistische Haltung zieht viele förderliche Umstände nach sich. Ich selbst übe diese Dinge und weiß daher, daß sie hilfreich sind. Ich versuche jedem aufrichtig zu begegnen – selbst den Chinesen. Wenn ich böse Absichten, Zorn oder Haß hege, wer ist der Verlierer? Ich selbst, denn ich verliere mein Glück, meinen Schlaf und meinen Appetit; meine üblen Gefühle würden jedoch die Chinesen nicht im mindesten verletzen. Wenn ich erregt bin, ist mein körperlicher Zustand geschwächt, und einige Menschen, die ich sonst hätte glücklich machen können, werden nicht glücklich.

Manche mögen mich kritisieren, doch ich versuche trotzdem fröhlich zu bleiben. Am effektivsten arbeiten wir ohne Zorn und böse Absichten für Freiheit und Gerechtigkeit. Wenn wir gelassen bleiben und lautere Absichten haben, können wir dreißig oder vierzig Jahre hart für den Frieden arbeiten. Ich glaube daran, daß – aufgrund meiner klaren Verpflichtung zur Gewaltlosigkeit, die auf ein echtes Gefühl von Brüder- und Schwesterlichkeit gegründet ist – viel erreicht werden konnte.

THICH NHAT HANH

Leiden ist nicht genug

Das Leben ist voller Leiden, aber es birgt auch viele Wunder wie den blauen Himmel, den Sonnenschein, die Augen eines Kindes. Nur zu leiden ist nicht genug. Wir müssen auch mit den Wundern des Lebens in Kontakt sein. Diese Wunder sind in uns und um uns her zu finden – jederzeit und überall.

Wenn wir nicht glücklich sind, wenn wir nicht in Frieden mit uns leben, können wir Frieden und Glück auch nicht mit anderen teilen, selbst mit denen nicht, die wir lieben oder mit denen wir unter ein und demselben Dach leben. Leben wir hingegen in Frieden mit uns, sind wir glücklich, können wir lächeln und aufblühen wie eine Blume, und jedes Mitglied unserer Familie, ja unsere ganze Gesellschaft, wird von unserem Frieden profitieren. Müssen wir uns besondere Mühe geben, um die Schönheit des blauen Himmels zu genießen? Nein, wir genießen sie einfach. Jede Minute, jede Sekunde unseres Lebens kann so sein. Wo immer wir auch sein mögen, jederzeit haben wir die Fähigkeit, den Sonnenschein zu genießen, die Anwesenheit von anderen, ja sogar das Gefühl unseres Atmens. Wir müssen nicht nach China reisen, um die Schönheit des blauen Himmels zu genießen. Wir müssen nicht in die Zukunft reisen, um uns an unserem Atem zu erfreuen. Genau jetzt können wir mit diesen Dingen in Berührung sein. Wie schade wäre es, würden wir nur das Leiden sehen.

Meditation bedeutet, sich dessen, was geschieht – in unserem Körper, unseren Gefühlen, unserem Geist und in der Welt – bewußt zu sein. Jeden Tag sterben 40 000 Kinder an Hunger. Die früheren Supermächte verfügen immer noch über mehr als 50 000 Atomsprengköpfe, genug, um die Erde viele Male zu zerstören. Trotzdem ist der Sonnenaufgang wunderschön und die Rose, die heute morgen an der Mauer erblühte, ein Wunder. Das Leben ist schrecklich und wunderbar zugleich. Meditation zu üben heißt, mit beiden Aspekten in Kontakt zu sein. Glauben Sie nur ja nicht, um zu meditieren müßten Sie feierlich und ernst sein. Um gut zu meditieren, müssen Sie viel lächeln.

Kürzlich übte ich mit einer Gruppe Kinder Sitzmeditation, und ein Junge namens Tim lächelte wunderschön. Ich sagte: »Tim, du hast ein schönes Lächeln«, und er erwiderte: »Danke schön.« Ich sagte: »Du brauchst mir nicht zu danken, ich muß dir danken, denn dein Lächeln macht das Leben schöner. Statt ›Danke schön‹ solltest du ›gern geschehen‹ sagen.« Das Lächeln eines Kindes, das Lächeln eines Erwachsenen ist etwas sehr Wichtiges. Wenn wir in unserem Alltag lächeln können, wenn wir friedvoll und glücklich sein können, dann profitieren nicht nur wir selbst, sondern auch alle anderen davon. Das ist die grundlegendste Art der Friedensarbeit. Wenn ich Tim lächeln sehe, bin ich glücklich. Wenn er sich bewußt ist, daß er andere Menschen glücklich macht, kann er sagen: »Gern geschehen.«

Obwohl das Leben hart ist, obwohl es manchmal schwer ist zu lächeln, müssen wir es doch versuchen. Wenn wir einander »Guten Morgen« wünschen, dann muß es ein wirkliches »Guten Morgen« sein. Eine Freundin stellte mir die Frage: »Wie kann ich mich zum Lächeln zwingen, wenn ich von Sorgen erfüllt bin?« Ich riet ihr, sie solle ihren Sorgen zulächeln. Wir sind mehr als unsere Sorgen. Ein Mensch gleicht einem Fernsehapparat mit Millionen von Kanälen. Wenn wir den Buddha einschalten, sind wir der Buddha. Wenn wir Sorgen einschalten, sind wir die Sorgen. Wenn wir ein Lächeln einschalten, sind wir tatsächlich das Lächeln. Wir dürfen uns nicht nur von einem Kanal dominieren lassen. Wir haben die Samen von allem in uns, also müssen wir die momentane Situation beim Schopf ergreifen und unsere Souveränität zurückgewinnen.

Wir sind dermaßen beschäftigt, daß wir nur selten die Zeit finden, die Menschen, die wir lieben, anzuschauen oder uns selbst zu betrachten. Die Gesellschaft ist so organisiert, daß wir unsere

Freizeit nicht mehr zu nutzen verstehen, um wieder mit uns selbst in Kontakt zu kommen. Wir haben Millionen Mittel und Wege, diese kostbare Zeit zu vergeuden: Wir schalten den Fernseher ein oder telefonieren, wir steigen in unser Auto und fahren irgendwo hin. Wir sind nicht daran gewöhnt, Zeit mit uns selbst zu verbringen, und wir handeln, als würden wir uns nicht mögen und versuchen, vor uns selbst davonzulaufen.

Wenn wir uns aber friedlich hinsetzen und bewußt atmen und lächeln, sind wir unser wahres Selbst. Wenn wir fernsehen, öffnen wir uns einem Fernsehprogramm, setzen wir uns also einer Invasion der entsprechenden Inhalte aus. Manchmal ist es ein gutes Programm, aber nur zu oft ist es bloß hektisch und laut. Weil wir etwas anderes als uns selbst in uns spüren möchten, sitzen wir da und lassen ein hektisches, lärmerfülltes Fernsehprogramm in uns eindringen, uns attackieren und uns zerstören. Selbst wenn unser Nervensystem leidet, haben wir nicht den Mut, aufzustehen und abzuschalten, denn dann müßten wir unweigerlich zu uns selbst zurückkehren.

Meditation ist das Gegenteil. Sie hilft uns, zu unserem wahren Selbst zurückzukehren. In der gegenwärtigen Gesellschaft ist es allerdings sehr schwer, Meditation zu üben. Alles scheint sich verschworen zu haben, uns von unserem wahren Selbst abzubringen. Es gibt tausend Dinge, die uns von uns selbst ablenken sollen. Meditation zu üben heißt, achtsam zu sein, zu lächeln, zu atmen. Diese Dinge stärken die andere Seite. Wir kehren zu uns selbst zurück, um zu sehen, was geschieht, denn zu meditieren bedeutet, sich achtsam aller Vorgänge bewußt zu sein. Zu wissen, was geschieht, ist äußerst wichtig.

Kinder verstehen sehr gut, daß jede Frau und jeder Mann die Fähigkeit besitzt, zu erwachen, zu verstehen und zu lieben. Viele Kinder haben mir erzählt, daß sie mir niemanden zeigen könnten, der diese Fähigkeit nicht besäße. Einige Menschen erlauben diesem Potential, sich zu entwickeln, andere nicht, aber jeder besitzt es. Diese Fähigkeit zu erwachen, sich bewußt zu werden, was in Körper, Wahrnehmung und in der Welt geschieht, wird Buddha-

Natur genannt, das Potential zu verstehen und zu lieben. Wir müssen dem Buddha-Baby in uns eine Chance geben. Lächeln ist dafür sehr wichtig. Nicht indem wir uns an einer Demonstration beteiligen, können wir den Frieden herbeiführen. Durch unsere Fähigkeit zu lächeln, zu atmen und selbst Frieden zu sein, schaffen wir den Frieden.

JACK KORNFIELD

Spirituelle Praxis und soziales Handeln

Wie können wir die Idee des aktiven Dienstes und der Verantwortung in der Welt mit dem buddhistischen Gedankengut des Nichtanhaftens, der Leerheit von einem Selbst und dem Nicht-Selbst in Einklang bringen? Zuerst müssen wir lernen, Liebe, Mitgefühl und Gleichmut von dem zu unterscheiden, was man ihre »ähnlichen Feinde« nennen könnte.

Der der Liebe ähnliche Feind ist das Festhalten, die Anhaftung. Sie verkleidet sich als Liebe: »Ich liebe diesen Menschen, ich liebe diese Sache«, was gewöhnlich bedeutet: »Ich möchte ihn behalten, ich möchte nicht mehr davon lassen.« Das ist alles andere als Liebe; es ist Anhaftung – und diese beiden sind grundverschieden. Es gibt einen gewaltigen Unterschied zwischen Liebe, die stets zulassend, ehrend und würdigend ist, und der greifenden, klammernden und auf Besitz fixierten Anhaftung.

Der dem Mitgefühl ähnliche Feind ist das Mitleid. Statt die Offenheit des Mitgefühls zu empfinden, sagt das Mitleid: »Ach, der arme, arme Mensch! Er leidet, und er unterscheidet sich von mir.« Damit entsteht Trennung und Dualität. »Das ist außerhalb von mir. Ich will es. Ich brauche es, um vollständig zu sein.« Ich und es werden als verschieden wahrgenommen.

Der dem Gleichmut ähnliche Feind ist die Gleichgültigkeit. Es sieht sehr nach Gleichmut aus, wenn man sagt: »Es ist mir gleich, ich hänge nicht wirklich daran.« Und auf gewisse Weise ist das ja tatsächlich auch ein sehr friedliches Gefühl, eine große Erleichterung. Aber es ist eine Art Rückzug. Man wendet sich von der Welt und vom Leben ab. Ist Ihnen der Unterschied bewußt? Gleichmut ist – wie Liebe und Mitgefühl auch – keinesfalls Rückzug. Es gilt mitten in der Welt zu stehen und sich ihr mit Augenmaß zu öffnen, indem man die Einheit der Dinge erkennt. Mitgefühl ist ein Gefühl geteilten Leides. Gleichmut ist eine ausgewogene Beziehung zum Leben. Die »ähnlichen Feinde« – Anhaftung, Mitleid und Gleichgültigkeit – sind sämtlich Mittel und Wege, uns von dem zurückzuziehen, was uns Furcht bereitet. Meditation führt nicht zu einer Abkehr von der Welt. Sie führt zu einer vertieften Sicht der Welt, die nicht mehr egozentrisch ist und von einer dualistischen (»Ich und die anderen«) zu einer spontaneren und ganzheitlicheren Wahrnehmung führt.

Vimala Thakar hat jahrelang als Meditationslehrerin in Indien und Europa gewirkt. In gewisser Hinsicht ist sie die Dharma-Erbin Krishnamurtis. Nachdem sie zuvor viele Jahre in ländlichen Entwicklungsprogrammen gearbeitet hatte, bat Krishnamurti sie eines Tages, mit dem Lehren zu beginnen, und sie wurde eine starke und sehr beliebte Meditationslehrerin. Nach einigen Jahren schließlich kehrte sie wieder zu ihrer ländlichen Entwicklungsarbeit zurück und schränkte das Lehren stark ein. Als ich ihr begegnet bin, habe ich sie gefragt: »Aus welchem Grund sind Sie wieder zu Ihrer ländlichen Entwicklungsarbeit zurückgekehrt und helfen Hungernden und Obdachlosen, nachdem Sie doch so erfolgreich Meditation gelehrt haben?« Meine Frage beleidigte sie, und sie erwiderte heftig: »Mein lieber Herr, ich liebe das Leben, und ich mache keinerlei Unterschied zwischen dem Dienst an Menschen, die am Verhungern sind und unter würdelosen physischen Bedingungen leben, und dem Dienst an denjenigen, die ängstlich und verschlossen sind und unter würdelosen mentalen Bedingungen leben. Ich liebe jedes Leben.«

Welch wunderbare Antwort! Bei den Sufis gibt es ein Sprichwort: »Preise Allah, und binde dein Kamel an den Pfosten.« Es drückt beide Seiten aus: Bete, ja, aber stell auch sicher, daß du das für die Welt Notwendige erledigst. Don Juan nannte diese Haltung »eine Balance zwischen kontrollierter Torheit und Untadeligkeit«. Kontrollierte Torheit bedeutet, zu erkennen, daß das ganze Leben ein Spiel aus Licht und Ton ist und dieser winzige blaugrüne Planet zwischen Millionen und Milliarden von

Sternen und Galaxien im Raum hängt und – verglichen mit den Jahrmilliarden der Evolution – erst seit einer Sekunde Weltzeit existiert. Diese Sichtweise hilft uns, häufiger zu lachen und das Leben mit Freude anzugehen. Die Qualität der Untadeligkeit beinhaltet die Erkenntnis, wie kostbar das Leben ist, selbst wenn es vergänglich und kurzlebig ist, und daß, tatsächlich, jede unserer Handlungen und jedes unserer Worte zählt und alles Sein auf tiefgründige Weise beeinflußt.

Wenn ich wollte, könnte ich ohne weiteres sehr überzeugend dafür plädieren, nichts zu tun, als nur Sitzmeditation zu üben; und ebenso überzeugend könnte ich dafür sprechen, aktiv hinaus in die Welt zu gehen. Schauen wir uns die Sache unter der ersten Perspektive an. Braucht die Welt noch mehr Öl, Energie und Nahrung? Natürlich nicht. Es gibt genug Reserven für uns alle. Hunger, Armut und Krankheit existieren aufgrund von Unwissenheit, Vorurteil und Angst – weil wir horten und wegen imaginärer geographischer Grenzen Kriege führen und insgesamt so handeln, als würde sich eine Gruppe von Menschen grundsätzlich von einer anderen unterscheiden. Die Welt braucht nicht mehr Energie, sie braucht mehr Liebe und Großzügigkeit, mehr Freundlichkeit und Verständnis. Solange diese grundlegenden Ziele nicht erreicht sind, werden alle anderen Ebenen nicht funktionieren. Also müssen wir wirklich sitzen und meditieren und in uns selbst das richtige Verständnis entwickeln. Erst wenn wir das persönlich getan haben, werden wir die nötige Einsicht besitzen, um lieben zu können und wirkungsvoll die Gier in der Welt verändern zu helfen. Meditation ist kein Privileg, sondern eine Verpflichtung, eine Verantwortung. Ich möchte dieses Argument nicht weiterführen, aber es ist sehr überzeugend.

Was die andere Seite angeht, so brauche ich nur Kambodscha oder Somalia zu erwähnen oder die Hungersnöte in Zentralafrika oder Indien, wo Not jenseits aller Vorstellungskraft herrscht. In Indien allein leben 350 Millionen Menschen in so großer Armut, daß sie, wenn sie Glück haben, mit einem ganzen Tag harter Arbeit gerade mal das Abendessen verdienen. Ich habe einmal einen 64 Jahre alten Mann in Kalkutta interviewt, der seinen Lebensunterhalt als Rikschafahrer verdiente. Er zog seine Rikscha nun schon seit 40 Jahren, und außer ihm selbst lebten noch 10 weitere Menschen von seinem Einkommen. Im Jahr zuvor ist er einmal für 10 Tage krank gewesen. Nach einer Woche war der Familie das Geld ausgegangen, und sie hatten buchstäblich nichts mehr zu essen. Wie können wir so etwas zulassen? Weltweit sterben jede Minute 40 Menschen an Hunger; jede Minute werden 714 000 Dollar für Waffen ausgegeben, deren einziger Zweck die Vernichtung von Menschen ist. Wir müssen etwas tun!

Beide Argumente sind vollkommen überzeugend. Es stellt sich die Frage, wie wählen wir aus, was zu tun ist? Welchen Weg sollen wir einschlagen und wo unsere Lebensenergie einsetzen? Es stellt sich sogar die Frage, welchem der vielen spirituellen Pfade wir folgen sollen? Die Spiritualität erlebt im Westen eine Blüte, und das ist gut so! Aber es ist auch verwirrend. Es bieten sich so viele Wege an, wie können wir da herausfinden, welchen wir gehen sollen? Für mich war die Antwort, einfach meinem Herzen zu folgen. Manchmal ist es einfach klar, daß es jetzt an der Zeit ist zu meditieren und zu vereinfachen – unsere innere Arbeit zu leisten. Manchmal jedoch ist es an der Zeit zu handeln, zu geben und zu dienen.

Ich kann meine eigene Erfahrung mit Ihnen teilen. Gewöhnlich verbringe ich meine Zeit mit der Leitung von Meditationsretreats. Als vor einigen Jahren der Krieg in Kambodscha begann, sagte etwas in mir: »Da muß ich hin.« Und ich ging hin. Ich blieb nicht sehr lange, aber lange genug, um ein bißchen helfen zu können. Im folgenden Jahr spürte ich ein großes Bedürfnis, einen Beitrag zur tieferen Verbindung von aktivem Dienst und formeller Meditation zu leisten. Also reiste ich mit einigen Freunden nach Indien, um fürs Radio und Fernsehen Kassetten zum Thema des Verhältnisses zwischen spiritueller Praxis und sozialer Verantwortung zusammenzustellen. Und nun bin ich zurück und lehre wieder Meditation.

Über all das habe ich nicht viel nachgedacht. Dinge mußten einfach getan werden, also habe ich sie getan. Die Entscheidung war spontan und persönlich. Eine einfache, für alle passende Lösung gibt es nicht. Mit Nachahmung ist nichts erreicht. Sie müssen Sie selbst sein. Das heißt, Sie müssen auf Ihr Herz hören und wissen, was das Richtige ist; und dann müssen Sie tun, was Sie als richtig erkannt haben – im Geiste des Dienens und der Zunahme der Bewußtheit.

Wenn wir in Meditation sitzen und – auch unter Schwierigkeiten – unser Herz der Erfahrung öffnen, stellt sich, sogar angesichts des gewaltigen Leidens in der Welt, eine Art Freude ein, die nicht daher kommt, daß wir den Schmerz leugnen. Es ist die Basisarbeit der täglichen Praxis, hier zu sitzen und eure Traurigkeit und meine Traurigkeit zu spüren, uns unserer Angst, unserer Verzweiflung und unserer Rastlosigkeit zu öffnen und zu begreifen, daß zu lieben bedeutet, die Art und Weise, wie wir die Dinge gerne hätten, sterben zu lassen und uns mehr für die Wahrheit zu öffnen. Zu lieben heißt anzunehmen. Das ist keine Schwäche; es ist außergewöhnliche Stärke.

Wahre Liebe ist tatsächlich dasselbe wie Gewahrsein. Wahre Liebe bedeutet, die wahre Vollkommenheit, die Buddha-Natur, die Wahrheit jeden Augenblicks zu erkennen und zu bejahen, es uns zu gestatten, zu lieben und anzunehmen. Das ist unsere Praxis in jedem Augenblick – ob in der Sitzmeditation oder in der Aktivitätsmeditation. Bewußt zu sein, die Wahrheit zu sehen, befreit uns. Wir sehen, was hier ist und was jetzt ist, und wir sehen es, wie es ist.

Die Kräfte der Ungerechtigkeit in der Welt nehmen bedrohliche Ausmaße an, und manchmal fühlen wir uns sehr klein und hilflos. Wie können wir schon Einfluß nehmen? Ich möchte mit den Worten Don Juans schließen: »Nur wer diese Erde mit unbeugsamer Leidenschaft liebt, kann seine Traurigkeit erlösen. Ein Krieger ist immer von Freude erfüllt, weil er bedingungslos und unerschütterlich liebt und seine Geliebte, die Erde, ihm wundervolle Geschenke macht. ... Nur die Liebe zu diesem glorreichen

Wesen kann dem Geist des Kriegers Freiheit geben; und Freiheit bedeutet Freude, Tüchtigkeit und Hingabe im Angesicht aller Widrigkeiten.«[1]

1 Carlos Castaneda, *Der Ring der Kraft. Don Juan in den Städten.* Frankfurt am Main: Fischer Taschenbuch Verlag [10]1994

TEIL 2
Den Frieden berühren

THICH NHAT HANH

Das Leben ist ein Wunder

Als ich noch ein junger Mönch in Vietnam war, hatte jeder Dorftempel eine große Glocke, ähnlich wie die Kirchen Europas und Amerikas. Wann immer die Glocke eingeladen wurde zu klingen, hielten alle Dorfbewohner in ihren Aktivitäten inne, um für einige Momente in Achtsamkeit ein- und auszuatmen. In Plum Village, der Gemeinschaft in Frankreich, in der ich lebe, machen wir es ebenso. Jedesmal, wenn wir die Glocke hören, kehren wir zu uns selbst zurück und genießen unser Atmen. Während wir einatmen, sagen wir still: »Lausche, lausche«, und während wir wieder ausatmen, sagen wir: »Dieser wunderbare Klang bringt mich zurück zu meinem wahren Heim.«

Unser wahres Heim ist im gegenwärtigen Augenblick. Im gegenwärtigen Augenblick zu leben ist ein Wunder. Das Wunder ist nicht, auf dem Wasser zu laufen. Im gegenwärtigen Augenblick auf der grünen Erde zu gehen ist das Wunder, den Frieden und die Schönheit zu schätzen, die genau jetzt verfügbar sind. Überall um uns herum ist Frieden: in der Welt, in der Natur und in uns – in unserem Körper und in unserem Geist. Sobald wir lernen, diesen Frieden zu berühren, sind wir geheilt und verwandelt. Das ist keine Frage des Glaubens, es ist eine Frage der Übung. Wir müssen nur Mittel und Wege finden, unseren Körper und unseren Geist zum gegenwärtigen Augenblick zurückzubringen, um das Belebende, Heilsame und Wunderbare berühren zu können.

Letztes Jahr in New York fuhr ich in einem Taxi und sah, daß der Fahrer alles andere als glücklich war. Er war nicht im gegenwärtigen Moment. Es war kein Friede und keine Freude in ihm. Ihm fehlte die Fähigkeit, während des Fahrens lebendig zu sein, und das zeigte sich in der Art, wie er fuhr. Vielen von uns geht es ebenso. Wir eilen geschäftig hin und her, aber wir sind nicht eins mit dem, was wir tun, wir fühlen keinen Frieden. Unser Körper ist hier, aber unser Geist ist irgendwo anders – in der Vergangenheit oder in der Zukunft, besessen von Zorn, Frustration, Hoffnungen oder Träumen. Wir sind nicht wirklich lebendig, wir sind wie Gespenster. Wenn unser entzückendes Kind zu uns käme und uns ein Lächeln schenkte, würden wir es völlig verpassen, und es würde uns verpassen. Wie schade!

In *Der Fremde* beschreibt Albert Camus einen Mann, der in wenigen Tagen hingerichtet werden soll. Allein in seiner Zelle, erblickt er einen kleinen Flecken blauen Himmels durch das Zellenfenster, und plötzlich fühlt er sich tief verbunden mit dem Leben, tief im gegenwärtigen Moment. Er gelobt, die ihm noch verbleibenden Tage in Achtsamkeit, in totaler Wertschätzung jeden Augenblicks zu leben, und so verbringt er mehrere Tage. Drei Stunden vor seiner Hinrichtung schließlich kommt ein Priester in seine Zelle, um ihm die Beichte abzunehmen und die Sterbesakramente zu erteilen. Der Häftling jedoch will allein sein. Auf jede nur erdenkliche Weise versucht er den Priester wieder loszuwerden, und als es ihm schließlich gelingt, denkt er bei sich, daß dieser Priester lebe, als sei er bereits tot. *»Il vit comme un mort.«* Er hatte gesehen, daß derjenige, der gekommen war, ihn zu retten, weniger lebendig war als er selbst, dem die Hinrichtung unmittelbar bevorstand.

Viele von uns sind, obwohl am Leben, nicht wirklich lebendig, weil wir nicht in der Lage sind, das Leben im gegenwärtigen Moment zu berühren. Wir sind, wie Camus sagte, lebendige Tote. Ich möchte einige einfache Übungen mit Ihnen teilen, die uns helfen können, Körper und Geist wiederzuvereinigen und wieder mit dem Leben im gegenwärtigen Augenblick verbunden zu sein. Die erste Methode, achtsames Atmen genannt, wird von Menschen wie uns seit über 3000 Jahren geübt. Während wir einatmen, wissen wir, daß wir einatmen, während wir ausatmen, wissen wir, daß wir ausatmen. Während wir das tun, beobachten wir viele Elemente des Glücks in uns und um uns herum. Wir können den Kontakt mit unserem Atem und unserem Lebendigsein wirklich genießen.

Das Leben ist nur im gegenwärtigen Augenblick zu finden. Ich denke, wir sollten einen Feiertag haben, um diese Tatsache zu würdigen. Schließlich haben wir für so viele andere wichtige Gelegenheiten Feiertage – Weihnachten, Neujahr, Muttertag, Vatertag, sogar einen Tag der Erde. Warum also nicht auch einen Tag feiern, an dem wir den ganzen Tag lang glücklich im gegenwärtigen Moment leben? Ich möchte den heutigen Tag zum »Tag des heute« erklären, ein Tag, der dem Berühren der Erde, des Himmels, der Bäume und dem Berühren des im gegenwärtigen Moment verfügbaren Friedens gewidmet ist.

Vor zehn Jahren pflanzte ich drei wunderschöne Himalajazedern vor meiner Einsiedelei. Wann immer ich jetzt an einer von ihnen vorbeikomme, verbeuge ich mich, berühre ihre Rinde mit meiner Wange und umarme sie. Während ich achtsam ein- und ausatme, blicke ich zu ihren Zweigen und ihren wunderschönen Nadeln auf. Ich erfahre sehr viel Frieden und Stärkung durch die Umarmung von Bäumen. Einen Baum zu berühren, bringt sowohl einem selbst als auch dem Baum viel Freude. Bäume sind schön, wohltuend und solide. Wenn man einen Baum umarmen möchte, wird er sich niemals entziehen. Auf Bäume kann man sich verlassen. Auch meine Schülerinnen und Schüler habe ich die Praxis des Baum-Umarmens gelehrt.

In Plum Village haben wir einen schönen Lindenbaum, der jeden Sommer Hunderten von Menschen Schatten und Freude spendet. Vor einigen Jahren nun hatte ein starker Sturm viele seiner Zweige abgerissen, und der Baum ist beinahe gestorben. Als ich den Lindenbaum nach dem Sturm sah, war mir zum Heulen. Ich empfand das Bedürfnis, ihn zu berühren, aber die Berührung hat mir nicht viel Freude gemacht. Ich sah, daß der Baum litt, und faßte den Entschluß, Mittel und Wege zu finden, ihm zu helfen. Glücklicherweise ist unser Freund Scott Mayer ein Baumdoktor, und er sorgte so gut für den Lindenbaum, daß er nun sogar noch stärker und schöner ist als zuvor. Ohne den Lindenbaum wäre Plum Village nicht mehr dasselbe. Wann immer ich kann, berühre ich seine Rinde und fühle ihn.

Auf die gleiche Weise, wie wir Bäume berühren, können wir auch uns selbst und andere berühren – mit Mitgefühl. Manchmal, wenn wir einen Nagel in ein Stück Holz schlagen wollen, treffen wir statt des Nagels unseren Finger. Sofort legen wir den Hammer hin und kümmern uns um unseren verletzten Finger. Wir tun alles mögliche, um ihm zu helfen, leisten voller Mitgefühl und Fürsorge Erste Hilfe. Vielleicht benötigen wir die Hilfe eines Arztes oder einer Krankenschwester, aber ebenso brauchen wir Mitgefühl und Freude, damit die Wunde schnell heilt. Wann immer wir Schmerzen empfinden, ist es wunderbar, sie mit Mitgefühl zu berühren. Selbst wenn der Schmerz innen sitzt, in unserer Leber, unserem Herzen oder unseren Lungen, können wir ihn mit Achtsamkeit berühren.

Unsere rechte Hand hat unsere linke sicher schon sehr oft berührt, aber vielleicht nicht mit Mitgefühl. Lassen Sie uns gemeinsam üben. Atmen Sie dreimal ein und aus, und berühren Sie Ihre linke Hand mit Ihrer rechten – und gleichzeitig mit Ihrem Mitgefühl. Merken Sie, daß, während Ihre linke Hand Liebe und Zuneigung erfährt, gleichzeitig auch Ihre rechte Hand Liebe und Zuneigung empfindet? Das können wir immer tun, wenn wir leiden. Von einer derartigen Berührung profitiert jeder.

Am besten berühren läßt sich mit Achtsamkeit. Sie wissen, daß es möglich ist, etwas ohne Achtsamkeit zu berühren. Wenn Sie sich am Morgen das Gesicht waschen, berühren Sie vielleicht Ihre Augen, ohne sich dessen bewußt zu sein. Vielleicht denken Sie an etwas anderes. Wenn Sie Ihr Gesicht aber achtsam waschen, im Bewußtsein, daß Sie Augen haben, die sehen können, daß das Wasser, das es Ihnen ermöglicht, Ihr Gesicht zu waschen, von weit entfernten Quellen kommt, dann berührt Ihr Waschen viel tiefere Ebenen. Wenn Sie Ihre Augen berühren, können Sie sagen: »Einatmend bin ich mir meiner Augen bewußt. Ausatmend lächle ich meinen Augen zu.«

Unsere Augen gehören zu den wohltuenden, heilenden und

friedvollen Elementen, die uns zur Verfügung stehen. Dauernd widmen wir dem, was falsch ist, unsere Aufmerksamkeit, warum nicht bewußt das bemerken, was wunderbar und belebend ist? Wir nehmen uns kaum Zeit, unsere Augen zu schätzen. Wenn wir unsere Augen mit unseren Händen und unserer Achtsamkeit berühren, erkennen wir, daß sie kostbare und für unser Glück grundlegende Juwele sind. Diejenigen, die ihr Augenlicht verloren haben, würden glauben, im Paradies zu sein, wenn sie nur so gut sehen könnten wie wir. Wir brauchen bloß unsere Augen zu öffnen, und wir sehen alle möglichen Formen und Farben – blauen Himmel, anmutige Hügel, Bäume, Wolken, Flüsse, Kinder, Schmetterlinge. Einfach nur zu sitzen und die wunderbaren Formen und Farben zu genießen kann uns vollkommen glücklich machen. Sehen zu können ist ein Wunder, eine Bedingung für unser Glück, doch die meiste Zeit halten wir es für selbstverständlich. Wir handeln nicht, als wären wir im Paradies. Wenn wir einatmen und uns unserer Augen bewußt werden, ausatmen und unseren Augen zulächeln, berühren wir wahren Frieden und wahre Freude.

Dasselbe können wir mit unserem Herzen machen. »Einatmend bin ich mir meines Herzens bewußt. Ausatmend lächle ich meinem Herzen zu.« Wenn wir das ein paarmal üben, begreifen wir, daß unser Herz seit Jahren Tag und Nacht hart arbeitet, um uns am Leben zu erhalten. Jeden Tag pumpt unser Herz Tausende Liter Blut durch unseren Körper, ohne je innezuhalten. Selbst während wir schlafen, setzt unser Herz seine Arbeit fort und bringt uns Frieden und Wohlergehen. Auch unser Herz ist ein Element von Frieden und Freude, aber wir berühren und schätzen es nicht. Wir berühren nur die Dinge, die uns leiden lassen. Und durch unsere Sorgen, durch unsere starken Emotionen und durch das, was wir essen und trinken, machen wir unserem Herzen das Leben schwer. Damit untergraben wir unseren eigenen Frieden, unsere eigene Freude. Wenn wir uns darin üben, einzuatmen und uns unseres Herzens bewußt zu werden und auszuatmen und unserem Herzen zuzulächeln, werden wir erleuchtet. Wir sehen unser Herz ganz klar. Wenn wir unserem Herzen zulächeln, massieren wir es mit unserem Mitgefühl. Wenn wir erkennen, was wir essen sollten und was nicht, was wir trinken sollten und was nicht, welche Sorgen und Verzweiflung wir vermeiden sollten, dann halten wir unser Herz gesund.

Dieselbe Praxis läßt sich auch auf die anderen Organe unseres Körpers anwenden, zum Beispiel auf unsere Leber. »Einatmend weiß ich, daß meine Leber hart gearbeitet hat, um mein Wohlergehen zu gewährleisten. Ausatmend gelobe ich, meine Leber nicht zu schädigen, indem ich zuviel Alkohol trinke.« Das ist Meditation der Liebe. Unsere Augen sind wir. Unser Herz, unsere Leber sind wir. Wie können wir einen anderen Menschen lieben, wenn wir nicht einmal unser eigenes Herz, unsere eigene Leber lieben können? Die Praxis der Liebe bedeutet zuallererst, Liebe uns selbst gegenüber zu üben und für unseren Körper, unser Herz, unsere Leber zu sorgen. Wir berühren uns selbst mit Liebe und Mitgefühl.

Wenn wir unter Zahnschmerzen leiden, ist uns bewußt, welch wunderbares Gefühl es ist, keine Zahnschmerzen zu haben. »Einatmend bin ich mir meines Nicht-Zahnschmerzes bewußt. Ausatmend lächle ich meinem Nicht-Zahnschmerz zu.« Wir können unseren Nicht-Zahnschmerz mit unserer Achtsamkeit berühren und sogar mit unseren Händen. Wenn wir unter Asthma leiden und kaum noch Luft kriegen, wissen wir, wie wunderbar es ist, frei atmen zu können.

Jeden Tag berühren wir das, was nicht richtig ist, und schwächen dadurch mehr und mehr unsere Gesundheit. Aus diesem Grunde müssen wir üben, das zu berühren, was richtig ist – in uns und um uns herum. Wenn wir mit unseren Augen, unserem Herzen, unserer Leber, unserem Atem und unserem Nicht-Zahnschmerz in Kontakt kommen und sie wirklich genießen, dann begreifen wir, daß die Bedingungen für Frieden und Glück bereits vorhanden sind. Wenn wir achtsam gehen und die Erde mit unseren Füßen berühren, wenn wir mit Freunden Tee trinken und den Tee und unsere Freundschaft berühren, werden wir geheilt und können diese Heilung an die Gesellschaft weitergeben. Je mehr wir in der Vergangenheit selbst gelitten haben, ein um so stärkerer Heiler können wir werden. Wir können lernen, unser Leiden in Einsicht zu transformieren, die unseren Freunden und der Gesellschaft helfen kann.

Wir müssen nicht sterben, um in das Königreich des Himmels zu gelangen. Tatsächlich müssen wir völlig lebendig sein. Wenn wir einen achtsamen Atemzug tun und uns unserer Augen, unseres Herzens, unserer Leber und unseres Nicht-Zahnschmerzes bewußt sind, gelangen wir augenblicklich ins Paradies. Frieden ist vorhanden. Wir müssen ihn nur berühren. Wenn wir wirklich lebendig sind, erkennen wir, daß der Baum Teil des Himmels ist, und auch wir sind Teil des Himmels. Das gesamte Universum hat sich verschworen, uns diese Tatsache zu enthüllen, aber wir haben dermaßen den Kontakt verloren, daß wir unsere Ressourcen investieren, um die Bäume zu fällen. Um in den Himmel auf Erden zu gelangen, bedarf es nur eines bewußten Schrittes und eines bewußten Atemzugs.

Wenn wir den Frieden berühren, wird alles real. Wir werden wir selbst, vollkommen lebendig im gegenwärtigen Moment, und auch der Baum, unser Kind und alles andere enthüllt sich uns in seiner ganzen Pracht.

»Das Wunder besteht darin, auf der Erde zu gehen.« Diese Aussage stammt vom Zen-Meister Lin Chi. Das Wunder besteht nicht darin, in der Luft oder auf dem Wasser laufen zu können, sondern auf der Erde zu gehen. Die Erde ist so wunderschön. Wir selbst sind ebenso wunderschön. Wir können es uns gestatten, achtsam zu gehen und die Erde, unsere wunderbare Mutter, mit jedem Schritt zu berühren. Wir brauchen unseren Freunden nicht »Friede sei mit dir« zu wünschen. Der Friede ist bereits mit ihnen. Wir müssen ihnen nur helfen, die Gewohnheit zu entwickeln, ihn in jedem Moment zu berühren.

ROBERT AITKEN

Der Drache, der niemals schläft

Die folgenden Gedichte sind als Anregungen für die religiöse Praxis gedacht. Obwohl ich sie für moderne Schülerinnen und Schüler verfaßt habe, habe ich mich von den alten Vorbildern – bis zurück zum historischen Buddha – inspirieren lassen. Mit meinen Gedichten habe ich die Absicht verfolgt, die klassischen Ideen und Formen dieser Vorbilder zugänglich zu machen. Die ursprüngliche Lehre des Buddha ist essentiell in vier Punkten enthalten – den Vier Edlen Wahrheiten:

1. Leiden ist allgegenwärtig.
2. Wir ersehnen für uns selbst und unsere Lieben eine dauerhafte Existenz, und wir wollen uns als unabhängig von anderen und ihnen überlegen beweisen. Diese Wünsche liegen im Widerspruch zur eigentlichen Seinsweise der Dinge: Nichts bleibt, und alles und jedes hängt von allem und jedem anderen ab. Dieser Konflikt zwischen Wunsch und Wirklichkeit ist die Ursache unseres Leidens, und wir projizieren dieses Leiden auf alle, denen wir begegnen.
3. Erlösung vom Leiden resultiert aus der persönlichen Erkenntnis dieser Tatsache und dem Entschluß: Da wir nur eine kleine Weile hier zusammen sind, laßt uns die Wirklichkeit voll und ganz akzeptieren und uns umeinander kümmern, solange wir können.
4. Erkenntnis und Entschluß werden verwirklicht, indem man dem Achtfachen Pfad folgt: Rechte Sichtweisen, Rechtes Denken, Rechte Rede, Rechtes Verhalten, Rechter Lebenserwerb, Rechte Bemühung, Rechte Sammlung und Rechte Meditation. »Recht« bedeutet in diesem Zusammenhang »korrekt« oder »ge-

nau«, das heißt in Übereinstimmung mit der Wirklichkeit von Vergänglichkeit und wechselseitiger Abhängigkeit.

Die Vier Edlen Wahrheiten werden »edel« genannt, weil sie die Vision von Weisheit und Mitgefühl verkünden. Sie stellen die Basis des gesamten Buddhismus dar und bilden das Herz des heutigen Theravāda, der buddhistischen Tradition Süd- und Südostasiens. Die später entstandene Tradition des Mahāyāna, die sich vor allem in Ostasien verbreitete, brachte radikale Veränderungen in Interpretation und Ausdruck dieser grundlegenden Ideen hervor. Zum Beispiel legt der frühe Buddhismus großen Wert auf die substanzlose Natur des Selbst, in der Mahāyāna-Tradition hingegen gilt das Hauptinteresse eben dieser substanzlosen Essenz selbst:

> Sie strahlt aus den täglichen Aktivitäten eines jeden Menschen hervor. Wer immer sie zu begreifen sucht, der kann sie nicht fassen. Auch wenn man sie vernichten wollte, sie wird immer bleiben. Sie ist weit und frei von Hindernissen, vollkommen leer.[1]

In der Interdependenz sieht der Mahāyāna-Buddhist nicht bloß die gewöhnliche Aktivität des Gebens und Nehmens von Unterstützung, sondern in jeder Situation erfährt er den anderen Menschen, das Tier, die Pflanze oder das Ding als sich selbst. Das ist »Intersein«, um Thich Nhat Hanhs glückliche Wortschöpfung zu verwenden, und am lebendigsten dargestellt findet sich dieses Intersein in der Vielfalt tiefgründiger Metaphern des *Avatamsaka-Sūtra*. Dieses Sūtra wurde als letzte der Chroniken des Mahāyāna unter dem Titel *Hua-yen ching* ins Chinesische übersetzt. Die zentrale Metapher dieses Textes ist das »Netz des Indra«: ein multidimensionales Netz aus allen Wesen (einschließlich der unbelebten Dinge), das an jedem Knoten ein Juwel trägt, das alles vollkom-

---

1 Christopher Cleary (Übers.), *Swampland Flowers. The Letters and Lectures of the Zen Master Ta Hui.* New York: Grove Press, 1977, S. 34

men reflektiert und sämtliche anderen Punkte in sich enthält.[2] Diese kosmische und doch intime Perspektive wird im Sūtra wieder und wieder vorgestellt. Thomas Cleary, Gelehrter der Hua-yen-Philosophie, schreibt:

> Alle Dinge [sind voneinander abhängig und] beinhalten daher in ihrem individuellen Sein das gleichzeitige Sein aller anderen Dinge. Daher heißt es, daß die Existenz jedes Elements des Universums die Existenz des gesamten Universums einschließt und daher so weit ist wie das Universum selbst.[3]

Das ist Philosophie in ihrer grandiosesten Form, dem Buddhisten bleibt die Aufgabe, diese Sicht persönlich umzusetzen. Religionen mit nahöstlichen Wurzeln erlauben eine persönliche Beziehung zu Gott, und obwohl man viele der metaphorischen Gestalten des *Hua-yen ching* durchaus als ›Gottheiten‹ bezeichnen könnte, gibt es doch keinen allmächtigen Schöpfergott. Anhänger des Buddha können nicht beten: »Dein Reich komme, Dein Wille geschehe«. Statt dessen machen sie formelle Versprechen wie: »Zum Wohle aller Wesen will ich meinen Geist für die Lehren des Buddha öffnen.« Derartige Gelübde finden sich bereits in den frühesten buddhistischen Schriften, und bis heute haben sie als Weg zur persönlichen Umsetzung der Praxis in allen Formen der buddhistischen Religion große Bedeutung behalten.[4]

Neben den Gelübden hat es noch eine andere Form der Personalisierung der Praxis gegeben, nämlich die Rezitation von Gathas, vierzeiligen Versen, die wichtige Punkte der Lehre und Erkenntnis zusammenfassen. Auch Gathas finden sich bereits in den frühesten buddhistischen Schriften. Häufig wurden sie aus-

---

2 Thomas Cleary, *Entry into the Inconceivable. An Introduction to Hua-Yen Buddhism.* Honolulu: University of Hawaii Press, 1983, S. 37
3 Ebenda, S. 7
4 Har Dayal, *The Bodhisattva Doctrine in Buddhist Sanskrit Literature.* London: Kegan Paul, 1931, S. 65

wendig gelernt und zum Zwecke der Rechten Sammlung, einem der Eckpfeiler des buddhistischen Pfades, genutzt. Das *Dhamma-pada*, eine Anthologie früher buddhistischer Texte, besteht ausschließlich aus Gathas, von denen einige wahrscheinlich bis auf die Zeit des Buddha zurückgehen. Das folgende Gatha ist in allen Strömungen des heutigen Buddhismus bekannt:

> Entsage dem Üblen,
> Übe das Gute,
> Halte rein den Geist:
> Das ist's, was alle Buddhas lehrten.[5]

Parallel zum Werdegang des Buddhismus entwickelten sich auch die Gathas und Gelübde weiter. Die frühen Anhänger gelobten, Weisheit und Mitgefühl zu entfalten, um alle Wesen vom Leid befreien zu können. Ihre Nachfolger geloben ebenfalls, sich in Weisheit und Mitgefühl zu üben, aber eher *mit* als *für* andere Wesen. Dies nennt man den Weg der Bodhisattvas, der ›Erleuchtenden Wesen«.[6]

Bestimmte Bodhisattvas, etwa Kuan-yin, werden wegen der Kraft ihrer Gelübde zur Rettung aller Wesen besonders verehrt, ja in den volkstümlichen Formen des Buddhismus sogar angebetet. Lehrer des Mahāyāna-Buddhismus legen jedoch großen Wert auf die Feststellung, daß Bodhisattvas einen Archetyp darstellen und keine Gottheit. Wenn ich den Edlen Weg des Buddha beschreite, so ist die/der Bodhisattva nichts anderes als mein selbst-loses Selbst. Die Bodhisattvagelübde sind meine eigenen.[7]

---

5 Thomas Cleary (Hg.), *Dhammapada. Die Quintessenz der Buddha-Lehre*. Frankfurt am Main: Fischer Taschenbuch, 1997

6 Thomas Cleary (Übers.), *The Flower Ornament Scripture. A Translation of the Avatamsaka Sutra* (3 Bde.). Boulder and London: Shambhala, 1984–1987, Bd. 2, S. 16–17

7 Der Mönch Nyogen Senzaki pflegte seine amerikanischen Schüler mit »Bodhisattvas« anzusprechen, so wie andere Redner ihren Vortrag mit »Sehr geehrte Damen und Herren« beginnen. Siehe auch ebenda, Bd. 1, S. 312–313

Im Mahāyāna kommt es häufig zu einer Vermischung von Gathas und Gelübden. Im *Hua-yen ching* findet sich ein »Reinigungspraxis« betiteltes Kapitel, das aus 139 Gelübden in Form von Gathas besteht. An diesen Vorbildern habe ich mich bei meinen eigenen, hier vorgestellten Gathas orientiert. Die erste Zeile beschreibt die Situation, die zweite Zeile enthält den Akt des Gelöbnisses selbst, und die beiden letzten Zeilen erklären das spezielle Verhalten, das man unter den vorher bestimmten Umständen zu üben verspricht.

Ein Gatha aus dem Kapitel »Reinigungspraxis« als Beispiel:

> Wenn ich fließendes Wasser gewahre,
> gelobe ich mit allen Wesen,
> ein heilsames Wohlwollen hervorzubringen
> und die Makel der Verblendung abzuwaschen.[8]

Wie immer stellt die Übersetzung ein Problem dar. Die Wort-für-Wort-Übersetzung aus dem Chinesischen lautet:

> Wenn sehen fließen Wasser
> dann geloben alle Wesen
> gewinnen gut Absicht Begehren
> waschen vertreiben Verblendung Schmutz.[9]

Die zweite Zeile ist in allen Gathas des *Hua-yen* identisch, und ihre Formulierung ist wesentlich. Der Übersetzer muß sich für ein Pronomen entscheiden, um mitzuteilen, wer gelobt. Weiter muß das Wort »geloben« mit dem Rest des Verses verbunden werden. Cleary übersetzt die Zeile mit: »Sie sollten wünschen, daß alle Wesen«.[10] »Sie« sind die Bodhisattvas, ein Rückbezug auf das Eingangskapitel, in dem Mañjushri eine lange komplexe Frage

---

8 Ebenda, Bd. 1, S. 321
9 Für das chinesische Original siehe *Flower Adornment Sutra,* Hrsg. von Hsüan Hua, mehrere Bände in Vorbereitung, Kapitel 11: »Pure Conduct«, Übers. Heng Tsai et al. Talmage, Calif.: Dharma Realm Buddhist University, 1982, S. 171
10 Cleary, *The Flower Ornament Scripture,* Bd. 1, S. 321

vorgelegt wird, wie denn Bodhisattvas Weisheit und Mitgefühl erlangen können. Er antwortet, indem er in 139 Gathas verschiedene Möglichkeiten zeigt, den Weg des Buddha zu gehen.[11]

Da wir ja selbst Bodhisattvas sind, können wir uns diese Gathas zu eigen machen. Die Übersetzung: »Sie sollten geloben, daß alle Wesen / einen heilsamen Willen hervorbringen« wird dann zu: »Ich gelobe mit allen Wesen / ein heilsames Wohlwollen hervorzubringen«. Ich selbst folge dem Achtfachen Pfad und drehe mit allen Wesen das Rad des Dharma für eine universale Einsicht. Ich gelobe die vielen Situationen meines Alltags als Gelegenheiten zur Erfüllung der Aufgaben zu nutzen, die ich mit allen Menschen, Tieren, Pflanzen und Dingen teile. Ein solches Gelübde erhebt *ahimsa*, Gewaltlosigkeit, zur höchsten Ebene persönlicher Verantwortung. Ich mag diesem Anspruch nicht völlig gerecht werden, aber ich versuche mein Bestes. Mir die Gelübde zu eigen zu machen, steht in klarer Übereinstimmung mit dem innersten Zweck der Mahāyāna-Praxis, besonders ihrer Ausformung in der Zen-Praxis. Ich mache die Realität der Lehren Buddhas zu meiner eigenen. Wir sind nur kurz hier und sind aufeinander angewiesen – diese Realität ist meine eigene. Und sogar noch persönlicher: »Dieser mein Körper ist der Buddha selbst«, wie Hakuin Zenji verkündete.[12] Dies ist meine Wahrheit, von meinem Körper bezeugt, für mich gesprochen. Jedesmal, wenn ich eine Bewegung mache, beeinflusse ich alles andere im grandiosen Netz des Universums. Und jedesmal entdecke ich meine Buddhanatur von neuem, meine Gelübde sind die Gelübde des Buddha, daß alle Wesen von ihrem Leiden befreit werden mögen.

»Ich gelobe mit allen Wesen« ist mein aus Mitgefühl gegebenes Versprechen: »Ich selbst gelobe, und ich ersehne, daß alle Wesen zusammen mit mir geloben mögen.« Ich lade sie alle ein, den Edlen Pfad gemeinsam zu betreten. Es ist ebenfalls eine Bekräfti-

---

11 Ebenda, Bd. 1, S. 313–329
12 Meister Hakuin, *Authentisches Zen*. Hg. v. Norman Waddell. Frankfurt am Main: Fischer Taschenbuch Verlag 1997

gung der weisen Lehre des Buddha zur Harmonie: »Ich gelobe, und da alles und jedes in universaler Verwandtschaft verbunden ist, geloben alle Wesen mit mir.« So verschmelzen Mitgefühl und Weisheit, wenn ich sage: »Ich gelobe mit allen Wesen.«

Dies ist eine edle Praxis und doch für den Alltag bestens geeignet. Die in den Gathas des *Hua-yen* beschriebenen Situationen beschreiben den Alltag von Mönchen und Nonnen der T'ang Dynastie. Jeder Handlung im Tagesablauf des Klosterlebens ist ein Dharma-Gedicht gewidmet: Abwaschen, Anziehen der Roben, Betreten der Buddha-Halle, Einnehmen der Meditationshaltung, Aufstehen aus der Meditation und so weiter. Selbst die Ereignisse auf einer Pilgerreise wie das Passieren eines Baumes, das Überqueren einer Brücke, die Begegnung mit einem Würdenträger oder einem Bettelmönch und so weiter wurden als Eintrittspforten zur Wahrheit gewürdigt. Mit meinen Gathas verfolge ich eine ähnliche Absicht: Ich möchte zeigen, daß die ganz gewöhnlichen Ereignisse unseres Alltags tatsächlich Lehren des Buddha sind; darüber hinaus möchte ich auch noch zeigen, wie wir uns mit unserer ganzen Familie und mit unseren Freunden angemessen auf die Praxis von Weisheit und Mitgefühl einlassen können.

Natürlich hatten die Mönche und Nonnen der T'ang Dynastie keine Gathas für eine Praxis beim Kontakt mit einem Werbeplakat für Jim Beam Kentucky Sour Mash Whiskey. Wir Laienbuddhisten der westlichen Welt hingegen müssen uns Tag für Tag unseren Weg durch ein wahres Dickicht verführerischer Lockrufe bahnen, die uns auffordern, nur uns selbst zu verwöhnen und alle anderen links liegen zu lassen. Wir sind, wie es scheint, mit einer weit schwierigeren Aufgabe konfrontiert als unsere Vorfahren. Wir müssen Methoden entwickeln – bis hin zum Erfinden von Gathas –, die uns dabei helfen, dem Edlen Pfad des Buddha als Zeitgenossen Jim Beams und seiner raffgierigen Kohorten zu folgen.

Fünfundzwanzig Minuten formeller Sitzmeditation pro Tag, Meditationsgruppen ein oder zweimal pro Woche und gelegentliche längere Retreats sind dabei hilfreiche Mittel. Die meisten von uns leben eben nicht in Tempeln mit ihrer immer wieder neuen Einladung zu spiritueller Praxis. Wir sind in der Hektik des Lebenserwerbs gefangen, und uns scheint – außer vielleicht zur Zeit der formellen Meditationspraxis – die Rechte Sammlung immer wieder zu entgleiten.

Noch dazu sind wir Menschen der modernen westlichen Welt ebenso Kinder Freuds wie Kinder des Buddha. Klassische Gathas befassen sich nicht mit Emotionen und Beziehungsproblemen, wie ja auch die japanische Haiku-Dichtung diesen ganzen Bereich außen vor läßt. Ich wünsche mir Gathas, die mir den Weg von Übung und Erkenntnis zeigen, wenn ich zornig bin. Wenn meine Pläne sich wieder einmal nicht erfüllen, wünsche ich mir Gathas über Vergänglichkeit. Was soll ich machen, wenn ich auf jemanden warten muß? Wie soll ich reagieren, wenn ich zu sinnlosem Sex aufgefordert werde?

In diesem Sinne gleichen viele meiner Gathas wohl eher *senryu*, einer japanischen Poesieform, die sich derselben Silben- und Zeilenzahl bedient wie die Haiku-Dichtung. In den Senryu-Versen allerdings geht es um Eltern, Eheleute, Kinder, Schwiegereltern, Nachbarn, Arbeitsaufseher und um Wirtschaft und Politik. Die Gleichnisse sind ebenso komplex wie die möglichen Situationen, und sie stecken voller Ironie und Satire.[13] Das ist das menschliche Leben, das ich in meinen Gathas ansprechen möchte.

Schließlich sollen die Gathas ja auch als Poesie geschätzt werden, und in dieser Hinsicht sind die klassischen Gathas recht dünn. Ich kann nicht viel an Mehrdeutigkeit, Ironie, Paradox, Zweifel, Humor, spielerischer Leichtigkeit, Absurdität, Frustration oder Geheimnis in ihnen finden. Trotzdem inspirieren sie meine Praxis (die schriftstellerische eingeschlossen), und ich hoffe, daß sich für die devotionalen Gelegenheiten – wie das Betreten der Meditationshalle, die Verbeugung, die Rezitation von Sūtras

---

13 R. H. Blyth, »Haiku and Senryu« in: *Senryu: Japanese Satirical Verses*. Tokio: Hokuseido Press, 1949, S. 12–47

und das Einnehmen der Meditationshaltung – meine Gathas als
ebenso direkt und offenherzig inspirierend erweisen wie meine
Vorbilder.

> Wenn ich am Morgen erwache,
> gelobe ich mit allen Wesen,
> in Blumen, in Kindern, in allem
> die Funken des Dharma zu sehen.

> Beim Klang der Glocke im Tempel
> gelobe ich mit allen Wesen,
> stets nur für die Wahrheit zu klingen:
> zärtlich, standhaft und klar.

> Wenn ich nach dem Zazen mich verbeuge,
> gelobe ich mit allen Wesen,
> dieselbe heitere Gelassenheit
> mit meinen Lieben und Freunden zu üben.

> Sind Menschen zornig und giftig,
> gelobe ich mit allen Wesen,
> auf die Wahrheit der Botschaft zu hören
> und nicht darauf, wie sie gesagt.

> Wenn der Tod mir einst drohend bevorsteht,
> gelobe ich mit allen Wesen,
> dem Prozeß der Natur zu vertrauen,
> in Frieden mit allem Geschehen.

> Sind andere mir klar überlegen,
> gelobe ich mit allen Wesen,
> mich meinen Grenzen zu stellen,
> im Vertrauen auf mein ursprüngliches Selbst.

Wenn im Job nichts mehr läuft wie es sollte,
gelobe ich mit allen Wesen,
die Energie des Bedauerns zu nutzen
für sorgsamen neuen Beginn.

Wenn die Gedanken endlos im Kreis geh'n,
gelobe ich mit allen Wesen,
den Raum dazwischen zu finden
und der Vögel Gesang zu lauschen.

In verzweifeltem Kampf mit dem Kōan
gelobe ich mit allen Wesen:
Ich geb' auf und überlasse das Dichten
dem Drachen, der niemals schläft.

Wenn ich Zorn oder Trauer empfinde,
gelobe ich mit allen Wesen,
meine emotionale Natur zu erkennen
als persönlichen Ausdruck des Dao.

Wenn ich keine Worte mehr finde,
gelobe ich mit allen Wesen,
zufrieden zu ruhen im Wissen,
daß es nichts zu sagen gibt.

Beim Gesang der Grillen zur Nachtzeit
gelobe ich mit allen Wesen,
meinen Platz in der Eintracht zu finden,
die Grillen und Sterne vereint.

Wenn die Sonne am Horizont aufgeht,
gelobe ich mit allen Wesen,
der gewaltigen Kraft mich zu öffnen,
die so friedlich aufgeht und fällt.

Wenn die Blätter im Winde umherwehen,
gelobe ich mit allen Wesen,
mich der Kräfte zu freuen, die mich treiben
auf und ab, hin und her und herum.

Rattert nachts laut ein Zug durch die Landschaft,
gelobe ich mit allen Wesen,
an Vater und Mutter zu denken
und an ihre Gedanken zur Nacht.

Ist der Tisch gedeckt für die Mahlzeit,
gelobe ich mit allen Wesen,
jedes einzelne Gericht zu genießen
als Lobpreisung des uralten Pfads.

Kommt jemand zu spät zu Terminen,
gelobe ich mit allen Wesen,
das Gestern und Morgen zu lassen,
mich zu entspannen, wo Zeit nicht mehr zählt.

Wird sinnloser Sex mir geboten,
gelobe ich mit allen Wesen,
mit aller mir möglichen Liebe
und Würde zu sagen: »Nein.«

Im Angesicht schwindender Güter
gelobe ich mit allen Wesen,
das Verhältnis-Gesetz zu beachten:
Was ich hab, hat ein anderer nicht.

Beim Betrachten der Sterne zur Nachtzeit
gelobe ich mit allen Wesen
zu erkennen, daß jeder Seinspunkt
völlig frei ist von Dimension.

Beim frühen Krähen der Hähne
gelobe ich mit allen Wesen,
jede Stimme im Chor zu begrüßen:
»Da bist du, da bist du ja, Freund.«

THICH NHAT HANH

Gehmeditation

Gehmeditation ist Meditation im Gehen. Wir gehen langsam, auf entspannte Weise und tragen ein leichtes Lächeln auf unseren Lippen. Wenn wir auf diese Weise üben, fühlen wir tiefe Gelassenheit, und unsere Schritte sind die Schritte des sichersten Menschen auf Erden. All unsere Sorgen und Ängste fallen ab, und Frieden und Freude erfüllen unser Herz. Jeder kann es tun. Es erfordert nur ein wenig Zeit, ein bißchen Achtsamkeit und den Wunsch, glücklich zu sein.

Den größten Teil unserer Zeit verbringen wir verirrt in der Vergangenheit oder Zukunft. Wenn wir achtsam und tief mit dem gegenwärtigen Augenblick verbunden sind, vertieft sich unser Verständnis für das, was geschieht, und wir werden erfüllt von Akzeptanz, Freude, Frieden und Liebe. Der Same der Achtsamkeit ist in uns allen vorhanden, allerdings vergessen wir gewöhnlich, ihn zu gießen. Statt dessen kämpfen wir mit Körper und Geist und berühren nicht den Frieden und die Freude, die bereits jetzt verfügbar sind: den blauen Himmel, die grünen Blätter, die Augen unseres Liebsten. Um Frieden zu schaffen, können wir beginnen, friedlich zu gehen. Alles hängt von unseren Schritten ab.

Der buddhistische Begriff *apranihita* bedeutet Wunschlosigkeit oder Ziellosigkeit. Wir stellen uns nicht etwas vor und rennen dieser Vorstellung dann nach. Ziellosigkeit ist der Geist, in dem Gehmeditation geübt wird. Wir genießen einfach das Gehen, ohne spezielle Absicht und ohne Ziel. Wir gehen um des Gehens willen, und das bringt uns Frieden und Freude. Warum eilen? Unser letztes Ziel ist ohnehin nur der Friedhof.

Im Alltag gibt es so viel zu tun und so wenig Zeit. Wir fühlen uns unter Druck, die ganze Zeit rennen zu müssen. Halten Sie einfach inne! Berühren Sie ganz tief den Grund des gegenwärtigen Augenblicks, und Sie werden wahren Frieden und echte Freude berühren.

Üben Sie, während Sie gehen, achtsames Atmen, indem Sie Ihre Schritte zählen. Seien Sie sich eines jeden Atemzuges bewußt und auch der Zahl Ihrer Schritte beim Einatmen und beim Ausatmen. Wenn Sie drei Schritte beim Einatmen machen, sagen Sie innerlich: »Eins, zwei drei«, oder »ein, ein, ein« – ein Wort für jeden Schritt. Wenn Sie beim Ausatmen drei Schritte machen, sagen Sie: »Aus, aus, aus.« Wenn Sie drei Schritte beim Einatmen und vier Schritte beim Ausatmen machen, sagen Sie innerlich: »Ein, ein, ein. Aus, aus, aus, aus« oder »Eins, zwei, drei – eins, zwei, drei, vier.«

Versuchen Sie nicht, Ihren Atem zu beeinflussen. Geben Sie Ihren Lungen einfach so viel Zeit, wie sie brauchen, und bemerken Sie einfach, wie viele Schritte Sie machen, bis Ihre Lungen gefüllt sind, und wie viele Sie machen, bis sie wieder geleert sind. Seien Sie sich einfach achtsam sowohl Ihres Atems als auch Ihrer Schritte bewußt. Das Bindeglied ist das Zählen. Abhängig davon, ob Sie bergauf oder bergab laufen, wird sich die Anzahl der Schritte pro Atemzug verändern. Folgen Sie stets dem Bedürfnis Ihrer Lungen. Versuchen Sie nicht Ihren Atem oder Ihre Schritte zu beeinflussen. Beobachten Sie einfach tief.

Wenn Sie unterwegs etwas sehen, das Sie mit Ihrer Achtsamkeit zu berühren wünschen – den blauen Himmel, die Hügel, einen Baum oder einen Vogel –, bleiben Sie einfach stehen, aber fahren Sie fort, achtsam zu atmen. Durch Ihr achtsames Atmen können Sie das Objekt Ihrer Kontemplation lebendig erhalten. Wenn Sie nicht bewußt atmen, wird früher oder später Ihr Denken wieder einsetzen, und der Vogel oder der Baum werden verschwinden. Bleiben Sie immer bei Ihrem Atem.

Auch mit den Zeilen eines Gedichtes wie des folgenden können Sie Gehmeditation üben. Im Zen-Buddhismus stehen Poesie und Übung stets in enger Verbindung.

Ich bin angekommen, ich bin zu Hause,
im Hier und im Jetzt.
Ich bin fest, ich bin frei.
Im Endgültigen verweile ich.

Als der Buddha geboren wurde, tat er sieben Schritte, und unter jedem seiner Schritte erblühte ein Lotos. Wenn Sie Gehmeditation üben, können Sie dasselbe tun. Visualisieren Sie bei jedem Schritt einen Lotos, eine Tulpe oder eine Gardenie, sobald Ihr Fuß den Boden berührt. Wenn Sie so in Schönheit üben, werden Ihre Freunde Blumenfelder sehen, wo immer Sie gehen.

THICH NHAT HANH

Die guten Nachrichten

Die guten Nachrichten
drucken sie nicht.
Die guten Nachrichten
drucken wir.
Jeden Moment erscheint eine Sonderausgabe,
aber wir brauchen Dich als Leser.
Die gute Nachricht ist, daß Du lebendig bist,
daß die Linde noch da ist
und selbst im strengen Winter sicher steht.
Die gute Nachricht ist, daß Du wunderbare Augen hast,
den blauen Himmel zu betrachten.
Die gute Nachricht ist, daß Dein Kind vor Dir steht
und Deine Arme bereit sind:
Umarmung ist möglich.
Sie drucken nur das, was falsch ist.
Aber schau Dir unsere Sonderausgaben an.
Wir bringen stets das, was nicht falsch ist.
Wir möchten, daß Du davon profitierst
und mithilfst, es zu schützen.
Am Gehweg blüht der Löwenzahn
mit seinem wunderbaren Lächeln
und singt das Lied der Ewigkeit.
Lausche. Du hast Ohren und kannst hören.
Beuge Dein Haupt.
Höre ihm zu.
Laß die Welt der Sorgen zurück
und sei frei.
Die letzte gute Nachricht ist,
daß Du es kannst.

TEIL 3
Aktives Mitgefühl

Thich Nhat Hanh

Aktive Liebe

Das Herz der Gewaltlosigkeit ist Liebe. Aus Liebe und der Bereitschaft zu selbstlosem Handeln entstehen Strategien, Taktiken und Methoden für den gewaltlosen Kampf ganz natürlich. Gewaltlosigkeit ist kein Dogma, sondern ein Prozeß. Andere Arten des Kampfes mögen von Gier, Haß, Angst oder Unwissenheit bestimmt werden, aber ein gewaltloser Kampf darf sich dieser blinden Energien auf keinen Fall bedienen, denn sie würden alle Beteiligten und auch den Kampf selbst vernichten. Gewaltloses Handeln – aus dem Bewußtsein des Leidens geboren und von Liebe genährt – ist die wirksamste Art, Widrigkeiten zu begegnen.

Der buddhistische Kampf für den Frieden in Vietnam in den sechziger und siebziger Jahren resultierte aus dem großen Leiden, das unserem Land von internationalen Kräften zugefügt wurde. In den ländlichen Regionen wüteten Feuer und Waffen, und überall wurden die Menschen entwurzelt. Der Vietnamkrieg war zuallererst und vor allem eine Schlacht der Ideologien. Um das Überleben unseres Volkes zu sichern, mußten wir sowohl den kommunistischen als auch den antikommunistischen Fanatismus überwinden und auf strikte Neutralität bedacht sein. Wir Buddhisten versuchten aufrichtig, für alle Menschen zu sprechen, also nicht Partei zu ergreifen, und wurden daraufhin als »prokommunistische Neutralisten« beschimpft. Die kriegführenden Parteien nahmen jeweils für sich in Anspruch, den wahren Willen des Volkes zu vertreten, wobei die Nordvietnamesen für den kommunistischen Block und die Südvietnamesen für den kapitalistischen Block standen. Wir Buddhisten hingegen wollten nur die Möglichkeit schaffen, daß die Menschen selbst gehört werden

konnten – und die Bevölkerung wollte nur Frieden und nicht den
»Sieg« irgendeiner Seite.

Während unseres Kampfes kam es häufig zu ganz spontanen
Szenen der Liebe – ein Mönch, der sich ruhig einem nahenden
Panzer in den Weg setzt, Frauen und Kinder, die ihre Hände gegen Stacheldraht erheben, Studenten, die vor mit riesigen Gas-
masken und Bajonetten wie Ungeheuer wirkenden Militärpolizi-
sten stehen, junge Frauen, die, ihre Babys im Arm, durch
Tränengaswolken rennen, still und geduldig abgehaltene Hun-
gerstreiks, Mönche und Nonnen, die sich selbst verbrennen, um
mitten im wütenden Kriegslärm noch Gehör zu finden. Und all
diese Mühen haben Früchte getragen.

Jede gewaltlose Handlung bedarf eines genauen Verständnis-
ses der jeweiligen Situation und der Psychologie der Menschen.
In Vietnam haben wir viele Ideen aus der buddhistischen Tradition übernommen und im Laufe unserer Arbeit aus unseren Fehlern gelernt. Im ausgehenden neunzehnten und beginnenden
zwanzigsten Jahrhundert waren buddhistische Mönche am
Kampf für die Unabhängigkeit gegen Frankreich beteiligt. Dafür
haben sie die Unterstützung ihrer Landsleute gewonnen. Als dann
der Vietnamkrieg ausbrach, war diese Sympathie immer noch
vorhanden, ebenso wie das damals erworbene Wissen, daß man
über den passiven Widerstand hinausgehen und positive Anstrengungen unternehmen muß, um Krieg und Unterdrückung zu
überwinden. Als die Menschen in Huê und Danang im Jahre 1966
erfuhren, daß Feldmarschall Nguyen Cao Ky im Begriff stand,
Panzer und Truppen aus Saigon heranzuziehen, um die Friedensbewegung zu zerschlagen, brachten sie ihre Hausaltäre – das Hei-
ligste, was sie hatten – auf die Straßen, um die Kräfte ihrer Kultur und Tradition den Kräften der Zerstörung entgegenzusetzen.
Es gab auch kritische Stimmen, die meinten, hier würde Religion
für politische Zwecke mißbraucht, aber dem kann ich nicht zustimmen. Diese Menschen setzten der Gewalt einfach ihre stärk-
ste spirituelle Kraft entgegen. Das war kein politischer Akt, es war
ein Akt der Liebe.

Auch das Fasten, Mahatma Gandhis bevorzugtes Mittel in seiner Unterstützung des Kampfes für die Unabhängigkeit Indiens, ist in Vietnam eingesetzt worden. Manchmal fasteten Tausende Menschen, manchmal nur ein einziger. Wir fasteten als eine Art Gebet, um unsere Herzen zu reinigen, unseren Willen zu stärken und um Gewahrsein und Mitgefühl in anderen zu wecken. Als Thich Tri Quang 100 Tage fastete, wurden alle, die am Duy-Tan-Krankenhaus vorbeikamen, aufgerüttelt, und Bewußtheit und Mitgefühl wurden in ihnen geboren. Dadurch empfanden sie das Bedürfnis, sich zu treffen, zu reden und Pläne zu schmieden und so den Kampf weiterzutragen. Thich Tri Quang hatte sich nicht vorgenommen zu fasten. Er mußte fasten.

Auch mit den »Waffen« der Literatur und der Künste haben wir uns gegen die Unterdrückung gewehrt. Die Werke von Schriftstellern, Komponisten, Dichtern und Künstlern gegen den Krieg fanden, obwohl verboten, weite Verbreitung. In den Straßen und Klassenzimmern wurden Antikriegslieder gesungen. Bücher gegen den Krieg wurden zur meistverkauften Literaturgattung Vietnams und infiltrierten sogar ganze Armee-Einheiten. Bücher wie *Look Back at Your Homeland, Only Death Allows You to Speak Out* und *Lotus in a Sea of Fire* verkauften sich hunderttausendfach. Unsere Literatur galt bei beiden Seiten als äußerst gefährlich. Von den sechzig Gedichten des Buches *Let Us Pray so the White Dove Will Be with Us* wurden vom Informationsministerium nur zwei als unbedenklich eingestuft. Eine Studentengruppe veröffentlichte das Buch dennoch, und in nur einer Woche waren alle Exemplare verkauft. In Huê sah ein Polizist das Buch in einem Buchladen und warnte den Besitzer: »Verstecken Sie dieses Buch und zeigen Sie es nur, wenn jemand ausdrücklich danach fragt.« Schwester Cao Ngoc Phuong wurde in Huê wegen Transports von Antikriegsbüchern verhaftet, und auch ich selbst saß, bevor ich das Land verließ, einige Tage wegen »Wehrkraftzersetzung« in Bao Loc ein, obwohl ich nur des Verbrechens beschuldigt wurde, Radio Hanoi gehört zu haben.

Selbst Volkslieder wurden zu erzieherischen Zwecken gesungen. Folgendes Wiegenlied war im ganzen Land verbreitet:

In meinen Händen halte ich eine Schale mit Ingwer und Salz.
Der Ingwer ist scharf, und das Salz ist stark.
Sie umarmen einander.
Nord und Süd haben dieselben Sorgen.
Wir lieben einander,
Warum haben wir unsere Liebe vergessen?

Das folgende »Gebet für den Frieden« wurde zehntausendfach vervielfältigt und in ganz Vietnam bei religiösen Anlässen rezitiert. Seine Wirkung war weit und breit spürbar.

Verehrung allen Buddhas in den zehn Richtungen.
Bitte schaut voll Mitgefühl auf unser Leiden.
Seit zwei Jahrzehnten ist unsere Heimat im Krieg.
Geteiltes Land, getränkt von Blut und Tränen
und übersät mit den Knochen von Jung und Alt.
Mütter jammern, bis ihre Tränen versiegen,
um ihre auf fernen Feldern verwesenden Söhne.
Die Schönheit der Heimat zerrissen,
nur noch Ströme von Blut und Tränen.
Der Bruder ermordet den Bruder
für leere Versprechungen Fremder.

Im Verlauf der Konfrontation der Supermächte in Vietnam, in der Tausende und Abertausende Bauern und Kinder ihr Leben verloren, wurde unser Land gnadenlos verwüstet. Dennoch war es uns nicht möglich, dem Schlachten Einhalt zu gebieten; es ist uns nicht gelungen, gehört oder verstanden zu werden. Wir hatten kaum Zugang zu den internationalen Nachrichtenmedien. Viele glaubten, wir Buddhisten wollten an die Macht, aber es ging uns nicht um Macht. Wir wollten einzig und allein das Blutvergießen beenden. Die Stimme des vietnamesischen Volkes – zu 80% Buddhisten – ging im Donner der Gewehre und Bomben unter. Aber weil wir erkannt haben, daß Mittel und Zweck eins sind, haben wir niemals Mittel eingesetzt, die unsere Verpflichtung zur Gewaltlosigkeit verraten hätten.

Im Jahre 1963 begab sich Thich Quang Duc an eine Kreuzung in Phan Dinh Phung, setzte sich in der Lotusposition nieder, übergoß sich mit Benzin und verwandelte sich in eine Fackel. Sein Schüler las seine letzten Worte der Presse vor. Madame Nhu sprach damals von einer »Grillparty«. Durch seine Selbstverbrennung machte Thich Quang Duc die Welt auf die Leiden des Krieges und die Verfolgung der Buddhisten aufmerksam. Wenn sich jemand auf derartig mutige Weise der Gewalt entgegenstellt, wird eine transformierende Kraft frei. Jedes Handeln für den Frieden setzt voraus, daß jemand den Mut hat, die Gewalt herauszufordern und Liebe zu wecken. Liebe und Selbstaufopferung setzen stets eine Kettenreaktion von Liebe und Selbstaufopferung in Gang. Wie Jesus mit seiner Kreuzigung, so bewies auch Thich Quang Duc mit seiner Handlung die bedingungslose Bereitschaft, für das Erwachen anderer zu leiden. Indem er die schlimmsten Schmerzen akzeptierte, entzündete er ein Feuer in den Herzen von Menschen aus der ganzen Welt. Die Selbstverbrennung ist nicht Strategie oder programmatisches Handeln gewesen. Wann immer jemand die Absicht äußerte, sich verbrennen zu wollen, haben die buddhistischen Führer alles getan, um es zu verhindern. Dennoch haben sich viele buddhistische Mönche, Nonnen, Laienanhänger und Laienanhängerinnen auf diese Weise für den Frieden geopfert, einschließlich meiner eigenen Schülerin Nhat Chi Mai, die erklärt hatte, eine »Fackel in dunkler Nacht« sein zu wollen.

Nhat Chi Mai gehörte zu den ersten sechs Menschen, die in den Tiep-Hien-Orden aufgenommen wurden. Im Jahre 1966 stellte sie im Tu-Nghiêm-Tempel, einem Nonnenkloster, eine Statue von Avalokiteshvara, dem Bodhisattva des Mitgefühls, und eine Statue der Jungfrau Maria vor sich auf und verbrannte sich bei lebendigem Leibe. Sie hinterließ je einen Brief für die Präsidenten Nord- und Südvietnams, in denen sie sie anflehte, dem Kämpfen endlich ein Ende zu machen. Auch mir schrieb sie einen

Brief: »Thầy, mach dir nicht so viele Sorgen. Bald werden wir Frieden haben.« Nhat Chi Mai bewegte die Herzen von Millionen ihrer Landsleute und weckte die Kraft der Liebe.

Ich bin mir bewußt, daß die Selbstopferung von Mönchen und Nonnen für Menschen des Westens schwer zu verstehen ist. Sie haben es Selbstmord genannt, aber es ist kein Selbstmord gewesen. Es war nicht einmal ein Protest. Was die Mönche in ihren Abschiedsbriefen geschrieben hatten, zeigte stets nur die Absicht, die Herzen der Unterdrücker zu erweichen und die Aufmerksamkeit der Welt auf das Leiden unseres Volkes zu richten. Eine unter derart unaussprechlichen Schmerzen gemachte Aussage ist eine Kommunikation von unerhörter Entschlossenheit, gewaltigem Mut und großer Aufrichtigkeit. In einigen buddhistischen Traditionen verbrennt ein zukünftiger Mönch in der Ordinationszeremonie, während er die 250 Mönchsgelübde ablegt, und verspricht, sein Leben der Errettung aller Lebewesen zu widmen, mehrere winzige Stellen seines Körpers mit Moxa-Weihrauch. Würde er dasselbe sagen, während er bequem in einem Lehnstuhl säße, wäre es nicht dasselbe. Spricht er es hingegen, vor der Versammlung der Älteren kniend, unter dieser Art von Schmerz, sind seine Worte Ausdruck für die ernsthafte Entschlossenheit seines Herzens und seines Geistes.

Die vietnamesischen Mönche, Nonnen und Laien, die sich selbst verbrannten, zeigten mit ihrer ganzen Kraft und Entschlossenheit ihre Bereitschaft, selbst das größte Leid zu ertragen, um ihr Volk zu beschützen. Warum aber mußten sie sich selbst verbrennen? Ob man sich mit Weihrauch kleine Verbrennungen zufügt oder sich selbst verbrennt: der Unterschied ist nur ein gradueller. Wichtig ist nicht das Sterben, sondern Mut, Entschlossenheit und Aufrichtigkeit zu zeigen – nicht zu zerstören, sondern zu erschaffen. Selbstmord ist ein Akt der Selbstzerstörung, der verübt wird, weil man mit den Schwierigkeiten des Lebens nicht fertig wird. Diese Form der Selbstzerstörung gilt im Buddhismus als einer der schwerwiegendsten Brüche der Gelübde. Die Menschen aber, die sich aus Protest selbst verbrannten, hatten weder den Mut noch die Hoffnung verloren, auch wünschten sie sich nicht die Nichtexistenz. Sie bewiesen außerordentlichen Mut und hofften auf etwas Gutes für die Zukunft. Sie haben sich selbst geopfert, um die Menschen der ganzen Welt um Hilfe zu bitten. Ich glaube von ganzem Herzen, daß die, die sich verbrannten, nicht den Tod der Unterdrücker wünschten, sondern nur eine Veränderung ihrer Politik. Ihre Feinde waren nicht Menschen, sondern Intoleranz, Fanatismus, Unterdrückung, Gier, Haß und Vorurteile in den Herzen ihrer Mitmenschen.

Weder die Selbstopferungen noch irgendeine der anderen Methoden war von uns vorausgeplant. Mit der Situation konfrontiert und mit Mitgefühl im Herzen, ergaben sich die entsprechenden Aktivitäten von selbst. Man kann keine Rezepte für gewaltloses Handeln erfinden und für jeden nachschlagbar in einem Buch niederlegen. Das wäre naiv. Wenn man wach und kreativ ist, weiß man, was zu tun ist und was nicht. Die Grundvoraussetzung besteht darin, die Essenz, die Substanz von Gewaltlosigkeit und Mitgefühl in sich zu tragen. Dann wird alles, was man tut, die Richtung der Gewaltlosigkeit nehmen. Neben der Selbstopferung, dem Fasten und dem Einsatz von Kunst und Literatur fanden noch viele weitere Taktiken in Vietnam Verwendung. So trat zum Beispiel im Jahre 1963 Außenminister Vu Van Mau aus Protest gegen die Gewaltpolitik des Diêm-Regimes zurück und rasierte sich die Haare ab. Viele Professoren und Studenten folgten seinem Beispiel. Auf den Märkten und in den Häfen wurde gestreikt, und Geschäftsinhaber gaben ihre Lizenzen zurück. An den Universitäten traten Dekane, Rektoren und Professoren zurück, und Studenten boykottierten Vorlesungen und Prüfungen. Wehrpflichtige verweigerten den Wehrdienst. All diese Aktivitäten zogen stets grausame Vergeltungsschläge nach sich. Die Regierung reagierte mit ungezügelter Brutalität und setzte gnadenlos Tränengas, Granaten, Verhaftungen und Folter ein, um den gewaltlosen Widerstand zu brechen.

Agenten verkleideten sich als Mönche und Nonnen, infiltrierten unsere Bewegung und versuchten unseren Ruf zu schädigen und Samen der Angst zu säen. Sie wiegelten Extremisten und Fanatiker auf, die Führer und Mitglieder unserer Bewegung zu stürzen und zu vernichten. Niemand weiß genau, wie viele der buddhistischen und nichtbuddhistischen Führer des gewaltlosen Widerstands unter Professoren, Studenten, Intellektuellen, Politikern, Arbeitern und Bauern verhaftet oder getötet wurden. Sogar Sozialarbeiter, die versuchten, den Bauern zu helfen, wurden terrorisiert oder umgebracht. Von den Mitgliedern der »Schule der Jugend für den sozialen Dienst (SJSD)« sind acht entführt, sechs umgebracht und elf schwer verwundet worden – alles, weil sie sich geweigert hatten, im Krieg Partei zu ergreifen. In der Gedenkandacht für die Getöteten bekräftigten die Studenten der SJSD offen ihre Verpflichtung zu Gewaltlosigkeit und Neutralität: »In Gegenwart unserer geliebten Freunde, deren Körper nun hier vor uns liegen, erklären wir feierlich, daß wir euch, die ihr für ihren Tod verantwortlich seid, nicht als unsere Feinde betrachten können. Unsere Arme sind weit offen; wir sind bereit, eure Vorstellungen und Ratschläge zu umarmen, wenn sie uns helfen, unsere gewaltlose Arbeit für das Wohl aller Menschen Vietnams fortzusetzen.«

Trotz der offensichtlichen Ergebnisse – viele weitere Jahre Krieg, gefolgt von Jahren der Unterdrückung und Mißachtung der Menschenrechte – kann ich doch nicht sagen, daß unser Kampf vergeblich gewesen ist. Die Bedingungen für einen Erfolg im Sinne eines politischen Sieges haben sich nicht ergeben. Aber der Erfolg eines gewaltlosen Kampfes läßt sich nur daran messen, was an Liebe und Gewaltlosigkeit erreicht werden konnte, nicht daran, ob ein politischer Sieg errungen wurde. In unserem Kampf in Vietnam haben wir unser Bestes getan, unseren Prinzipien treu zu bleiben. Niemals haben wir die Tatsache aus den Augen verloren, daß die Liebe selbst Kern unseres Kampfes war. Und darin sehe ich unseren eigentlichen Beitrag für die Menschheit.

KENNETH KRAFT

Engagierter Buddhismus

Als Mitte der sechziger Jahre der Vietnamkrieg eskalierte, begann
eine Gruppe vietnamesischer buddhistischer Mönche und Nonnen
gewaltlos und unparteiisch ihren leidenden Landsleuten zu
helfen. Eines Tages versuchte eine Gruppe von 18 Buddhisten,
etwa 200 Zivilisten zu evakuieren, die zwischen den Fronten
festsaßen. Ein Beteiligter beschrieb, was geschah:

Wir wollten Zivilisten zwischen zwei Reihen buddhistischer Mönche
und Nonnen in gelben Roben aus dem Kriegsgebiet führen. Ich wurde
gebeten, eine große buddhistische Flagge zu tragen, damit die Soldaten beider Seiten nicht auf uns schießen würden. ... H. und eine Nonne
wurden durch Querschläger ziemlich schwer verwundet. Der Marsch
dauerte furchtbar lange, weil wir immer wieder anhalten und uns flach
auf die Straße werfen mußten, um auf das Abflauen des Feuers zu warten, bevor wir weitergehen konnten. Bereits am frühen Morgen verließen wir den Distrikt, kamen aber erst nach Einbruch der Dunkelheit
in Pleiku an. Welch unglücklicher Zeitpunkt! Es war die Zeit der
Raketenangriffe, und Pleiku wurde bombardiert.
Unglücklicherweise befanden wir uns ganz in der Nähe eines Militär-
lagers, und eine Rakete ging direkt auf uns nieder. Sieben unserer
Leute wurden verwundet. Frauen und Kinder schrien fürchterlich. Wir
forderten alle auf, sich hinzulegen, und versuchten, den Verwundeten
zu helfen.
Das große Wunder dieses Tages war die Tatsache, daß wir sowohl durch
die Linien der Saigoner Truppen als auch durch die der Nationalen Be-
freiungsfront gegangen waren, aber kein Soldat direkt auf einen von
uns geschossen hatte. Ich muß sagen, daß die Soldaten sehr einsichtig
und freundlich gewesen sind. Ich weiß aber nicht, was geschehen wäre,
wenn wir das buddhistische Symbol nicht sichtbar getragen hätten.

Sobald sie uns sahen und erkannten, zeigten sie sofort ihre Achtung vor dem Leben.[1]

An diesem und an vielen weiteren Tagen teilten vietnamesische Buddhisten das Meer aus Blut, das ihr Land überflutete. Sie bewiesen den Gleichmut, den Mut und die Selbstlosigkeit wahrer Friedensstifter. Erstaunlicherweise zollt der Autor dieses Berichts den Soldaten beider Seiten sogar Dankbarkeit. Statt Zorn oder Haß zu empfinden, nimmt er die Soldaten als einsichtig und freundlich wahr und schätzt sie für ihre Fähigkeit, selbst mitten im Krieg dem Leben noch Achtung erweisen zu können.

Auf diese Art aktiver Teilnahme an der Gesellschaft und ihren Problemen bezieht sich der Begriff »engagierter Buddhismus«. Die an dieser aufkeimenden Bewegung Beteiligten versuchen, die traditionellen Ideale des Buddhismus – Weisheit und Mitgefühl – in der heutigen Zeit zu verwirklichen. In Zeiten von Krieg und eskalierender Feindschaft versuchen sie sich im wörtlichen oder übertragenen Sinne zwischen die Gegner zu stellen, gleich den Freiwilligen in gelben Roben auf der Straße nach Pleiku. Rōshi Philip Kapleau, ein amerikanischer Zen-Lehrer, sagte über die neue Herausforderung:

Es scheint mir eine der Hauptaufgaben der Buddhisten im Westen zu sein, zusammen mit religiös oder anders motivierten Gruppen an der Verhütung der die Menschheit bedrohenden potentiellen Katastrophen zu arbeiten, als da wären: die nukleare Vernichtung, die irreversible Vergiftung der Umwelt und die weitere Ausbeutung und Zerstörung nicht erneuerbarer Rohstoffe in großem Stil. Darüber hinaus müssen wir unsere physische und moralische Unterstützung all jenen zukommen lassen, die weltweit gegen Hunger, Armut und Unterdrückung kämpfen.[2]

---

1 Brief an Chân Không, Mai 1972, zitiert in Zen Bow (Rochester: The Zen Center), Winter 1973, S. 11
2 Philip Kapleau, *A Pilgrimage to the Buddhist Temples and Caves of China.* Rochester: The Zen Center, 1983, S. 26

Da der Buddhismus häufig für passiv oder weltflüchtig gehalten wird, könnte ein sogenannter »engagierter Buddhismus« anfänglich wie ein Widerspruch in sich selbst wirken. Ist nicht die Betonung der individuellen Suche nach Erleuchtung eines der bestimmenden Merkmale des Buddhismus? Keine Erleuchtung kann vollständig sein, solange andere in Verblendung gefangen bleiben. Wahre Weisheit findet ihren Ausdruck in mitfühlendem Handeln. Wenn wir das 2500 Jahre alte Erbe des Buddhismus näher untersuchen, sehen wir, daß die Prinzipien und sogar einige der Techniken des engagierten Buddhismus bereits seit der Zeit ihres Gründers Teil der Tradition gewesen sind. Qualitäten, die im Asien der Antike nicht so zum Tragen kommen konnten, können nun, da der Buddhismus sich mit den westlichen Idealen der ethischen Sensibilität, sozialen Aktivität und Gleichberechtigung auseinandersetzen muß, eher aktiv werden. Wir können davon ausgehen, daß der Buddhismus dem Westen und der ganzen Welt einzigartige Mittel an die Hand geben kann und alte buddhistische Einsichten auf reale Probleme der Gegenwart durchaus anwendbar sind. Robert Thurman interpretiert den berühmten buddhistischen Philosophen des zweiten Jahrhunderts unserer Zeitrechung, Nāgārjuna, »als würde dieser sich heute an uns wenden«.

Dreh- und Angelpunkt eines engagierten Buddhismus ist die Sicht der wechselseitigen Abhängigkeit, in der das Universum als organische Ganzheit erfaßt wird, wo jedes »Teil« auf jedes andere »Teil« einwirkt. Joanna Macy schreibt in diesem Zusammenhang: »Im Netz des Lebens hängt alles voneinander ab und bedingt sich gegenseitig. Das gilt für jeden Gedanken, jedes Wort und jede Handlung und auch für jedes Lebewesen.« Obwohl die klassischen Formulierungen dieses Konzepts den Geist über das konventionelle Denken hinauskatapultieren, ist die Vernetzung der Dinge doch auch aufgrund einfacher Beobachtung erkennbar. »Wieder und immer wieder erkennt man«, sagt Christopher Titmus, »wie der Geist den Körper beeinflußt, der Körper den Geist, die Welt das Individuum und das Individuum die Welt.« Auf der internationalen Ebene ist die wechselseitige Abhängigkeit der Nationen voneinander ebenso offensichtlich: Eine Kernschmelze in Tschernobyl verstrahlt polnische Milch, eine Revolution auf den Philippinen ist Auslöser für den Ruf nach demokratischen Reformen in Korea. In einer derartigen Welt kann selbst die mächtigste aller Nationen ihre Probleme nicht mehr allein lösen.

Für Menschen, die in diesen Bahnen denken, fördert das Bewußtsein der wechselseitigen Verbundenheit ihren Sinn für universale Verantwortung. Der Dalai Lama merkt an, daß, wegen der wechselseitigen Verbundenheit von Individuum und Gesellschaft, das Verhalten des einzelnen als Individuum nicht von seinem Verhalten als Mitglied der Gesellschaft getrennt werden kann. Die eher dunkle Seite dieser Erkenntnis ist die Tatsache, daß jeder einzelne von uns in gewissem Maße zu Gewalt und Unterdrückung beiträgt. Die helle Seite ist, daß uns aus der Erkenntnis unserer eigenen Beteiligung an den Dingen, die wir beklagen, die Kraft erwächst, sie zu verändern. Thich Nhat Hanh schreibt hierzu:

> Wir sind darauf angewiesen, daß ein solcher Mensch uns mit ruhigem Vertrauen inspiriert und uns sagt, was zu tun ist. Wer ist ein solcher Mensch? Die Mahāyāna-Sūtras sagen uns, daß du dieser Mensch bist. Wenn du du selbst bist, wenn du in Kontakt mit deiner besten Seite bist, dann bist du dieser Mensch. Nur mit Hilfe eines solchen Menschen, der ruhig, klar und bewußt ist, wird unsere Situation sich zum Besseren wenden.

Da auf einer grundlegenden Ebene der persönliche Frieden mit dem Weltfrieden verbunden ist, können wir nicht sinnvoll »für den Frieden arbeiten«, solange wir entrüstet, zornig oder angriffslustig sind. »Gewaltlosigkeit ist eine jeden Tag neue Erfahrung«, sagt Christopher Titmus. Das hektische Leben in technologisch fortgeschrittenen Gesellschaften verstärkt die Tendenz, sich von Menschen und Dingen zu trennen. Diese Trennung ist eine Art minderer Gewalt, die aber Gewalt in größerem Stil nach sich zieht. Thich Nhat Hanh merkt zum Beispiel an, wie selten wir mit ruhigem Gewahrsein über einer Tasse Tee verharren; gewöhnlich gießen wir sie automatisch in uns hinein, abgelenkt von Gesprächen, Lektüre, Musik oder wandernden Gedanken. Damit tun wir dem Tee, dem Moment und uns selbst Gewalt an. Diese Verbindung von persönlichem Frieden und Weltfrieden ist einer der neuen Beiträge des Buddhismus zur Politik.

Im Einklang mit Thich Nhat Hanhs sanftem Weg, Tee zu trinken, spiegeln die Handlungen eines engagierten Buddhismus einen Geist der Toleranz und Bescheidenheit wider, der in parteiischem Gezänk kaum zu finden ist. Die von Thich Nhat Hanh entwickelten vierzehn Gelübde des Ordens des Interseins beginnen mit drei Bestimmungen: »Vermeide Dogmatismus, bleibe offen und dränge deine Sicht anderen nicht auf. Die erste Regel lautet: Binde dich nicht abgöttisch an eine Doktrin, Theorie oder Ideologie, einschließlich der buddhistischen. Buddhistische Denksysteme sind nur Hilfsmittel zur Orientierung und keine absolute Wahrheit.« Der Buddhismus ist kein unfehlbares System, das sämtliche Antworten auf all unsere Probleme bereit hält. Denker des engagierten Buddhismus sind im Bereich der Gesellschafts- und Wirtschaftspolitik durchaus bereit, Einsichten anderer Systeme und Glaubensrichtungen zu übernehmen. Ein Übertritt zum Buddhismus ist in keinem Fall erforderlich. Für die Wirksamkeit der angebotenen Ideen und Praktiken ist es gleichgültig, ob sie mit einem buddhistischen Etikett versehen sind oder nicht. Joanna Macy schreibt: »Als Teil unseres gemeinsamen Erbes auf diesem Planeten gehören diese Methoden uns allen.« Professor Thurmans Aufsatz in diesem Buch zeigt, daß Nāgārjuna alle Glaubenssysteme, buddhistische und nichtbuddhistische gleichermaßen, als der Heilung bedürftige Krankheiten betrachtete. »Es ist gleichgültig, welche Symbole oder Ideologien den Schirm ausmachen«, erklärt Thurman, »solange seine Funktion Befreiung und Erleuchtung ist.«

Engagierte Buddhisten würden unter keinen Umständen vor Leid oder Trauer die Augen verschließen. Sie glauben, daß niemand sich der Empfindung des Schmerzes für das, was heute in der Welt geschieht, entziehen kann, wie sehr er auch versuchen mag, derartige Gefühle aus dem Bewußtsein zu verbannen. Seit Jahrhunderten hat der Buddhismus das Leiden als Ausgangspunkt und Auslöser eines religiösen Lebens betrachtet. Der Mahāyāna-Buddhismus lehrt, daß Nirvana *in* Samsara gegenwärtig ist; das heißt, Erwachen oder Befreiung sind vom Leiden und seinen Ursachen nicht getrennt. Engagierte Buddhisten erneuern diese geheimnisvolle Alchimie, indem sie Verzweiflung in Mut und Energie verwandeln. Eine Frau, die Opfer einer Vergewaltigung geworden war und nun in einem amerikanischen Zen-Zentrum übt, berichtet trotz immer noch vorhandener Ängste: »Ich war wirklich in der Lage, die Katastrophe in ein effektives Werkzeug für mein persönliches und spirituelles Wachstum zu verwandeln.«

Der Buddhismus hat stets betont, daß der spirituelle Weg »beschritten, nicht besprochen« werden müsse. In der gesamten Literatur des engagierten Buddhismus verstreut finden sich praktische Einsichten und spezielle Techniken, die man selbst anwenden kann. Wenn Sie ein aufbrausendes Temperament haben, sagt der Dalai Lama, versuchen Sie die Dauer Ihres Zorns zu verringern. Machen Sie jeden Ausbruch eine oder zwei Minuten kürzer als den vorherigen. Joanna Macy bietet geführte Meditationen zu Themen wie Tod, Mitgefühl, Mut und gegenseitiges Vertrauen an. Die Medien bombardieren uns ja laufend mit Beweisen für das Leiden unserer Mitwesen, aber bevor wir noch mit den Gefühlen unserer Trauer, unseres Mitgefühls oder unserer Verzweiflung in Kontakt kommen, trifft uns schon die nächste Schreckensbotschaft (oder wir werden durch einen Werbespot abgelenkt). Joanna Macy rät uns, in solchen Momenten die Zeitung niederzulegen, Fernseher oder Radio abzuschalten und uns auf unseren Atem zu konzentrieren:

Atme den Schmerz wie einen dunklen Strom ein ... führe ihn durch dein Herz ... überlasse ihn den heilenden Kräften des riesigen Netzes des Lebens ... Indem wir durch die schlechten Nachrichten hindurch atmen, können wir sie, statt uns gegen sie abzuschirmen, unser Gefühl der Zugehörigkeit zum großen Netz des Seins stärken lassen.

Seit einiger Zeit mischen sich Buddhisten weltweit in sehr verschiedene Zusammenhänge ein – manchmal gewaltlos, bisweilen aber auch gewaltsam. Gelegentlich ist ihr Verhalten von empfindsamen Beobachtern beklagt worden, und ernst zu nehmende Probleme haben sich gezeigt. Einige Buddhisten mögen behaupten, wenn es denn das kollektive Karma einer Nation sei, besetzt, ja sogar vernichtet zu werden, dann würde ein gewaltsamer Widerstand nur zusätzliche karmische Lasten schaffen. In den buddhistischen Schriften ist ein Vorfall erwähnt, bei dem Shakyamuni, nachdem es ihm zweimal mißlungen war, einen Angreifer gewaltlos abzuwehren, passiv daneben steht und zusieht, wie seine Sippe abgeschlachtet wird.[3] Auch in einer der Jatakas opfert sich der Buddha in einer früheren Inkarnation einer verhungernden Tigerin, damit sie ihre Jungen ernähren kann. Sind gewaltsame Selbstverteidigung oder selbstmörderische Opferhaltung unsere einzigen Alternativen? Gary Snyder redet in seinem Aufsatz Mitteln wie zivilem Ungehorsam, offener Kritik, Protest, Pazifismus, freiwilliger Armut und sogar sanfter Gewalt das Wort, wenn es dazu kommt, willkürlichem Wahnsinn die Stirn bieten zu müssen.

Da in den buddhistischen Traditionen eben erst begonnen wird, die Implikationen eines engagierten Buddhismus zu untersuchen, bleiben Probleme wie die oben erwähnten derzeit noch ungelöst. Hier noch einige weitere Fragen, die sich in diesem Zusammenhang stellen: Verwässert oder verfälscht man die alten buddhistischen Lehren, wenn man sie mit spezifisch sozialen Anliegen verbindet? Was bedeutet Befreiung vom Leiden im Zusammenhang mit Analphabetentum, Wasserknappheit oder fehlenden Markt-

---

3 Ekottaragama, Hajime Nakamura, »Violence and Nonviolence in Buddhism«, in: Philip P. Wiener und John Fisher (Hg.), *Violence and Aggression in the History of Ideas*. New Brunswick: Rutgers University Press, 1974, S. 176

kooperativen? Was sind die eigentlichen Wurzeln der Gewalt-losigkeit im Buddhismus? Unterscheidet sich die buddhistische Gewaltlosigkeit in irgendeiner Weise von der Gewaltlosigkeit anderer Traditionen? Welche Anleitungen kann der Buddhismus uns für unseren Umgang mit sozialen Organisationen, mit Wirtschaft oder Technologie geben? Viele der früher buddhistischen Länder werden jetzt vom Kommunismus beherrscht; ist die Koexistenz oder gar die gegenseitige Unterstützung einer speziellen Form des Buddhismus und des Kommunismus denkbar? Weitere Untersuchung, Reflexion und Diskussion ist hier nötig.

»Mitgefühl« ist ein schön klingendes Wort; in Amerika ist es neuerdings sogar zu einem Modewort der politischen Rhetorik geworden. Das von den Buddhisten verehrte Mitgefühl ist etwas ganz anderes – ein tiefes Gefühl des Einsseins mit allen Lebewesen, ein aus dem Leiden geborener spontaner Impuls. Wie im Falle der Demonstration der vietnamesischen Buddhisten in ihren gelben Roben, wird der Pfad des Mitgefühls manchmal auch unter Beschuß genommen. Gleichzeitig ist er so gewöhnlich wie ein Lächeln zur Begrüßung, so nah wie eine zur Hilfe ausgestreckte Hand. In einfachen Worten: »Die Philosophie ist Güte.«

ROBERT A. F. THURMAN

Nāgārjunas Richtlinien für soziales Handeln im Buddhismus

[Oh König!] So wie du zu erwägen beliebst,
Wie dir selbst zu helfen sei,
So solltest du zu erwägen belieben,
Was getan werden kann, um anderen zu helfen![1]

In diesem Vers bringt Nāgārjuna das Grundprinzip buddhistischen sozialen Handelns zum Ausdruck: den universalen Altruismus der »großen Liebe« (*mahāmaitrī*) und des »großen Mitgefühls« (*mahākarunā*). Die primäre Einstellung des Buddhismus gegenüber sozialem Handeln ist von alles umfassendem Aktivismus geprägt, einer unerschütterlichen Verpflichtung zu vollständiger Selbst-Transformation und vollständiger Welt-Transformation. Dieser Aktivismus gewinnt im Universalen Fahrzeug (*Mahāyāna*)[2], mit seiner großartigen Literatur zur Karriere der

---

1 Alle Zitate Nāgārjunas sind aus: Nāgārjuna, *The Precious Garland,* übersetzt von Jeffrey Hopkins. London: Allen & Unwin, 1957. Allerdings habe ich in einigen Fällen das Sanskritoriginal (Vaidya, 1960) hinzugezogen und auf dieser Grundlage die Terminologie meinen eigenen Bedürfnissen angepaßt, um so die Kohärenz zwischen Zitat und Kommentar zu gewährleisten. [Anm. d. Herausgebers: Die Versnummer für jedes Zitat Nāgārjunas siehe Professor Thurmans Artikel aus *The Eastern Buddhist,* Bd. xvi, Nr. 1, Frühjahr 1983, dem dieser Beitrag entnommen wurde.]

2 Ich übersetze Mahā- und Hīna- mit den Begriffen »universal« und »individuell«, aufgrund der Tatsache, daß das Mahāyāna ein Fahrzeug für Reisende ist, die den Wunsch haben, daß alle anderen Wesen sie auf der Reise begleiten sollen, das Hīnayāna jedoch ein Fahrzeug für Reisende, die zwar ebenfalls hoffen, daß andere die Reise auch machen, aber in erster Linie daran interessiert sind, selbst zum Ziel zu kommen. Ersteres betont also die »universale«, letzteres die »individuelle« Befreiung. Da letztlich universale Befreiung aber sicher nicht statt-

Bodhisattvas, seinen vollständigsten Ausdruck. Allerdings wohnt er bereits dem Individuellen Fahrzeug (Hīnayāna) zwingend inne, sichtbar in den Handlungen des Buddha sowie in seinen Lehren. Damit ist es ein Grundanliegen aller buddhistischen Traditionen, grundlegende Prinzipien an tatsächlichen zeitgenössischen Problemen wirksam werden zu lassen, um ethische, ja sogar politische Richtlinien zum Handeln zu entwickeln.

Genau das tat Nāgārjuna im zweiten Jahrhundert unserer Zeitrechnung, als er für seinen Freund und Schüler, den König Udayi der mächtigen Satavahana-Dynastie Südindiens, seinen *Juwelenkranz mit Ratschlägen für den König* verfaßte. Eine nähere Untersuchung dieser Ratschläge sollte sich also auch für unsere Zeit als aufschlußreich erweisen. In meinem Aufsatz werde ich aus Nāgārjunas speziellen Vorschlägen einige moderne »Ratschläge für heutige Könige« ableiten. Ich hoffe, damit zur Einsicht der buddhistischen Intellektuellen bezüglich der mit diesem Thema verbundenen Probleme beizutragen. Vor dem Hintergrund der Vorschläge Nāgārjunas werde ich Richtlinien für ein buddhistisches soziales Engagement unserer Zeit entwickeln. Die Tatsache, daß die Ratschläge einem »König« gelten, macht sie keineswegs wertlos für uns, denn wie R. B. Fuller sagt, lebt jeder durchschnittliche Bürger einer modernen Industriegesellschaft in vielerlei Hinsicht besser als die meisten Könige vergangener Zeiten, ja ist sogar mehr König seines eigenen Schicksals, als jene es gewesen sein mögen.[3] Daher kann jeder diese Ratschläge in seinem eigenen Aktivitätsfeld anwenden. Man könnte politische Parteien mit diesen Prinzipien gründen (tatsächlich haben viele Parteien ähnliche Punkte in ihrem Parteiprogramm), und speziell buddhistische Individuen und Gemeinschaften könnten dafür sorgen,

---

finden kann, solange sie nicht eine vollständige »universale-individuelle« Befreiung ist, vermitteln diese Übersetzungen auch die Beziehung zwischen den beiden Fahrzeugen.

3 R. B. Fuller macht diese Aussage in seinen Essays in *Utopia or Oblivion*, Overlook Press, 1973 (vergriffen).

daß diese Prinzipien und Haltungen Verbreitung finden. Lassen Sie uns nun Nāgārjuna so lesen, als würde er sich heute an uns wenden.

Insgesamt 45 Verse (#301–345) geben die Quintessenz des Themas wieder. Dieser Abschnitt des Textes beginnt mit einigen Anmerkungen, daß guter Rat beim ersten Hören häufig unangenehm klingt, besonders für einen an Schmeicheleien gewöhnten, reichen und mächtigen König, der die Dinge auf seine eigene Weise zu betrachten pflegt. Der König wird angehalten, den »nützlichen, doch unbequemen« Worten geduldig zu lauschen und sie als wahre Worte zu erkennen, die aus Mitgefühl und ohne jeden Zorn gesprochen wurden und sich daher für das Hören eignen, so wie Wasser sich für ein Bad eignet. »Erkenne, daß ich dir erkläre, was jetzt und später zum Heile gereicht. Handle entsprechend, um dir selbst und anderen zu helfen.«

Menschen in Machtpositionen haben sich seit damals nicht wesentlich verändert. Tatsächlich besteht nahezu die gesamte Bevölkerung der »entwickelten« Länder aus Menschen mit nahezu königlicher Machtfülle, die sie nutzen, um zu konsumieren, wonach immer ihnen der Sinn steht; umschmeichelt und bedient werden sie dabei von Menschen aus »unterentwickelten« Ländern, und sie sind es gewohnt, daß alle unangenehm realistischen Dinge, wie Leichname, Krankheiten, Wahnsinn oder die Entstellungen der Armut ihren Blicken ferngehalten werden. Sie möchten nichts davon wissen, daß alles vergänglich ist, daß das Leben im wesentlichen voller Schmerzen und grundlegend unrein ist. Sie wollen nicht erkennen, daß alle Wesen ihnen und ihren Lieben gleich sind, gleichermaßen liebenswert und mit den gleichen Rechten. Sie wollen nicht hören, daß es kein wahres Selbst, keinen absoluten Besitz und kein absolutes Recht gibt. Aber daß sie es hören, und zwar gut hören, ist so ziemlich die wichtigste Notwendigkeit unserer Zeit. Die Millionen und Abermillionen »Könige« und »Königinnen« der entwickelten Welt müssen sich ihren Pflichten gegenüber anderen Völkern, anderen Lebewesen und der Natur stellen. Das ist die eigentliche Bewährungsprobe unserer Tage, nicht der scheinbar so wichtige Wettbewerb entwickelter Nationen untereinander.

Nāgārjunas erste Aussage zielt direkt auf diesen höchst wichtigen Punkt. »Wenn du dich weigerst, von deinem durch frühere Großzügigkeit erworbenen Reichtum einen Beitrag zu leisten, wirst du, dank dieser Undankbarkeit und Anhaftung, in Zukunft keinen Reichtum mehr erwerben.« Zwei Überzeugungen stehen hinter dieser einfachen, doch weitreichenden Aufforderung zur Großzügigkeit, einer heutzutage ganz besonders wichtigen Haltung. Erstens, Reichtum ist das evolutionäre Ergebnis von in früheren Leben oder früher in diesem Leben geübter Großzügigkeit. Zweitens, Reichtum kommt einem in diesem Leben zu, weil andere – aus welchen Gründen auch immer – einem etwas geben; man muß ihnen daher dankbar sein. Klammern wir die Sache mit den früheren Leben, die für moderne Menschen schwer verdaulich ist, einmal aus, bleibt die Tatsache, daß die meisten Menschen ihren heutigen Reichtum der harten Arbeit und Zukunftsvision früherer Generationen verdanken. Der Kapitalismus selbst ist seinem innersten Wesen nach ja keine Sache des Hortens und der Anhaftung, sondern eine Angelegenheit asketischer Selbstbeschränkung, geht es doch um die »Investition« von Gütern zugunsten eines höheren Zwecks. Je mehr man vom gegenwärtigen Konsum zugunsten produktiver Investition aufgibt, desto mehr kann für zukünftigen Konsum produziert werden. Wer das Wesen dieses Prozesses aus den Augen verliert und nur noch konsumiert und hortet, hat seinen Reichtum bald verloren, genau wie Nāgārjuna sagt. Daß Großzügigkeit die Basis für Reichtum darstellt, ist ein wirtschaftliches Faktum.

Die wahren Feinde sind Engstirnigkeit, Armutsmentalität, kurzlebiges Profitstreben, destruktive Habgier. Ihr Gegenteil ist der Großmut, der sich alle Menschen zum Freund macht. Summa summarum: Transzendenz ist die Wurzel der Großzügigkeit; Großzügigkeit ist die Wurzel evolutionären Überlebens; evolutionäres Überleben schließlich bringt irgendwann Freiheit für die Glückseligkeit der Transzendenz. Das ist der goldene Dreiklang, und er ist viel mächtiger als der gewöhnliche Teufelskreis aus Selbstsucht und gewohnheitsmäßiger Anhäufung. Ersteres ist lebendiges Nirvana, letzteres das Samsara kontinuierlichen Sterbens.

Die vornehmste Art des Gebens gilt interessanterweise nicht der Erfüllung materieller Bedürfnisse, obwohl diese ein natürlicher Teil der Großzügigkeit ist. Das Wertvollste für die Lebewesen ist Freiheit, Transzendenz und Erleuchtung. Diese Qualitäten können nur durch das Tor des Dharma, der transzendenten Wahrheit der Selbstlosigkeit, der Leerheit, der Offenheit und so weiter erlangt werden. Aufgabe des Bildungssystems einer Gesellschaft ist es daher nicht, zum Wohle der Gesellschaft drohnenhafte »Professionelle«, Arbeiter oder Sklaven hervorzubringen. Das Bildungssystem ist für das Individuum die Tür zu Befreiung und Erleuchtung. Bildung ist das Gehirn des Körpers Politik. Die Gesellschaft hat keinen anderen Zweck, als die Bildung zu fördern, denn sie ist das zur Freiheit führende Tor der Gesellschaft. Indem man anderen die Gabe der Bildung schenkt, gewinnen sie Freiheit, Selbstvertrauen, Verständnis, Wahlmöglichkeiten, alles zusammengefaßt im Begriff »Erleuchtung«. Das Leben dient der Erleuchtung, nicht die Erleuchtung dem Leben. Wobei ein wundersames Paradox natürlich darin liegt, daß die Erleuchtung das Leben lebenswert macht. Weil die Erleuchtung es weniger wichtig werden läßt, kann man das Leben leichter aufgeben, was es letztlich viel angenehmer macht. Die menschliche Evolution vollendet sich daher in transformativer Bildung. Durch Förderung der Bildung erhält die Gesellschaft erst ihren Sinn. Wenn die Bildung einen hohen Rang einnimmt, wird das Leben lebenswert. Aus diesem Grunde sollte unsere »königliche« Großzügigkeit zuerst der Unterstützung der universalen, vollkommenen, unbegrenzten Bildung aller Individuen gelten. Nāgārjuna sagt es sehr eindeutig: »Schaffe Lehrzentren, Institutionen der Drei Juwele, deren Name und Ruhm geringeren Königen verborgen bleibt, aus Angst vor schlechtem Nachruf (wenn sie unweise und selbstsüchtig regieren).«

Nāgārjuna spricht nicht bloß von der Schaffung »religiöser Zentren«. Er spricht nicht einmal davon, »buddhistische (»Buddhismus« verstanden im üblichen Sinne als eine der Weltreligionen) Zentren« zu schaffen. Es ist gleichgültig, welche Symbole oder Ideologien den Schirm bilden, solange seine Funktion Befreiung und Erleuchtung ist. Nāgārjuna, der wiederholt beteuert, daß »Glaubenssysteme«, »dogmatische Ansichten«, »verschlossene Überzeugungen«, »fanatische Ideologien« und so weiter Krankheiten seien, die durch die Medizin der Leerheit geheilt werden müßten, ist eindeutig kein Missionar für ein spezielles »Glaubenssystem«, selbst wenn es das Etikett »Buddhismus« tragen sollte. Ihm ist vielmehr daran gelegen, den sozialen Raum mit Türen zum Nirvana, Schreinen befreiender Wahrheit und Einrichtungen für Lehre und Praxis zu füllen, in denen »Dinge«, »Verpflichtungen«, »Gesetze«, »Religionen« und »Doktrinen« untersucht, kritisiert, verfeinert, genutzt und transzendiert werden können. Wie bereits erwähnt, dienen diese Zentren in erster Linie nicht einmal der Gesellschaft, obwohl sie natürlich wesentliche Einrichtungen zur Verbesserung des Volkes darstellen. Sie sind das wertvollste Produkt der Gesellschaft. Da es ja die höchste Funktion der Gesellschaft ist, den Menschen zu dienen, ist es ihr wertvollstes Geschenk an ihre Mitglieder, sie einem durch Bildung erzeugten, transzendenten Potential auszusetzen.

Nāgārjuna spricht von Institutionen der Drei Juwele: Buddha, Dharma und Sangha. Und gemäß der oben vorgestellten kritisch »religionsneutralen« Interpretation und in völliger Übereinstimmung mit Nāgārjunas eigenem kritischem Stil des Zentrismus (*mādhyamaka*), läßt sich der Wert der Drei Juwele in jedem beliebigen konfessionellen Rahmen beweisen. Einem universell gesellschaftlichen Verständnis zufolge ist der Buddha das Ideal des gebildeten Menschen, der sein Potential vollständig verwirklicht hat, das vollkommen selbst-erfüllte und andere erfüllende Lebewesen. Er/sie[4] ist weder ein Gott/eine Göttin, noch ein Objekt der

4 Wenn man vom Buddha im Sinne eines idealen Archetypus spricht, ist es wich-

Anbetung, sondern ein Objekt der Nachahmung, eine Quelle der erleuchtenden Lehren. Er/sie ist der Standard des Erreichten. Der Dharma ist seine/ihre Lehre, die Wahrheit, die er/sie erkannt hat und die alle Menschen ebenfalls erkennen können, wie bereits erklärt. Die Sangha ist die Gemeinschaft derjenigen, die sich dem Lehren und Umsetzen dieses Dharma widmen, mit der Absicht, selbst zu einem/einer solchen Buddha zu werden und anderen zu helfen, dies Ziel ebenfalls zu erreichen. Häufig sind diese Menschen derartig auf ihre Ziele konzentriert, daß sie für gewöhnliche soziale Aktivitäten wie Geschäft, Beruf, Familie und so weiter keine Zeit haben und sich statt dessen auf Lehre und Praxis spezialisieren. Sie werden umherziehende, heimatlose, besitzlose, selbstlose Mönche und Nonnen; in der buddhistischen Geschichte rekrutierten die Kernteams von Lehrzentren sich häufig aus diesen Menschen. Gelegentlich jedoch, wie im Falle Vimalakirtis und später bei den Großen Adepten (*mahāsiddhas*), gehörte zu ihrer Lehr- und Praxistätigkeit auch die Teilnahme am gewöhnlichen Leben. Selbst die Spezialisten haben also nicht zu allen Zeiten, an allen Orten und auf allen Stufen ihrer Entwicklung notwendigerweise ein monastisches Leben geführt.

Diese Institutionen werden sich jedoch schnell einen guten Ruf erwerben, wenn die Menschen erkennen, daß sie Tore zu einer höheren Lebensordnung, einem höheren Gewahrsein, einer umfassenderen Sensibilität, einem gültigeren Wissen sind. Sie strahlen Ruhm aus, denn die Menschen, die sich selbst entwickelt und ihre früheren von Sucht gezeichneten Gewohnheitsmuster überwunden haben, gewähren nun ganz natürlich und aus Mitgefühl den anderen Unterstützung zur Selbstverbesserung gemäß ihren Fähigkeiten und Neigungen.

tig, sich des doppelten Pronomens zu bedienen, um den Zugang zu religiöser Virtuosität und spiritueller Vollkommenheit nicht männlich zu monopolisieren. Tatsächlich beinhalten die 112 übermenschlichen Zeichen eines Buddha klare Symbole der Androgynität. Damit spiegeln sie unterschwellig die in vielen Schriften des Universalen Fahrzeugs zu findende berühmte Aussage wider, daß die »endgültige Wirklichkeit über männlich und weiblich hinausgeht«.

Im zweiten Vers stellt Nāgārjuna ein wichtiges Kriterium für eine echte Institution der Erleuchtungslehren auf: Sie darf niemals ein dienstbares Instrument für die professionelle Ausbildung und ideologische Indoktrination der Eliten einer existierenden Gesellschaft werden. Ihre Lehrer und Schüler müssen in Transzendenz leben, das heißt, sie müssen die Wahrheit über alle persönlichen Belange stellen. Sie müssen also jeder Falschheit, Täuschung und Scheinheiligkeit äußerst kritisch gegenüberstehen. Ihre Aussagen und Schriften müssen darum so rücksichtslos klar und direkt sein, daß die Menschen – Mitglieder der Elite ebenso wie Könige – vor Angst, in ihrer Heuchelei und ihren Fehlern entblößt zu werden, zittern und daher angespornt sind, ebenfalls transzendent zu leben und zu handeln. Wenn die betreffenden Institutionen nicht wirklich liberal, das heißt auf diese Weise befreiend, sind, dann wären sie besser gar nicht erst errichtet worden.

Sich diesen Rat Nāgārjunas in der heutigen Zeit zu Herzen zu nehmen, verlangt eine drastische Revision unseres gesamten Vorgehens. Eine liberale Erziehung sollte nicht länger als eine für die Bewahrung und Bereicherung einer freien Gesellschaft notwendige Institution gesehen werden. Statt dessen sollte die Institution einer liberalen Erziehung die Erfüllung des Gründungszwecks einer freien Gesellschaft repräsentieren. Kants Ruf nach Aufklärung als »Befreiung von der Bevormundung durch andere« und Jeffersons Ruf nach »universeller Aufklärung im ganzen Land« sollten als Ausdruck der vornehmsten Priorität der ganzen Nation gesehen werden. Demnach wäre es vollkommen angemessen, wenn die Hauptausgabenlast des nationalen Haushalts der Bildung gelten würde. Sie sollte unentgeltlich und ohne Einschränkungen grundsätzlich allen zur Verfügung stehen, unabhängig von Klassenzugehörigkeiten, frei von jeder Kosten-Nutzen-Rechnung. »Und wenn es Euren gesamten Reichtum kosten sollte, Ihr solltet die Elite von ihrer Arroganz abbringen, die Mittelklasse fördern und den groben Geschmack der Unteren Klassen verfeinern.«

Nāgārjuna scheint sich der wirtschaftlichen Kosten seines Bestehens auf der Priorität der Bildung durchaus bewußt gewesen zu sein, denn die nächsten fünf Verse widmet er der Überredung des Königs, seinen Reichtum nicht für niedrigere Zwecke zu horten und in seiner Förderung einer höheren Bildung nicht auf halbem Wege stehenzubleiben. Er beschwört den zukünftigen Tod des Königs herauf und macht ihm bewußt, daß diese Beiträge eine Investition in seine eigene zukünftige Entwicklung seien, daß sich nur aus dem großzügigen Umgang mit Reichtum und nicht aus dem Horten oder der Verschwendung Glück ergebe und daß schließlich, wenn er dies nicht jetzt tue, solange er noch jung sei und seine Minister unter Kontrolle habe, diese seine Wünsche wohl nicht mehr respektieren würden, wenn er dereinst auf dem Sterbebett klarsähe. In seinen eigenen Worten:

Nachdem du (im Tode) allen Besitz zurücklassen mußtest,
Gehst du machtlos an einen anderen Ort;
Aber alles, was du für den Dharma verwendet hast,
Geht dir (als positive evolutionäre Kraft) voran.
Alle Güter eines verstorbenen Königs gehen in den Besitz seines
    Nachfolgers über.
Welchen Nutzen bringen sie dann noch dem verschiedenen
    König,
Seiner Praxis, seinem Glück und seinem Ruhm?
Der Gebrauch des Reichtums macht glücklich hier und jetzt,
Durch Geben schafft man Glück für die Zukunft.
Verschwendet man hingegen seine Güter, ohne sie zu nutzen
    oder zu verschenken, erntet man nichts als Leiden.
Wie könnte Glück die Folge sein?
Weil du auf deinem Sterbebette machtlos bist,
Wirst du auch vermittels deiner Minister nichts mehr geben
    können.
Denn schamlos werden sie die Achtung vor dir verlieren,
Und nur dem neuen König zu gefallen suchen.
Darum schaffe jetzt, solange dir gute Gesundheit beschieden ist,

Mit all deinen Mitteln Zentren des Lernens.
Denn du lebst inmitten der Ursachen des Todes
Gleich einer Lampe, die in einem Luftzug steht.
Und auch die von deinen Vorgängern geschaffenen
Zentren der Gelehrsamkeit, die Tempel und so weiter,
Solltest du zu erhalten suchen.

Vom Universalismus, dem die Betonung der Bildung durch den
buddhistischen Aktivismus zugrunde liegt, geht Nāgārjuna dann
zum Prinzip des Pazifismus über, indem er spezifische Ratschläge
zur Ernennung von Ministern, Generälen, Beamten, Anwendung
der Rechtsprechung und Wachsamkeit gegenüber den tatsächlichen Zuständen im Staat erteilt.

Das Kriterium für die Auswahl von Ministern, Generälen und
Beamten sollte in erster Linie darin liegen, ob sie die Lehren praktizieren und ob dies durch Aufrichtigkeit, Großzügigkeit, Freundlichkeit und intelligente Unterscheidungsfähigkeit an ihrer
Person sichtbar wird. Selbst mit solchen Menschen sollte der
Herrscher in ständigem Kontakt bleiben und sie immer wieder er-
mahnen, das große Ziel und den Sinn und Zweck der Nation im
Auge zu behalten, nämlich Lehre, Erkenntnis und Praxis der
befreienden Wahrheit. »Gilt die Existenz deines Königreichs der
Wahrheit und nicht dem Ruhm, dem Reichtum oder dem Konsum,
dann wird es äußerst reiche Früchte bringen; ansonsten wird sich
alles letztlich als vergeblich erweisen.« Nach heutigem Verständnis fügt sich dieser Rat gut in die Erfahrungen erfolgreicher
Firmen, Verwaltungen und Organisationen ein. Statt ihre Führer
aus engstirnigen professionellen Kreisen zu rekrutieren, wählen
sie sie stets unter liberal erzogenen Menschen aus, denn es bedarf
einer speziellen aufgeklärten Fähigkeit zu klarer kritischer Einsicht, um große und komplexe Angelegenheiten erfolgreich zu
managen.

Was die Rechtsprechung angeht, rät Nāgārjuna dem König,
ältere Richter zu bevorzugen, gebildete, rechtschaffene und angenehme Menschen, und auch dann solle er noch soviel wie mög-

lich selbst eingreifen und Mitgefühl mit Verbrechern walten lassen. »Selbst wenn sie (die Richter) zu Recht ein Bußgeld verhängt, gebunden oder bestraft haben, solltest du, gerührt von Mitgefühl, noch (für die Täter) sorgen. O König, voll Mitgefühl solltest du eine Haltung wecken, die stets zu helfen sucht, selbst Menschen noch, die sich der scheußlichsten Verbrechen schuldig gemacht haben. Erzeuge ganz besonders Mitgefühl für die Mörder, deren Schuld grauenvoll ist; gerade die Gefallenen sind für das Mitgefühl der Großmütigen besonders empfänglich.«

Damit spricht Nāgārjuna die zentrale Frage in der gesellschaftlichen Diskussion um Gewalt und Gewaltlosigkeit an, die Frage des Mordes und seiner Vergeltung. Das Nehmen von Leben ist die schlimmste Form von Gewalt, besonders in einer Gesellschaft, deren Werte sich an der Erleuchtung orientieren, denn dort gilt das kostbare menschliche Leben – das man sich im Laufe der unteren Formen der Evolution hart erarbeitet hat – als die unschätzbar wertvolle Stufe, von der aus sich Freiheit und Erleuchtung am wirkungsvollsten erreichen lassen. Aber ein zweites Leben auszulöschen, um das erste zu rächen, fügt der Gewalt nur neue Gewalt hinzu, und daher tritt Nāgārjuna für die Abschaffung der Todesstrafe ein. Bestrafung muß stets der Rehabilitation dienen, und Nāgārjunas Formulierung dieses Prinzips ist vielleicht das früheste geschichtliche Zeugnis dieser Maxime: »Solange die Gefangenen nicht freigelassen sind (was nach seiner Meinung so bald wie möglich geschehen sollte), sollten sie ausreichend versorgt werden mit Barbieren, Bädern, Speise und Trank, Medizin und Kleidung. So wie man unwürdige Kinder aus dem Wunsch heraus bestraft, sie würdig zu machen, so sollte die Bestrafung aus Mitgefühl vollzogen werden und nicht aus Haß oder Sorge um das Vermögen. Hat man die wilden Mörder befragt und korrekt verurteilt, sollten sie verbannt und nicht gequält oder gar getötet werden.« Die gewaltlose Behandlung von Gesetzesbrechern, selbst Kapitalverbrechern, stimmt mit allen Prinzipien der buddhistischen Lehre überein: 1. Mitgefühl, indem vor allem denen Liebe zukommen muß, die sie nicht verdienen, die schwer zu lieben sind. Eine Gesellschaft, die tötet, sanktioniert zudem indirekt das Töten und gibt ein schlechtes Beispiel; 2. Vergänglichkeit, indem der Geist der Wesen als veränderbar gesehen wird und das einmalige Begehen einer üblen Tat nicht notwendigerweise eine dauerhafte Gewohnheit üblen Handelns beinhaltet; 3. Selbst-Losigkeit, weil sie die Bedingtheit einer jeden Handlung und die Veränderbarkeit einer jeden Persönlichkeit beinhaltet; 4. Kostbarkeit des Lebens, speziell des menschlichen.

Ein großes Verdienst der auf die Werte der Aufklärung gegründeten modernen Gesellschaften in neuerer Zeit ist die Tatsache, daß sie die Todesstrafe abgeschafft haben. Eine ebenso traurige Tatsache ist es jedoch, daß starke politische Kräfte auf ihre Wiedereinführung hinwirken. In diesem Zusammenhang scheint es um so erstaunlicher, daß Nāgārjuna das eindeutige Prinzip auf eine derartig spezifische und praktische Weise bereits vor beinahe zweitausend Jahren dargelegt haben soll.

Nāgārjuna erteilt auch spezifischen Rat im Hinblick auf umfassende Sozialpolitik: »Sorge dafür, daß alle Blinden, Kranken, Schutzlosen, Mittellosen und Verkrüppelten ausnahmslos Speise und Trank erhalten.« Er führt dieses Thema nicht in politischen Begriffen aus. Völlig eindeutig geht er jedoch wie selbstverständlich von der Verpflichtung des Königs aus, für alle Menschen im ganzen Land so zu sorgen, als wären sie seine Kinder. In der heutigen Zeit findet seine Politik im von Roosevelt geschaffenen amerikanischen Wohlfahrtssystem und dem Wohlfahrtssozialismus der sozialistischen Staaten eine besonders deutliche Entsprechung. Seit einiger Zeit läßt sich jedoch ein Trend zu der Annahme beobachten, daß es für Menschen nicht gut sei, etwas ohne Gegenleistung zu erhalten, obwohl jeder vernünftige Mensch natürlich gerne jedem alles geben würde. Und schließlich sei es ja ohnehin unmöglich, jeden zu unterstützen; dafür gebe es nicht genug Mittel. Dieser weltweit zu beobachtenden Anti-Wohlfahrts-Haltung liegen zwei Annahmen zugrunde, nämlich, daß 1. die Menschen inhärent faul und 2. die Mittel inhärent unzureichend seien. Diese Einstellungen hat es gewiß auch schon zu

Nāgārjunas Zeiten und früher gegeben. Die buddhistische Geschichte vom Prinzen Vessantara dreht sich um das Paradox von Großzügigkeit und Reichtum. Jeder liebt den Prinzen, denn er gibt jedem alles, worum er bittet. Dennoch beginnen seine Untertanen ihn zu fürchten, denn es scheint, als wolle er sogar die Quelle ihres Reichtums verschenken. Sie igeln sich also ängstlich ein und behalten alles, was sie haben, kleinlich für sich selbst. Schließlich verbannen sie sogar die eigentliche Quelle ihrer Freude, den großzügigen Prinzen.

Seit in den Vereinigten Staaten das Wohlfahrtssystem eingeführt wurde, hat die Nation den größten Reichtum geschaffen, der je von einem Land in der Geschichte hervorgebracht worden ist, bis hin zu Erfindungen, die im Prinzip unbegrenzte Produktivität ermöglichen; alles das inmitten einer Reihe katastrophaler Kriege und ihrer Nachwirkungen, in deren Verlauf Amerika den besiegten Nationen auch noch mit gewaltigen Mitteln beim Wiederaufbau geholfen hat. Heute glauben die politischen Führer Amerikas fälschlicherweise, daß ihre Großzügigkeit dem Volk gegenüber, die wahre Quelle für ihren Optimismus, die Energie wahrer Produktivität, ihre Mittel erschöpfen würde, und sie wollen den Wohlfahrtsstaat zurückfahren. In ihrem konfusen Bemühen, den als knapp und schrumpfend gesehenen Reichtum zu erhalten, zerstören sie die Quelle eben jenes Reichtums – die Liebe, das optimistische Vertrauen und die Kreativität der Menschen. Zum Glück wird diese Art des Vorgehens in einer baldigen Katastrophe für alle enden; der Irrtum wird also schnell offensichtlich werden, und Prinz Vessantara wird triumphal aus seiner Verbannung zurückkehren. Hamstern schafft Armut. Großzügiges Geben schafft Reichtum. Das bloße Vorstellen von Knappheit ist daher die Ursache für Verlust. Die Vorstellung von Überfluß hingegen schafft unendlichen Reichtum. Abhängig von der eigenen Kapazität, ist es entweder wunderbar oder schrecklich, daß das Leben stets so subtil, so paradox und komplex sein muß.

Nāgārjuna scheint sich auch des Vorwurfs »unrealistischen Idealismus« bewußt gewesen zu sein, der gegen die von ihm vertretenen Haltungen häufig ins Feld geführt wird, und daher spricht er in den Abschlußversen dieser Passage die Frage der praktischen Machbarkeit an. »Um die Kontrolle zu behalten, beobachte dein Reich durch die Augen von Agenten; handle aufmerksam und achtsam stets in Übereinstimmung mit den Prinzipien.« Ein wirkungsvoller Nachrichtendienst scheint notwendig! Der König muß wissen, was in seinem Reich geschieht, um Mißbrauch vorbeugen und Katastrophen verhüten zu können. Bezogen auf die heutige Zeit fordert Nāgārjuna eine vitale Rolle der »Intelligenz«, die Sammlung wichtiger Informationen über den Zustand des Volkes. Die bloße Erwähnung eines Nachrichtendienstes (engl. Intelligence Agency) ist heutzutage eine derartig sensible Angelegenheit, daß es schwer ist, sich daran zu erinnern, daß nicht die »Intelligenz«, sondern die Dummheit und Brutalität der paramilitärischen Aktivitäten von CIA, KGB und ihren Kollegen in anderen Ländern für die mit ihnen verbundene Aura des Schreckens verantwortlich ist. Wenn alle Führer der Welt – theoretisch gesehen – wirklich über alle Informationen bezüglich der Konsequenzen ihres Handelns verfügen würden, würden sie mit Sicherheit von der dummen und selbstzerstörerischen Politik ablassen, die sie momentan vertreten.

Nāgārjuna faßt seine praktischen Ratschläge in einem schönen Gleichnis zusammen: »Die Vögel der Bevölkerung werden sich gern auf dem königlichen Baum niederlassen, der den kühlenden Schatten der Toleranz spendet, mit den Blüten der Ehre geschmückt ist und die reichen Früchte großzügiger Belohnung schenkt.« Das heißt, eine idealistische Sozialpolitik ist durchaus realistisch. Toleranz, Gerechtigkeit und Großzügigkeit sind mehr als hehre Ideale, »Ultra-Verpflichtungen«, nach deren Umsetzung nur wenige Heilige und Helden streben können, nein, sie sind wesentliche Bausteine jeder lebensfähigen Sozialpolitik. Zuerst müssen Führer oder Regierung diese Qualitäten zeigen, und dann muß jeder Bürger danach streben, sie ebenfalls zu entwickeln. Da tierische Gewohnheiten sich nicht automatisch von Zorn, Verblendung und Gier ab- und Toleranz, Gerechtigkeit und Großzügigkeit zuwenden, müssen diese Tugenden allmählich kultiviert werden. Da jeder Mensch das für sich selbst tun muß, ist individuelle Transzendenz die Grundlage für jeden lebensfähigen Aktivismus. Von dieser Basis ausgehend ist Pazifismus der soziale Ausdruck von Toleranz, umfassende Allgemeinbildung der soziale Ausdruck weiser Gerechtigkeit und sozialistisches Teilen von Gütern der soziale Ausdruck von Großzügigkeit.

Diese vier Prinzipien scheinen die von Nāgārjuna vorgeschlagene soziale Praxis des Buddhismus auszumachen. Sie sollten es verläßlich ermöglichen, in spezifischen Situationen eine bestimmte Vorgehensweise wählen zu können. Dennoch ist es stets wichtig, sich auch die grundlegende Unvorstellbarkeit der Dinge zu vergegenwärtigen, deren einzig adäquate Entsprechung letztlich nur die große Liebe sein kann. Nāgārjuna betont, daß »die tiefgründige Erleuchtung in der Praxis als Mitgefühl kreativ gewordene Leerheit ist.« Das Wort Christi: »Liebe Gott mit deinem ganzen Herzen und deinen Nächsten wie dich selbst«, sowie Augustinus' »Liebe Gott und tu, was du willst«, sind zwei »Zentralaussagen«, die in dieselbe Richtung weisen, sich dabei allerdings natürlich des theistischen Begriffs für die Leerheit bedienen. In einer Kultur, der die letzten Aussagen vertrauter sind als die Lehren des Buddha, müßten wir Nāgārjunas Worte eigentlich folgendermaßen abändern: »Öffne dein Herz der absoluten Leerheit, und liebe alle deine Nächsten wie dich selbst!« Diese Liebe ist das ganze »Gesetz«, und sie ist der Körper aller Buddhas selbst.

Vimalakīrti beschreibt diese Liebe dem Mañjushrī so:

Liebe, die fest ist, in ihrer hohen Absicht unzerstörbar wie ein Diamant, ... Liebe, die unerschöpflich ist, weil sie Leerheit und Selbst-Losigkeit erkennt, Liebe, die großzügig ist, weil sie die Gabe der Wahrheit schenkt, frei vom Geiz schlechter Lehrer, Liebe, die gerecht ist, weil sie auch unmoralischen Wesen hilft, Liebe, die tolerant ist, weil sie beide schützt, einen selbst und die anderen, Liebe, die findig ist, weil sie Verantwortung für alle Lebewesen übernimmt, Liebe, die Meditation ist, weil sie nicht geschmäcklerisch ist, Liebe, die Weisheit ist, weil sie zur rechten Zeit Erfüllung bringt, Liebe, die befreiende Technik ist, weil sie den Weg zu allem weist, Liebe, die frei ist von Formalität, weil sie reine Motivation ist, Liebe, die ohne Zögern ist, weil sie entschlossen handelt, Liebe, die bedeutender Entschluß ist, weil sie frei ist von Leidenschaften, Liebe, die ohne Täuschung ist, weil sie nicht künstlich ist, Liebe, die Glück ist, weil sie den Lebewesen zum Glück eines Buddha verhilft – das, Mañjushrī, ist die große Liebe eines Bodhisattva.[5]

---

5 Thurman, *The Holy Teaching of Vimalakīrti*. University Park, Pennsylvania: Penn State University Press, 1976, S. 57.

CLAUDE THOMAS

Frieden finden nach einem Leben im Krieg

Vom Tage meiner Geburt an bin ich zum Soldaten erzogen worden – in der Art und Weise, wie ich aufgewachsen bin, und durch die Dinge, zu denen ich ermuntert wurde: Jagen, Töten, Dominieren und Reglementieren meiner Umwelt. Ich wurde gelehrt, nicht achtsam und nicht rücksichtsvoll zu sein.

Mein Vater war Lehrer. Meine Mutter hatte nie einen Schulabschluß gemacht. Die Atmosphäre in unserem Haus war nicht viel anders als die in den anderen Häusern der Nachbarschaft. Sie war geschwängert von Zorn und Gewalt, was ich nicht verstand, weil mir die Mittel fehlten, es verstehen zu können.

Ich ging zum Militär und war bereits mit siebzehn Jahren in Vietnam. Ich wußte nicht, was ich sonst hätte tun sollen, und mein Vater meinte, es würde einen Mann aus mir machen. In der Oberstufe war ich ein sehr aktiver Sportler gewesen und daher an Disziplin und den Einsatz körperlicher Kraft gewöhnt. Ein Journalist schrieb, wenn er mit nur einem Mann einen Hügel zu erobern hätte, würde er mich wählen.

Schon am zweiten Tag beim Militär wurde mir klar, daß ich keine gute Wahl getroffen hatte. Aber ich wußte nicht, wie ich wieder herauskommen konnte. Also tat ich das nächstbeste: Ich versuchte der beste Soldat zu werden, der ich sein konnte. Ich machte eine Nahkampfausbildung, das heißt, ich wurde sehr versiert im Töten. Beim Militär geht es ausschließlich ums Töten. Es geht nicht um Verteidigung. Es geht nur um Angriff. Während meines Trainings lernte ich dem Gegner seine Menschlichkeit zu nehmen, und im Laufe dieses Prozesses wurde ich selbst meiner Menschlichkeit beraubt. Ich erinnere mich, wie ein hünenhafter

Schleifer über meinem Gesicht stand und Obszönitäten brüllte und dann seinen Penis herausholte und auf mein Gesicht urinierte. Ich konnte nichts tun, weil ich nicht wußte, daß ich etwas hätte tun können. Außerdem war mir damals noch nicht klar, wie tief derartige Handlungen einen Menschen verletzen können. Erfahrungen wie diese verlassen einen nie wieder. In Vietnam gehörte ich zur Besatzung eines Kampfhubschraubers. Noch vor meinem achtzehnten Geburtstag war ich für den Tod von Hunderten von Menschen verantwortlich. Aber das war nicht meine erste Kriegserfahrung. Es gab den Krieg vor dem Krieg und den Krieg nach dem Krieg. Und es gibt den Krieg, der täglich überall auf der Welt herrscht. Mein Leben auf der Oberstufe war eine Form des Krieges gewesen, das Leben in meiner Familie eine andere. Bevor ich tötete, war ich bereits aufs Töten vorbereitet, so voll war ich von Zorn, Groll, Verletztheit, Verzweiflung und Leiden. Und an meiner Geschichte ist durchaus nichts Außergewöhnliches. Ähnliche Geschichten finden täglich überall auf der Welt statt. Solange wir nicht Frieden in uns selbst finden, wird niemals Frieden auf Erden herrschen. Wir müssen fähig sein, tief in das Wesen unseres Leidens zu blicken – es zu berühren, zu umarmen und zu halten –, bevor wir in der Lage sind, Frieden zu finden.

Als ich 1967 zum fünftenmal abgeschossen wurde, wurden der Pilot und der Kommandant getötet und der Schütze schwer verletzt. Ich selbst lag unter dem abgestürzten Helikopter eingeklemmt, konnte das auslaufende Benzin riechen und hören, wie die Kugeln den Hubschrauber trafen. Ich war überzeugt, sterben zu müssen, und glaubte fest daran, den Tod auch *verdient* zu haben. Ich wollte gar nicht überleben, weil ich mich selbst und das, was ich getan hatte, zutiefst haßte. Aber ich starb nicht. Nachdem ich neun Monate im Lazarett gelegen hatte, wurde ich im Alter von zwanzig Jahren aus der Armee entlassen.

Als ich auf meinem Heimweg durch den Flughafen von Newark ging, um einen Anschlußflug zu kriegen, kam eine äußerst attraktive Frau auf mich – einen hochdekorierten Soldaten in Uniform –

zu. Ich dachte, sie sei vielleicht an mir interessiert und wolle mit mir reden, aber als sie ganz nah herangekommen war, spuckte sie mir ins Gesicht. Ich ging in eine Bar und betrank mich; und die ganzen folgenden fünfzehn Jahre verbrachte ich im Rausch. Ich brauchte die Rauschmittel, weil ich nicht die Fähigkeit hatte, die Tiefe des Leidens in meinem Leben zu berühren. Weil ich nicht in der Lage war, mein Leiden zu umarmen, konnte ich es nicht transformieren, und es kam immer wieder auf indirekte Weise an die Oberfläche. Mein Leben war voller Wut, Zorn und Gewalt; das war die einzige Verhaltensweise, die ich kannte.

Ich trat der Antikriegsbewegung bei, nicht weil ich an den Frieden glaubte, sondern weil ich glaubte, daß wenn man schon einen Krieg führen müsse, man ebensogut auch für den Sieg kämpfen könne. Seitdem hat sich meine Einstellung radikal gewandelt: Ich bin überzeugt, daß wir *nicht kämpfen müssen*. Es ist eine wahnsinnige These, daß es für Menschen natürlich ist, zu kämpfen und zu töten. Hat man Achtsamkeit entwickelt, gibt es viele Möglichkeiten, Konflikte ohne den Einsatz von Gewalt zu lösen. Ich habe die Friedensbewegung als eine andere Form der Kriegsbewegung erlebt. Die Friedensbewegung war gewaltsam und häßlich, und wir Vietnamveteranen waren ein kostbarer Besitz, solange wir ihren Zielen dienten. Aber was die Heilung anging, war sie, wie auch der Rest des Landes, nicht bereit, uns zu helfen.

Seit 1970 verließ ich die Vereinigten Staaten immer öfter. Ich schämte mich, Amerikaner zu sein, und außerdem konnte ich die vielen Fernsehberichte und Gespräche über den Vietnamkrieg nicht mehr ertragen. 1974 kaufte ich mir eine Fahrkarte einfache Fahrt nach Teheran. Ich beherrschte weder die Sprache, noch hatte ich die geringste Ahnung, was im Iran vorging, ich wußte nur eines: es war weit weg. Ich dachte, der Wahnsinn meines Lebens sei draußen. Ich hatte das Gefühl, wenn es mir gelänge, den richtigen Ort oder den richtigen Lehrer zu finden, würde ich geheilt. Ich suchte außerhalb meiner selbst, denn es fehlten mir die Mittel und die Ermutigung, nach innen zu schauen.

Im Iran wurde es zunehmend schwieriger, den Deckel auf den ungelösten Themen von Krieg und Gewalt in meinem Leben zu halten. Ich lebte in einem Land, in dem die Geheimpolizei (die Savak) alle männlichen Mitglieder einer Familie still und heimlich abholen und ohne Gerichtsverfahren für zehn Jahre einsperren konnte. Das habe ich häufig erlebt, und ich reagierte auf diese Umstände in der einzigen mir vertrauten Weise, mit Haß und Gewalt. Als ein Taxifahrer mich einmal um lächerliche 15 Cent zu betrügen versuchte, zerlegte ich sein Taxi mit meinen bloßen Händen. Immer wieder ging ich große Risiken ein, in der heimlichen Hoffnung, dabei umzukommen, weil ich mit dem, was in mir vorging, nicht mehr leben konnte.

Eines Nachts wurde ich selbst festgenommen und zehn Tage lang verhört. Die Polizei versuchte mich zur Unterschrift unter ein Papier zu zwingen, das beweisen sollte, daß ich ein Spion war. Während dieser Zeit brachen sie mir vier Rippen auf der einen Seite und fünf Rippen auf der anderen, sie brachen mir beide Wangenknochen, fügten mir einen Milzriß zu, vergewaltigten mich und warfen mich dann einfach auf die Straße. Wieder überlebte ich, obwohl ich eigentlich nicht überleben wollte. Die Folge war, daß ich noch gewalttätiger wurde, und noch zweimal kam ich ins Gefängnis. Ich hatte keine andere Wahl, als meine Wut auszuagieren, mit derselben Münze heimzuzahlen, den Bestrafer zu bestrafen. Ich kannte keinen anderen Weg.

Ich habe keine Ahnung mehr, wann und wie das Blatt sich für mich zu wenden begann. Im Jahre 1990 schloß ich mich in meinem Haus ein, weil ich vor lauter Angst nicht mehr ausgehen konnte. Wegen all dem, was die Gesellschaft für mich repräsentierte, war ich zu keinen sozialen Kontakten mehr fähig. Wenn ich ausging und einen Düsenjäger hörte, zuckte ich unwillkürlich zusammen, weil ich Baumwipfel im Napalmfeuer auflodern und junge Vietnamesen aus Dörfern fliehen sah. Im Lebensmittelgeschäft war ich unfähig, eine Konservendose aus dem Regal zu nehmen, weil ich Angst vor einer Sprengstoffalle hatte. Diese Gefühle waren äußerst lebendig, aber diesmal lief ich nicht davon.

Wollte ich Heilung finden, soviel wußte ich nun, mußte ich bei meiner Wirklichkeit bleiben.

Von Thich Nhat Hanh hörte ich durch eine Sozialarbeiterin in Cambridge, Massachusetts, die mir von einem Zen-Mönch erzählte, der mit einigem Erfolg Vietnamveteranen bei ihrem Heilungsprozeß geholfen hatte. Sie sagte mir nicht, daß er Vietnamese war. Sechs Monate später erzählt mir jemand, daß dieser Mensch ein Retreat für Vietnamveteranen leiten würde. Ich rief im Retreatzentrum an, nicht weil ich wollte, sondern weil mein Leben völlig aus den Fugen geriet, und ich nicht mehr wußte, was ich tun sollte. Ich mußte mein Leben ändern. Voller Angst fuhr ich also zu diesem Retreat.

Während meiner Zeit in Vietnam operierten wir oft in kleinen Einheiten von vier oder fünf Leuten. Wir wurden hinter den feindlichen Linien abgesetzt, um Informationen zu sammeln und Mord- oder Sabotageanschläge durchzuführen. Wenn während einer solchen Operation einer von uns verwundet werden sollte und nicht mehr weitermachen konnte, so hatten wir den Auftrag, ihn zu töten, um unsere Bewegungsfreiheit nicht einzuschränken. Ich hatte also gelernt, Wälle gegen die Angst zu errichten. Ich habe in einem Hubschrauber gesessen und die Leuchtspurgeschosse vom Kaliber 50 wie glühende Tennisbälle auf mich zukommen sehen, wobei ich genau wußte, daß eine Granate, die man sieht, fünf weitere bedeutet, die man nicht sieht. Ich habe gelernt, den Schrecken zu verdrängen und einfach vorwärts zu gehen. Diese Fähigkeit hatte mich letztlich auch zu diesem Retreat geführt. Als nun aber dieser vietnamesische Mönch den Raum betrat, sich hinsetzte, und ich in sein Gesicht blickte, begann ich haltlos zu schluchzen. In diesem Augenblick erkannte ich, daß ich die Menschen Vietnams immer nur als Feinde gesehen hatte. Sie waren der Feind, und wenn sie der Feind waren, hatte ich nicht gelernt, in irgend jemandem auf dieser Welt etwas anderes zu sehen als den Feind. Jeder war der Feind.

Eines der ersten Dinge, die dieser Mönch sagte, war: »Ihr Veteranen seid wie die Flamme einer Kerze. Ihr brennt heiß. Eure Erfahrungen geben euch die Fähigkeit, bei der Transformation der Welt mitzuhelfen. Haß muß transformiert werden, Gewalt muß transformiert werden, Verzweiflung muß transformiert werden. Ihr müßt sprechen.« Und er sagte weiter: »Die Nicht-Veteranen müssen zuhören. Die Veteranen verdienen es, verstanden zu werden. Um jemanden verstehen zu können, muß man in seine Haut schlüpfen.«

Mein ganzes Leben sind die Menschen immer weggegangen, sobald ich über diese Dinge zu reden versuchte. Sie sagten: »Das ist mir zuviel. Ich kann mit dir nicht umgehen. Ich muß weg.« Schließlich habe ich verstanden, daß ihre Worte eigentlich bedeuteten: »In der Beziehung mit dir berühre ich Teile von mir selbst, die ich nicht berühren möchte.«

Thich Nhat Hanh hat auch gesagt, daß die Nicht-Veteranen mehr für den Krieg verantwortlich gewesen seien als die Veteranen, und ich wußte, daß er die Wahrheit sagte. Er sprach über Dinge, die mich mein ganzes Leben verfolgt hatten. Seit Ende des Krieges haben sich mehr als 58 000 Vietnamveteranen, junge Männer und Frauen, das Leben genommen. Im Krieg selbst sind 57 693 Amerikaner gefallen. Ich kann sicher sein, daß sich in jeder Gruppe von Obdachlosen, die ich auf der Straße sehe, ein oder zwei Veteranen befinden. Und viele von uns sind im Gefängnis gelandet. Man hat uns an den Rand gedrängt.

Ich wußte nicht mehr weiter. Im Anschluß an das Retreat suchte ich Schwester Chân Không auf. Eigentlich wollte ich mich für mein Töten entschuldigen, hatte aber dann doch nicht den Mut, es auszusprechen. Alles, was ich über die Lippen brachte, war: »Ich würde gerne nach Vietnam zurückgehen.« Sie lächelte und sagte: »Zuerst mußt du zu uns nach Plum Village kommen. Laß uns dir helfen.« »Das kann ich mir finanziell nicht leisten«, wandte ich ein. Sie erwiderte: »Wir kommen für deine Kosten auf.« Das war nun mein Feind. In meiner Heimat hatte mir niemand jemals eine ähnliche Gelegenheit zur Heilung geboten.

Im Sommer leben die meisten Vietnamesen in Plum Village im sogenannten unteren Weiler. Als ich ankam, teilte Schwester

Chân Không mir mit, daß auch ich im unteren Weiler wohnen würde. Da war ich also, in einer Gemeinschaft von 400 Vietnamesen, und wohin ich mich auch wandte, an jedem Ort kam eine weitere schreckliche Erinnerung aus dem Krieg in mir hoch. Ich konnte nicht hart genug arbeiten, ich konnte mich nicht genug beschäftigen, um die Erinnerungen fernzuhalten. Wenn ich mit jemandem sprechen wollte, wandte ich mich an einen Mönch oder eine Nonne und versuchte zu erklären, was ich erlebte, indem ich etwa sagte: »Ich sehe, wie die jungen vietnamesischen Frauen in ihrer Landestracht in die Meditationshalle kommen, und sofort muß ich an eine Schießerei in einem Dorf denken, bei der ich vierzig oder fünfzig Menschen erschossen habe. Sobald ich so zu reden anfing, sagten die Mönche stets: »Die Vergangenheit ist vergangen. Es gibt nur den gegenwärtigen Moment, und der ist schön.«

Damit konnte ich nicht umgehen. Also sagte ich vorerst nichts. Eines Tages jedoch, als ich wieder vom Krieg anfing und von einem der Mönche denselben Sermon zu hören bekam, riß mir der Geduldsfaden. In aufrichtigem Zorn sagte ich ihm ins Gesicht: »Für mich ist die Vergangenheit nicht vergangen. Sie ist im gegenwärtigen Moment, und sie ist scheußlich.« Als ich später mit Schwester Chân Không über diesen Vorfall sprach, sagte sie: »Wenn du intensiv im gegenwärtigen Augenblick lebst, sind Vergangenheit und Zukunft ebenfalls vorhanden. Du mußt einfach bloß mit ihnen in Kontakt sein, wie stilles Wasser.« Das war alles, was ich gebraucht hatte.

Auch im folgenden Jahr kam ich nach Plum Village und bin seither noch zweimal dagewesen. Jeder Besuch dieses Ortes konfrontiert mich immer wieder mit mir selbst. Ich wurde zum Opfer gemacht, aber ich kann die Opferrolle nicht länger aufrechterhalten. Ich muß heil werden. Ich muß mich verwandeln. Ich muß mich den Vorstellungen stellen, denen ich mein ganzes Leben lang ausgesetzt war.

Thich Nhat Hanh lehrt stets die fünf Richtlinien. Die erste lautet: »Im Bewußtsein des Leides, das durch die Zerstörung von Leben entsteht, gelobe ich, Mitgefühl zu entwickeln und Wege zu erlernen, das Leben von Menschen, Tieren, Pflanzen und Mineralien zu schützen. Ich bin entschlossen, nicht zu töten, das Töten durch andere zu verhindern, und keine Form des Tötens zu dulden, sei es in der Welt, in meinen Gedanken oder in meiner Lebensart.« Für mich ist das eine lebenslange Praxis, die damit beginnt, in engen Kontakt mit meinen innersten Gefühlen zu kommen und jeden Augenblick daran zu arbeiten, sie zu umarmen und in Liebe und Verständnis zu verwandeln.

THICH NHAT HANH

Bitte rufe mich bei meinen wahren Namen

Ich habe ein Gedicht für Sie. In diesem Gedicht geht es um drei Personen. Die erste ist ein zwölfjähriges Mädchen, sie gehörte zu den »Boatpeople«, den Flüchtlingen, die in winzigen Booten über den Golf von Siam flüchteten. Sie wurde von einem Piraten vergewaltigt und stürzte sich daraufhin ins Meer. Die zweite Person ist eben dieser Pirat, der in einem abgelegenen Dorf in Thailand geboren wurde. Die dritte Person bin ich selbst. Ich war verständlicherweise sehr zornig, als die Sache damals geschah. Aber trotzdem war es mir nicht möglich, gegen den Piraten zu sein. Es hätte alles viel leichter gemacht, wenn ich ihn hätte verurteilen können, aber es ging einfach nicht. Wäre ich in seinem Dorf geboren worden und hätte unter ähnlichen hoffnungslosen Bedingungen gelebt, wäre ich wohl höchstwahrscheinlich selbst dieser Pirat geworden. Es ist also nicht so einfach, Stellung zu beziehen. Aus meiner Trauer über diesen Vorfall entstand das folgende Gedicht. Es trägt den Titel »Bitte rufe mich bei meinen wahren Namen«, weil ich viele Namen habe. Wenn mich jemand bei einem dieser vielen Namen ruft, muß ich »ja« sagen.

Bitte sage nicht, daß ich morgen scheide –
jetzt bin ich ja noch nicht einmal ganz da.

Schau tief: Jeden Augenblick noch komme ich an,
als Knospe an einem Zweig im Frühling,
als winziger Vogel mit noch zerbrechlichen Flügeln
lerne ich in meinem neuen Nest zu singen,
als Raupe im Herzen einer Blüte,
als kostbares Juwel, tief verborgen im Fels.

Ich komme immer noch an, zu lachen und zu weinen,
zu hoffen und zu fürchten.

Mein Herz schlägt mit Geburt und Tod
von allem, was da lebt.

Ich bin die Eintagsfliege, sich verwandelnd
auf der Oberfläche des Flusses.
Und ich bin der Vogel,
der im Sturzflug sich diese Eintagsfliege schnappt.

Ich bin der Frosch, der glücklich
im klaren Teichgewässer seine Runden schwimmt.
Und ebenso bin ich die Schlange,
die still von diesem Frosch sich nährt.

Ich bin das hungernde Kind in Uganda, nur Haut und Knochen,
mit Beinchen dünn wie Bambusstöcke.
Und ich bin auch der Waffenhändler,
der seine tödliche Fracht nach Uganda verkauft.

Ich bin das zwölfjährige Mädchen,
in einem winzigen Boot auf der Flucht,
das sich ins Meer stürzt,
weil ein Pirat es vergewaltigt hat.

Und ich bin ebendieser Pirat,
mein Herz ist noch nicht fähig,
zu sehen und zu lieben.

Ich bin ein Mitglied des Politbüros
mit großer Macht in meinen Händen.
Und ich bin der Mann,
der seine »Blutschuld« an sein Volk
zu zahlen hat
und im Lager an der Zwangsarbeit stirbt.

Meine Freude ist wie der Frühling, so warm,
daß alle Blumen auf Erden erblühen.
Mein Schmerz gleicht einem Strom aus Tränen,
so voll, daß er die vier Weltmeere füllt.

Bitte rufe mich bei meinen wahren Namen,
damit ich meine Schreie und mein Lachen gleichzeitig höre
und meine Freude wie auch meinen Schmerz als eins erkenne.

Bitte rufe mich bei meinen wahren Namen,
damit ich nun erwachen kann,
und die Türe meines Herzens
offenbleibt,
die Tür des Mitgefühls.

Bis heute geht mir das Thema dieses Gedichts nicht aus dem Kopf. Dauernd frage ich mich: »Wo ist unser Feind?« Unsere Erde, unsere wunderschöne, grüne Erde ist in Gefahr, und wir alle wissen es. Wir haben es nicht mit einem Piraten zu tun. Anstelle unseres kleinen Bootes ist die ganze Erde von der Vernichtung bedroht. Und wenn wir nichts dagegen tun, wird sie untergehen. Wir glauben immer, der Feind sei der andere, und darum bekommen wir ihn nie zu Gesicht. Jeder braucht einen Feind zum Überleben. Rußland braucht einen Feind. Die Vereinigten Staaten brauchen einen Feind. China braucht einen Feind. Vietnam braucht einen Feind. Jeder braucht einen Feind. Ohne Feind können wir nicht überleben. Regierungen brauchen Feinde, um ihr Volk zu einigen. Sie möchten, daß wir Angst haben, hassen und uns hinter ihnen zusammenschließen. Und wenn sie keinen wirklichen Feind haben, dann erfinden sie einen, um uns zu mobilisieren. Viele Amerikaner sind in Rußland gewesen und haben festgestellt, daß die russischen Menschen eigentlich ganz nett sind, und auch russische Bürger haben die USA besucht und konnten zu Hause berichten, daß die Amerikaner durchaus in Ordnung sind. Und das nach so vielen Jahren, in denen beide Seiten ihren Leuten eingetrichtert hatten, wie böse die anderen doch seien.

Ein Freund aus der Friedensbewegung hat mir erzählt: »Jedesmal wenn ich den Präsidenten im Fernsehen sehe, wird mir förmlich übel. Ich muß den Fernseher ausmachen oder ich werde fuchtig.« Er glaubt, die Situation der Welt läge in Händen der Politiker, der Präsident müsse nur seine Politik ändern, und wir hätten Frieden. Ich sagte ihm, daß das nicht ganz richtig sei. Der »Präsident« ist in uns allen. Wir haben die Regierungen, die wir verdienen. Im Buddhismus sprechen wir von wechselseitiger Abhängigkeit. »Dies ist, weil jenes ist. Dies ist nicht, weil jenes nicht ist.« Hat unser Alltagsleben nichts mit unserer Regierung zu tun? Bitte denken Sie darüber einmal nach. Wir scheinen zu glauben, daß unser Alltagsleben nichts mit der Situation der Welt zu tun hat. Aber wir können die Welt nicht verändern, wenn wir nicht unser tägliches Leben ändern.

Früher haben die Menschen in Japan sich drei Stunden Zeit genommen, um eine Tasse Tee zu trinken. Sie halten das vielleicht für Zeitverschwendung, weil Zeit ja schließlich Geld ist. Aber wenn zwei Menschen drei Stunden beieinander sitzen und zusammen Tee trinken, dann hat das etwas mit Frieden zu tun. Die beiden haben nicht viel gesprochen. Vielleicht haben sie nur ein oder zwei Worte gewechselt, aber sie sind wirklich präsent gewesen und haben die Zeit und den Tee genossen. Sie sind sich des Tees und ihrer gegenseitigen Präsenz wirklich bewußt gewesen.

Heutzutage nehmen wir uns nur ein paar Minuten für unseren Tee oder Kaffee. Wir gehen in ein Café, bestellen einen Tee oder Kaffee, hören Musik und andere laute Geräusche und denken vielleicht über ein Geschäft nach, das wir danach tätigen wollen. In dieser Situation existiert der Tee nicht. Wir tun dem Tee Gewalt an. Wir erkennen ihn nicht als lebendige Wirklichkeit. Und das ist mit ein Grund, warum unsere Situation so ist, wie sie ist. Wenn wir uns die Sonntagszeitung holen, muß uns bewußt sein, daß zum Druck der Auflage dieser einen Ausgabe, die manchmal 10 oder 11 Pfund wiegt, ein ganzer Wald gefällt werden mußte. Wir zerstören unsere Erde, ohne uns dessen auch nur bewußt zu sein.

Eine Tasse Tee trinken, sich eine Zeitung holen, Toilettenpapier benutzen – all das hat mit dem Frieden zu tun. Statt Gewaltlosigkeit kann man auch »Bewußtsein« sagen. Wir müssen uns bewußt werden, was wir sind, wer wir sind und was wir tun. Als ich Novize in einem buddhistischen Kloster wurde, hat man mich gelehrt, mir jeder Handlung des Tages bewußt zu sein. Seit damals übe ich Achtsamkeit und Gewahrsein. Ich habe einmal geglaubt, daß diese Art der Praxis nur für Anfänger wichtig sei, daß Fortgeschrittene andere wichtige Dinge zu tun haben, aber jetzt weiß ich, daß alle Achtsamkeit und Gewahrsein üben müssen, der Abt eingeschlossen. Sinn buddhistischer Meditation ist es, das eigene Wesen zu schauen und ein Buddha zu werden. Das kann nur durch Achtsamkeit geschehen. Wenn man sich nicht bewußt ist, was in einem selbst und in der Welt geschieht, wie kann man dann sein eigenes Wesen schauen und ein Buddha werden?

Das Wort Buddha leitet sich von der Wortwurzel *buddh,* »wach«, ab. Ein Buddha ist jemand, der erwacht ist. Sind wir in unserem Alltagsleben wirklich wach? Das ist die Frage, über die nachzudenken ich Sie einladen möchte. Sind wir wach, wenn wir Tee trinken? Sind wir wach, wenn wir uns eine Zeitung holen? Sind wir wach, wenn wir Eis essen?

Die Gesellschaft macht es uns nicht eben leicht, wach zu sein. Wir wissen, daß jeden Tag 40 000 Kinder weltweit verhungern, aber wir vergessen es immer wieder. Die Art der Gesellschaft, in der wir leben, macht uns vergeßlich. Darum müssen wir Achtsamkeit üben. Einige Buddhisten, die ich kenne, lassen mehrmals die Woche eine Mahlzeit ausfallen, um sich an die Situation in der Dritten Welt zu erinnern.

Einmal fragte ich einen vietnamesischen Flüchtlingsjungen, der gerade eine Schale Reis aß, ob die Kinder in seinem Land auch so guten Reis zu essen hätten. Er antwortete: »Nein«, denn er kannte die Situation. Als er noch in Vietnam lebte, hat er gelernt, was Hunger ist. Er hatte nur getrocknete Kartoffeln zu essen und sehnte sich nach einer Schale Reis. In Frankreich hatte er nun seit einem Jahr immer Reis gegessen, und er begann bereits zu vergessen. Als ich ihn jedoch fragte, hat er sich erinnert. Einem französischen oder amerikanischen Kind kann ich nicht dieselbe Frage stellen, weil sie diese Erfahrung nicht gemacht haben. Sie können nicht verstehen. Ich sehe, wie schwer es für Menschen aus westlichen Ländern ist, die tatsächliche Situation in der Dritten Welt wirklich zu begreifen. Mit der Situation in den Industrieländern scheint sie rein gar nichts zu tun zu haben. Ich habe dem vietnamesischen Jungen erklärt, daß der Reis, den er ißt, aus Thailand kommt, und daß die meisten thailändischen Kinder solchen Reis nicht bekommen. Sie essen Reis von geringer Qualität, denn der beste Reis ist für den Export. Die Regierung braucht Devisen, und darum reserviert sie den besten Reis für die Menschen im Westen.

In Vietnam haben wir eine köstliche Banane, *due duja* genannt, aber heute dürfen die Vietnamesen sie nicht mehr essen, weil sie komplett für den Export bestimmt ist. Und was bekommen wir dafür zurück? Waffen. Einige von uns üben folgende Achtsamkeitsmethode: Wir unterstützen ein Kind aus der Dritten Welt, von dem wir Nachrichten bekommen, und so bleiben wir in Kontakt mit der Realität dort draußen. Wir versuchen auf vielerlei Weise wach zu bleiben, aber die Gesellschaft macht es uns leicht, zu vergessen. Es ist so schwierig, in dieser Gesellschaft Achtsamkeit zu üben.

Ein französischer Wirtschaftswissenschaftler namens Perrault, Direktor eines Instituts für Mathematik und Wirtschaftswissenschaft in Paris, hat gesagt, daß es das Schicksal der gesamten Dritten Welt ändern könnte, wenn die Menschen des Westens nur 50 % weniger Fleisch und Alkohol konsumierten. Wie können wir das tun, wenn wir uns nicht erinnern, bewußt zu bleiben? Wir sind intelligent, aber vergeßlich. Meditation hilft uns, uns zu erinnern.

Es gibt Mittel, unser Gewahrsein zu nähren, die Stille zu genießen und uns an der Welt zu freuen. Einmal hat ein dreizehnjähriger Junge aus Holland, der unser Zentrum besuchte, an unserem gemeinsamen Mittagessen in Schweigen teilgenommen.

Es war das erste Mal, daß er eine Mahlzeit schweigend eingenommen hatte, und er war verlegen. Das Schweigen lastete ziemlich schwer. Nach dem Essen fragte ich ihn, ob er sich unangenehm gefühlt habe. Er bejahte. Also erklärte ich ihm, daß wir deshalb schweigend essen, weil wir die Speisen und unsere gegenseitige Präsenz genießen möchten. Wenn wir viel reden, können wir diese Dinge nicht genießen. Ich fragte ihn, ob er nicht auch schon einmal den Fernseher ausgeschaltet habe, um sein Abendessen oder ein Gespräch mit seinen Freunden zu genießen, und wieder bejahte er. Ich lud ihn zu einer weiteren Mahlzeit ein. Er kam, aß wieder mit uns in Schweigen, nur diesmal genoß er es sehr.

Wir haben den Geschmack für die Stille verloren. Jedesmal, wenn wir ein paar Minuten Zeit haben, schlagen wir ein Buch auf, rufen jemanden an oder machen den Fernseher an. Ohne die Bestätigung durch etwas anderes können wir nicht wir selbst sein. Wir haben den Geschmack für das Alleinsein verloren. Die Gesellschaft nimmt uns viele Dinge weg, und sie vernichtet uns mit Lärm, Gerüchen und so vielen Ablenkungen. Zuallererst müssen wir also zu uns selbst zurückkehren, um uns wiederzuentdecken, unser Bestes zu finden. Das ist überaus wichtig. Wir müssen unseren Alltag so umorganisieren, daß die Gesellschaft uns nicht mehr kolonialisieren kann. Wir müssen unabhängig werden. Wir müssen echte Menschen werden, statt bloß Opfer der Gesellschaft oder anderer Leute zu sein.

Die Bootflüchtlinge sagten, daß sie jedesmal, wenn ihre winzigen Boote in einen Sturm gerieten, ihr Leben in Gefahr wußten. Wenn aber nur ein Mensch auf dem Boot ruhig blieb und nicht in Panik geriet, war allen schon sehr geholfen. Die Menschen hörten auf ihn oder sie und blieben ruhig, und dann gab es eine Chance, das Boot aus der Gefahr herauszumanövrieren. Unsere Erde gleicht einem kleinen Boot. Verglichen mit dem Rest des Universums ist sie sogar ein sehr kleines Boot, und sie droht unterzugehen. Auch wir sind darauf angewiesen, daß ein gelassener Mensch uns mit seinem ruhigen Vertrauen inspiriert und uns sagt, was zu tun ist. Wer ist ein solcher Mensch? Die Mahāyāna-Sūtras sagen uns, daß Sie dieser Mensch sind. Wenn Sie Sie selbst sind, wenn Sie in Kontakt mit Ihrer besten Seite sind, dann sind Sie dieser Mensch. Nur mit Hilfe eines solchen Menschen, der ruhig, klar und bewußt ist, wird unsere Situation sich zum Besseren wenden. Ich wünsche Ihnen viel Glück. Seien Sie bitte Sie selbst, bitte seien Sie dieser Mensch.

Ich möchte vorschlagen, daß wir in jedem Haus einen kleinen Raum zum Atmen einrichten. Wir haben Schlafzimmer, Eßzimmer, Badezimmer, warum nicht auch ein Atemzimmer? Atmen ist sehr wichtig. Ich würde vorschlagen, daß der Raum einfach eingerichtet ist und nicht zu hell. Vielleicht gibt es eine kleine Glocke, mit schönem Klang, einige Sitzkissen oder Stühle und vielleicht frische Blumen, die uns an unsere wahre Natur erinnern. Die Kinder könnten achtsam und lächelnd die Blumen arrangieren. Wenn Ihr Haushalt fünf Menschen umfaßt, könnten Sie fünf Sitzkissen oder Stühle aufstellen und noch ein paar zusätzliche für Gäste. Vielleicht möchten Sie von Zeit zu Zeit einen Gast einladen, ein paar Minuten mit Ihnen zu sitzen und zu atmen.

Ich kenne Familien, in denen sich die Kinder nach dem Frühstück in einen solchen Raum setzen und zehnmal atmen, ein-aus-eins, ein-aus-zwei, ein-aus-drei und so weiter, erst dann gehen sie zur Schule. Das ist eine wirklich schöne Praxis. Den Tag als Buddha zu beginnen, ist eine wirklich schöne Art, den Tag zu beginnen. Wenn wir schon am Morgen ein Buddha sind und versuchen, den Buddha auch untertags zu nähren, können wir vielleicht sogar am Ende des Tages mit einem Lächeln heimkommen – der Buddha ist immer noch da. Es ist wirklich schön, den Tag damit zu beginnen, ein Buddha zu sein. Jedesmal, wenn wir das Gefühl haben, den Buddha zu vergessen, können wir sitzen und atmen, bis wir wieder zu unserem wahren Selbst zurückgekehrt sind. Diese kleinen Dinge können unsere ganze Zivilisation verändern.

SCHWESTER CHÂN KHÔNG

❧ Tage und Monate

Es scheint erst gestern gewesen zu sein, daß ich vorbeikam, um meine liebe Freundin Nhat Chi Mai zu besuchen. Mai war meine Schwester im Dharma und meine engste Reisegefährtin auf dem buddhistischen Pfad von Verständnis und Liebe. Wann immer sie sprach, war ihre Stimme erfüllt von Zuneigung und einer einzigartigen Mischung aus Unschuld und Weisheit, die meine Freunde und ich bald »Mais Akzent« zu nennen pflegten. »Wo bist du gewesen? Du bist ja schweißnaß«, fragte sie mich mit gerunzelten Brauen und gespitztem Mund, wie eine Mutter, die sich um ihr einziges Kind sorgt.

»Sehe ich aus, als hätte ich in den Reisfeldern gearbeitet? Ich komme eben vom Tan-Dhinh-Markt und habe das Geld der Sponsoren unserer Schule eingesammelt.« Mai lachte und servierte mir ein großes Glas kaltes Wasser – genau das, was ich an diesem heißen Julitag brauchte.

Ihr Kleid war einfach wie die Robe einer Nonne, und sie sah darin besonders schön aus. Nach einer Weile wurde ich ernst und fragte sie, was sie von Thâys[1] Friedensappell halte.

Sie saß einen Augenblick still, dann strich sie mir übers Haar und sagte: »Du weißt, wie sehr ich Thây liebe und verehre, besonders wegen seiner Vision des sozialen Dienstes, aber seine politischen Aktivitäten machen mir Sorgen.«

Ich verstand. Thây hatte sehr früh für einen Waffenstillstand und den Rückzug der amerikanischen Truppen plädiert. Kein

---

1 Thây, vietnamesisch für »Lehrer«, wird gewöhnlich für alle buddhistischen Mönche gebraucht. In diesem Zusammenhang bezieht sich »Thây« jedoch auf Schwester Chân Khôngs persönlichen Lehrer, Thich Nhat Hanh.

»Nationalist« hätte es gewagt, so etwas zu fordern, und unsere Regierung und die Zeitungen verdammten ihn deswegen. Als jüngstes Kind ihrer Familie und beschützt von ihren Eltern, hatte Mai noch nie ein bombardiertes Dorf gesehen, wie sollte sie sich also keine Sorgen machen, wenn das Radio, die Zeitungen, ja sogar der Präsident selbst Thây beschuldigten, Kommunist zu sein?

Bedrückt und den Tränen nahe, sagte ich: »Liebe Schwester, bitte denke doch auch an folgendes: Der Buddha hat uns gelehrt, kein Leben zu nehmen, wie also können wir müßig sitzen bleiben, wenn unsere Leute sich gegenseitig umbringen? Seit 4000 Jahren hat unser Volk jede Invasion allein abgewehrt. Warum brauchen wir jetzt plötzlich die Hilfe fremder Truppen? Weißt du, Mai, daß ich nach Erscheinen von Thâys ›Gebet für den Frieden‹ im *Buddhist Weekly* den Exekutivrat der Buddhistischen Kirche gebeten habe, acht von uns bei einem Hungerstreik bis zum Tode als Gebet für den Frieden zu unterstützen? Aber der Rat hat sich geweigert, und ohne seine Unterstützung wäre unser Hungerstreik sinnlos gewesen.«

»Natürlich konnten sie nicht zustimmen!« unterbrach sie mich. »Wer hätte sich um deine alte Mutter gekümmert?«

»Ich weiß, daß ich mich der Respektlosigkeit gegen meine Mutter schuldig gemacht hätte, wenn ich bei dieser Sache gestorben wäre, aber wenn mein Tod den Krieg verkürzen und Leben retten helfen würde, wäre ich nur zu gerne bereit, in einem anderen Leben für das Vergehen der Respektlosigkeit zu büßen.«

Mai saß eine lange Zeit ganz still, dann nahm sie meine Hände, schaute mir tief in die Augen und sagte mit entschlossener Stimme: »Liebe jüngere Schwester, du hast recht. Sollte es je wieder eine Gelegenheit geben, für den Frieden zu fasten, kannst du darauf zählen, daß ich mitmache.« Die Aufrichtigkeit ihrer Worte bewegte mich so, daß ich weinte.

Drei Monate später begann Mai, sich an unserer Arbeit für den Frieden an der Van-Hanh-Universität zu beteiligen. Als Tochter einer wohlhabenden Familie war ihr diese Art von »Untergrundarbeit« neu, aber heimlich lieferte sie Thây Nhat Hanhs Buch, *Lotus in a Sea of Fire,* versteckt in ihrem weißen Volkswagen, an die verschiedenen Schulen aus, und dank ihrer Bemühungen gelangte Thâys Buch in die Hände praktisch jeder Lehrer- und Schülerorganisation in Saigon.

Eines Samstags, während unseres wöchentlichen Tages der Achtsamkeit, lud Mai mich in ihr Zimmer ein, nahm meine Hände in die ihren und sagte: »Jüngere Schwester, ich habe eine Idee. Erinnerst du dich, wie du und sieben andere für den Frieden hungern wolltet? Wie wäre es, wenn ich und noch jemand zu euch stoßen würden, und wir dann zu zehnt einen Friedensaufruf hinterlassen und uns gemeinsam den Bauch aufschneiden würden? Unsere Tat würde viele Menschen aufrütteln und sie vielleicht bewegen, diesen furchtbaren Krieg zu beenden! Hungern, und sei es bis zum Tode, weckt niemanden mehr auf. Wir müssen einfallsreich vorgehen!« Ich war schockiert, versprach Mai jedoch, ihren Vorschlag zu überdenken.

Vier Tage verbrachte ich in meinem Zimmer und erwog die Vor- und Nachteile. Schließlich sagte ich ihr, daß wir es meiner Meinung nach nicht tun sollten. Wir acht, die wir einen Hungerstreik bis zum Tode erwogen hatten, waren sämtlich alleinstehend gewesen, jetzt kamen Verheiratete dazu. Und einige wohnten weit weg. »Die Friedensbewegung ist noch recht schwach«, sagte ich. »Wenn wir uns opfern, dann wird das nur zur Folge haben, daß unsere Brüder und Schwestern ohne uns weitermachen müssen. Und außerdem haben wir Thây Nhat Hanh versprochen, daß wir Thây Thanh Van helfen würden, die Schule der Jugend für Sozialen Dienst zu organisieren, zumindest bis die ersten Schüler ihre Ausbildung beendet haben.« Mai wußte, wie schwer die finanzielle Krise der SJSD nach Abreise Thây Nhat Hanhs geworden war. Wer würde für die Schüler sorgen, wenn auch noch wir beide, die Hauptspendensammler der Schule, sterben würden? Ich sprach mit all meiner Überzeugungskraft, und schließlich stimmte Mai zu, die Sache aufzugeben, obwohl sie noch auf das letzte Wort Thây Nhat Hanhs warten wollte, dem sie einen Brief geschrieben hatte, auf dessen Beantwortung sie noch wartete. Eine Woche später erzählte sie mir, daß Thây geantwortet und die Selbstopferung untersagt hätte.

Mai fühlte große Verantwortung für die Schule der Jugend für Sozialen Dienst, und eines Tages sagte sie zu mir: »Wir müssen arbeiten, soviel wir können. Du mußt mich anhalten, viel härter zu arbeiten. Du machst deine Arbeit in den Slums, in der Friedensbewegung und in der Schule so gut. Ich wollte, ich könnte mehr wie du sein.« Ich faßte sie zärtlich bei der Schulter und sagte: »Liebe ältere Schwester Mai, jeder Mensch ist einmalig, und du bist eine wunderschöne Blume. Es gibt keinerlei Grund, jemand anderem gleichen zu wollen, ganz besonders nicht mir!« Zu Beginn des zweiten Jahres der SJSD hatten wir eine wirklich schwere Finanzkrise. Als Nga und ich mehr Säcke Reis sammelten als Uyen und Mai, machte Mai sich Vorwürfe, aber ihre Enttäuschung ließ sie nur noch eifriger nach Projekten zur finanziellen Unabhängigkeit der Schule suchen. Jede Woche kam sie mit einer neuen Liste von Vorschlägen.

Thây Nhat Hanh war weit weg, und niemand hatte uns Avalokiteshvaras große Kunst des Zuhörens oder Buddhas Kunst, eine Sangha zu bauen, gelehrt – das heißt, wir hatten nicht die Mittel, in Frieden miteinander zu leben. Statt uns also mit Mai zusammenzusetzen, ihr wirklich zuzuhören und geduldig die Stärken und Schwächen ihrer Vorschläge aufzuzeigen, wurden wir ungeduldig und ignorierten sie einfach. Viele Menschen wären daraufhin frustriert gewesen oder hätten innere Verletzungen davongetragen, die eines Tages explodiert wären, Mai jedoch schien tief in sich hineinzuschauen und jede Verletzung mit Leichtigkeit heilen und transformieren zu können.

Jede Woche kam sie mit neuen Vorschlägen. Mit ihrer sanften Stimme sagte sie etwa: »Phuong, wenn du Montag Zeit hast, dann komm doch mit mir zum Reismarkt. Wir könnten eine große Menge Reis kaufen und ihn dann in kleineren Mengen weiterverkaufen, um Geld aufzubringen.« In der nächsten Woche schlug sie vielleicht vor: »Phuong, vielleicht können wir Seife an die Sponsoren der Schule verkaufen.« Die Woche darauf kam sie mit wieder einem neuen Plan und die nächste Woche genauso. Ihre Vorschläge waren nie besonders klug, aber da ich sie nicht kränken wollte, sagte ich nichts. Eines Tages jedoch, als sich zu viele stillschweigende Meinungsverschiedenheiten im »Speicherbewußtsein« meines Geistes angesammelt hatten, fuhr ich sie sehr gereizt an: »Tu es doch einfach, Mai! Aber zwing' mich nicht dauernd, alles mit dir zusammen zu machen. Ich habe meine eigene Arbeit zu tun.«

Sobald die Worte heraus waren, bereute ich sie auch schon, aber ich konnte sie nicht ungesagt machen. Während der Mittagspause dann umarmte ich Mai von hinten und sagte: »Na, wo soll ich nun Montag mit dir hingehen?« Sie lächelte freundlich, und ich wußte, daß sie keinen Groll hegte. Am folgenden Montag gingen wir zusammen auf den Seifenmarkt, und am Dienstag verkauften wir die Seife einem unserer Sponsoren. Mittwoch holten wir Reis ab, und es wurde Donnerstag, bevor ich dazu kam, mich meiner eigenen Arbeit zu widmen. Mai hätte die Besorgungen ohne weiteres allein machen können, aber sie betonte immer, wieviel mehr Spaß es machte, solche Dinge gemeinsam zu erledigen.

Um Mai zufriedenzustellen, hätten Uyen und ich zwei oder drei Tage die Woche allein damit zubringen müssen, sie zu begleiten. Rückblickend wünschte ich, wir hätten es getan. Damals jedoch murrten wir: »Jetzt haben wir für 1000 Piaster Reis gekauft, haben ihn im Verkehrsgewühl durch die ganze Stadt geschleppt und ihn dann mit 15 Piaster Gewinn verkauft, wobei uns der ganze Spaß aber für 8 Piaster Benzin und den ganzen Vormittag gekostet hat! Ich hätte allein 300 Piaster verdient, wenn ich den Vormittag Mathematik gelehrt hätte.« Uyen und ich hatten noch nicht gelernt, welche Freude es machen kann, einfach die Zeit achtsam mit einer Freundin, der Arbeit, den Reisverkäufern und den Sponsoren zu verbringen. Uyen und ich verstanden es nicht, Frieden mit jedem Schritt zu üben, Mai jedoch schien es zu können. Mit und ohne uns zettelte sie zahllose Projekte an, um kleine Summen Geldes für die Schule zusammenzubringen. Eines Tages dann berührte sie mit ihrem sanften Wesen das Herz eines wohlhabenden Mannes, und er spendete der Schule 20 000 Dong, mit denen wir viele Projekte zur finanziellen Unabhängigkeit starten konnten. Nach und nach konnten wir die Baukosten zurückzahlen und für die Beiträge der Sponsoren wieder Essen kaufen.

Eines Abends, nachdem wir die Regeln des Tiep-Hien-Ordens rezitiert hatten, machte ich den Vorschlag, eine Hütte mit sechs kleinen Meditationszimmern zu bauen, die den einzelnen Mitgliedern des Ordens einen halben Tag die Woche zur Meditation zur Verfügung stehen sollten. Ich wußte, daß wir damit einen wahren Schatz gewinnen würden. Uyen und die anderen Brüder und Schwestern begeisterten sich sofort dafür, aber Mai war dagegen. Sie sagte, daß man den Weg auch praktiziert, indem man sein Zimmer mit jemandem teilt, und daß es zuviel Luxus sei, wenn jeder ein Einzelzimmer habe. Ich wandte ein, daß mir kein luxuriöses Gebäude vorschweben würde, bloß eine bescheidene Hütte aus Bambus und Palmenblättern, einen Ort, an dem wir nach sechs anstrengenden Arbeitstagen auch einmal allein sein konnten, um unsere Emotionen zu beruhigen.

Mai saß eine Weile still und erinnerte uns dann daran, daß wir ja das Geld gar nicht hätten, und wenn wir es hätten, dann sollten wir es besser für die Schule verwenden und nicht ein Haus für uns davon bauen. Ich hatte Angst, daß wir uns vielleicht vollkommen verausgaben könnten, wenn wir das Haus nicht bauten, und dann wären wir für niemanden mehr von Nutzen. Als sie meine Entschlossenheit bemerkte, stimmte Mai schließlich auch zu. Manchmal dachte ich, daß sie mein Leiden nicht verstehen könne. Wahrscheinlich, so nahm ich an, weil sie auf einer anderen Ebene lebte als die meisten von uns. Stets schien sie erfrischt und in Kontakt mit ihrem tiefsten Selbst.

Um das Geld für unser Projekt aufzubringen, fragte ich meine ältere Schwester: »Nam, was gibst du mir als Hochzeitsgeschenk, wenn ich heirate?« Meine Familie hatte sich schon Sorgen gemacht, daß ich wohl nie heiraten würde. Als Nam also meine Frage hörte, antwortete sie augenblicklich: »Dreitausend Piaster!«

»Ist das alles?« fragte ich. »Wie wäre es mit 5000?« »In Ordnung, ich gebe dir 5000«, sagte sie. Ich streckte meine Hand aus und sagte: »Für Menschen, die eine Familie möchten, ist die Hochzeit wesentlich. Aber für jemanden, der vielen Menschen zur Verfügung stehen möchte, ist es ebenso wichtig, einen eigenen Raum zu haben, um den Geist zu beruhigen, findest du nicht auch? Warum gibst du mir das Geld nicht gleich, damit wir eine Hütte für unsere Retreats bauen können?« Nam lachte und gab mir 3000 Piaster.

Mai selbst spendete 5000 Piaster von ihrem eigenen Geld, und mit einigen weiteren Spenden konnten wir ein kleines Haus errichten. Uyen und ich hatten immer einen einfachen Schmuck aus Bambus und Wildblumen in unseren Zimmern, während die Blumen in Mais Zimmer stets auf traditionelle Weise formell arrangiert waren. Jedesmal, wenn ich in ihr Zimmer kam, überwältigte mich der Buddha, der auf Goldpapier ihre Wand schmückte. Er saß in der vollen Lotushaltung, umgeben von Wolken, Blumen und einem Heiligenschein. Außerdem hatte sie acht Bilder von Thây Quan Duc und eine Hängeampel mit einem Zweig goldener Pflaumenblüten und einer leuchtend roten Rose aus Plastik. Es sah genauso aus wie in einer traditionellen Nonnenzelle, mit Ausnahme ihres Bettes, auf dem stets viele Schmuckdecken lagen und ein rosa Satinkissen – durchaus passend für die Lieblingstochter einer sehr wohlhabenden Familie!

Eines Tages kam Mai in mein Zimmer und rief vorwurfsvoll: »Dein Zimmer ist so trostlos. Du hast ja nicht einmal Bilder aufgehängt.« Als sie jedoch genauer hinschaute, bemerkte sie ein winziges Bild eines Waldsees knapp über dem Fußboden und in der Nähe meines Bettes, in Augenhöhe, Zeichnungen von weinenden Kindern.

Überrascht fragte sie: »Warum sind die Bilder so nahe am Boden, wo niemand sie sieht?« »Ich habe mein Zimmer nicht für andere eingerichtet. Ich habe die Bilder so plaziert, daß ich sie vom Bett aus gut sehen kann«, antwortete ich. »Wie selbstsüchtig«, sagte Mai und schüttelte ihren Kopf. Als sie mich selbstsüchtig nannte, wurde ich zornig, aber mein Ärger verflog schnell wieder, als ich mir klarmachte, wie verschieden ihr Wesen von dem meinen war. Wir lachten, und alles war wieder in Ordnung.

Eines Samstags, als Mai an der Reihe war, die Regeln des Ordens vorzulesen, versagte ihre Stimme, während sie las: »Töte nicht. Laß nicht zu, daß andere töten. Tu stets dein Möglichstes, um Leben zu schützen und Frieden zu schaffen.« Danach las sie so leise weiter, daß wir sie kaum noch hören konnten. Als wir die Bücher mit den Regeln wieder ins Regal gestellt hatten, fragte Uyen: »Was war denn los, Mai?« Und ich fügte hinzu: »Während der Rezitation sah es so aus, als hättest du die Konzentration verloren. Geht es dir nicht gut?« Mai lächelte bloß und ging an diesem Abend früh auf ihr Zimmer. Die beiden nächsten Samstage blieb sie unserem Tag der Achtsamkeit ganz fern. Da die Situation in Saigon sich gefährlich zugespitzt hatte – vier Freunde aus der Schule waren umgebracht worden –, glaubte ich, Mais Eltern hätten ihr verboten, die Nacht bei uns zu verbringen. Als sie dann aber auch am dritten Samstag nicht kam, dachte ich, daß ihre Eltern ihr doch sicher nicht verbieten würden, nachmittags die Regeln mit zu rezitieren, selbst wenn es ihnen nicht recht war, daß sie über Nacht blieb.

Ich fragte mich, was wohl los sein konnte, war Mai aber gleichzeitig ein wenig böse, daß sie unsere Tage der Achtsamkeit nicht ernster nahm. Zumindest hätte sie uns den Grund sagen können, warum sie nicht mehr zu den Teambesprechungen der SJSD, den Tagen der Achtsamkeit und ihrer Arbeit an der Universität erschien.

Am Sonntag, den 14. Mai 1967 schließlich kam sie zu ihrem letzten Vormittag der Achtsamkeit. Ich war in meinem Zimmer und blickte auf das Feld von grünem Bambus vor meinem Fenster. Ich hörte nicht, wie ihr Wagen vorfuhr. Plötzlich klopfte Uyen sanft an meine Tür und sagte: »Schwester Mai ist da, und sie trägt einen wunderschönen violetten, goldbestickten *ao dai*!« Ich stand auf und verließ langsam mein Zimmer. Eigentlich wollte ich mit ihr schimpfen, aber als ich in den Flur trat, sah ich Mai, umschwärmt von Freundinnen, die ihr alle etwas sagen wollten. Und eh ich mich's versah, folgten wir ihr alle – wie Küken der Henne – in den Speiseraum.

Mais Haare waren zu einer wunderschönen Frisur gelegt, und in ihrem neuen Kleid sah sie sehr feierlich aus. Ohne Umschweife schnitt sie den Bananenkuchen an, den sie extra für uns gebacken hatte. Ich mußte lächeln und neckte sie: »Zuerst läßt du uns drei Wochen im Stich, und jetzt ziehst du dich so schön an und bringst noch einen köstlichen Kuchen mit! Willst du vielleicht heiraten?« Andere fielen ein: »Gut möglich! Mai sieht heute so hübsch aus.« Alle lachten, nur Mai lächelte still.

Ich war enttäuscht, daß wieder einmal unser Traum einer friedlichen gesellschaftlichen Veränderung an die zweite Stelle rücken sollte. So viele junge Freundinnen und Freunde hatten unsere Hoffnungen geteilt, aber dann hatten sie geheiratet und Kinder bekommen, und nun fanden sie ständig neue fadenscheinige Ausreden, um nicht mehr bei der Arbeit helfen zu müssen. Jetzt sollte uns also auch Mai verlassen. In diesem Augenblick durchdrang ihre Stimme meine Gedanken: »Schwester Chân Không, bitte komm Dienstag morgen ganz früh zur Tu Nghiêm Pagode. Es ist Wesak, der Geburtstag des Buddha, und etwas sehr Wichtiges wird geschehen.«

Mai war immer sehr nett zu den alten Nonnen der Pagode gewesen, und so dachte ich, daß sie mich bitten wollte, ihr zu helfen, den Tempel für das Wesakfest zu schmücken. »Ich achte deinen Wunsch«, sagte ich etwas gereizt, »aber ist es wirklich nötig, daß ich so früh zum Tempel komme?« Nhat Chi Mai schaute mir direkt in die Augen und sagte: »Es ist in Ordnung, wenn du nicht kommen willst, aber bitte sprich nicht so gereizt über die Sache!« Als sie gegangen war, schämte ich mich und faßte den Entschluß, Dienstag ganz früh an der Pagode zu sein, nur um ihr einen Gefallen zu tun.

Noch bevor ich Dienstag früh aufbrechen konnte, kam Ngoc verzweifelt in das Haus unserer Familie gerannt und berichtete mir, daß Schwester Mai sich direkt vor der Tu-Nghiêm-Pagode selbst verbrannt habe! Ich wollte meinen Ohren nicht trauen! Ich saß eine ganze Weile vollkommen still, und dann sagte ich: »Schwester Mai hat sich für den Frieden geopfert.« Meine Mutter, die neben mir saß, brach in Tränen aus und schluchzte: »Was deine Freundin getan hat, wird ihre Eltern ins Grab bringen!« Mit jedem Wort blickte sie mich an, wie um sich auf den Tag vorzubereiten, an dem ich dasselbe tun könnte.

Ohne ein weiteres Wort verließen Ngoc und ich den Raum. Wir wußten, daß jetzt viel zu tun sein würde. Ich ging schnurstracks zum Haus von Mais Eltern, und als ich eintrat, umarmte mich die Familie schluchzend. Als wir dann zusammensaßen, verlor Mais Mutter mehrmals das Bewußtsein. Später fuhr ich sie zur Pagode, und sie gingen hinein. Ich weiß nicht warum, aber ich konnte nicht in die Pagode gehen und Mais Leichnam sehen. Statt dessen rannte ich zum Cau Muoi Markt und berichtete unseren Händlerfreunden von Mais Opfer. Als ich die Neuigkeiten der lieben alten Tante Ba berichtete, begann ich zu weinen, und sie weinte mit mir. Bald flossen überall auf dem Markt die Tränen. Tante Ba sprach ein paar Worte mit den Taxi- und Rikschafahrern, und sofort begannen diese alle Händler vom Markt zur Pagode zu fahren, um Mai ein letztes Mal zu sehen.

Auch der berühmte Schriftsteller Bac Thieu Son war, begleitet von anderen Intellektuellen, zur Pagode gekommen. Sein Gesicht war eingefallen, und als er mich sah, war er nur in der Lage, »Phuong!« zu sagen, während Tränen über seine Wangen strömten. Auch der Drucker, der unsere Friedensbücher nicht hatte drucken wollen, war da. Schluchzend kam er auf mich zu und sagte, daß er uns in Zukunft auf jede nur erdenkliche Weise helfen würde. Selbst einige Regierungsbeamte und Militärangehörige waren gekommen und boten an, uns bei unserer Friedensarbeit zu unterstützen. Erst da erkannte ich, daß mein Argument gegen die Selbstopferung, das ich Mai gegenüber geäußert hatte: »Wir sind zu wenige. Wenn wir sterben, wird es nicht mehr genug Menschen geben, um die Arbeit fortzusetzen«, falsch gewesen war. Ihre Selbstopferung hatte tatsächlich die Herzen sehr vieler Menschen gerührt, und die Friedensbewegung wuchs wie die Wogen im Sturm. Sogar Freunde, die sich der Guerilla im Dschungel angeschlossen hatten, schickten Nachrichten und fragten: »Was können wir tun, um Mais Wunsch nach Frieden und Versöhnung in Erfüllung gehen zu lassen?«

Bevor sie starb, hatte Nhat Chi Mai zwei Statuen vor sich hingestellt: die Jungfrau Maria und den Bodhisattva Avalokiteshvara. In ihren Gedichten und Abschiedsbriefen flehte sie Katholiken und Buddhisten an, gemeinsam für den Frieden zu arbeiten, damit die Menschen die Liebe Jesu und das Mitgefühl Buddhas erkennen könnten.

Nie habe ich Thây Tri Quang bewegter gesehen. Um ein Uhr früh sandte er eine Nachricht zur Tu-Nghiêm-Pagode, in der er die Nonnen bat, mich in einem Wagen zur An-Quang-Pagode zu schicken. (Er befürchtete, daß ich unterwegs verhaftet oder entführt werden könnte, wenn ich zu Fuß käme.) Als ich bei seiner Pagode ankam, war das Tor verschlossen, und ich mußte über den Zaun klettern. Als ich sein Zimmer betrat, versuchte er gerade, einen alten Kassettenrecorder zu reparieren. Er sagte: »Diese Maschine geht kaum noch, aber ich möchte, daß jemand die Gedichte und Briefe der jungen Frau, die sich selbst geopfert hat, auf eine Kassette liest, damit ich sie besser kennenlernen kann. Würdest du das für mich tun? Du bist eine junge Frau und kommst auch aus dem Süden, also müßte deine Stimme der ihren sogar ähneln.«

Am nächsten Morgen um 4 Uhr verkleidete Thây Tri Quang sich als Novize und ließ sich zur Tu-Nghiêm-Pagode bringen. Da er bereits seit einiger Zeit unter Hausarrest stand, konnte er nur heimlich und in Verkleidung kommen. Er rezitierte an Mais Sarg Sūtras für sie. Als er fertig war, rief er mich in einen Raum der Pagode und sagte: »Du mußt Mittel und Wege finden, Mais Briefe zu drucken, und sie überall verteilen. Ich will das Papier und den Druck selbst bezahlen. Bitte einige Mitglieder des buddhistischen Ältestenrates, das Geld vorzustrecken, meine jüngere Schwester wird es dann zurückzahlen.«

Am folgenden Tag ließ Thây Tri Quang mich wieder rufen: »Mai hat darum gebetet, daß alle Religionen sich gemeinsam für den Frieden einsetzen. Ich habe gehört, daß Vater Nguyen Ngoc Lan ein progressiver Katholik sein und unserer Sache nahestehen soll. Bitte ihn, ein Vorwort zu Mais Briefen zu schreiben.« Ich war zutiefst bewegt. Früher hatte Thây Tri Quang sich stets skeptisch gegenüber einer Zusammenarbeit mit den Katholiken geäußert. Tatsächlich hatte Vater Lan bereits angeboten, Mais Briefe drucken zu lassen und auch ein Vorwort zu schreiben. Er war sogar bereit, ihre Verteilung zu übernehmen, eine äußerst gefährliche Angelegenheit. Bei jedem dieser von Herzen kommenden Unterstützungen kam mir Mais lächelndes Gesicht in den Sinn, und ich konnte sie sagen hören: »Ist das nicht wundervoll?« Genau wie sie es sich gewünscht hatte, verging kein Tag mehr, an dem die Ältesten der buddhistischen Gemeinde nicht den Versuch machten, mit den Katholiken zusammenzuarbeiten, und auch die Katholiken entwickelten mehr Sympathie für die Buddhisten. Alles begann mit der gemeinsamen Wertschätzung Schwester Mais.

Während der ganzen drei Tage, in denen ihr Leichnam in der Tu-Nghiêm-Pagode lag, versuchte ich mich dauernd zu beschäftigen. Ich besuchte sowohl Studenten aus unserer Bewegung als auch andere. Ich ging auf sämtliche Märkte. Ich besuchte viele Organisationen und Freunde. Als ich Hiep und andere Freundinnen und Freunde trauernd bei ihrem Leichnam sitzen sah, hatte ich nicht den Mut, mich zu ihnen zu gesellen. Ich konnte immer nur denken, daß auch mein Körper dort oder in einer Pagode in Hue, Ben Tre oder Can Tho liegen sollte. War das nicht Mais Wunsch gewesen? Ich aber war am Leben, konnte stehen, gehen, essen, trinken und schlafen.

Tag für Tag suchte ich Freunde auf und unterrichtete sie von Mais Selbstverbrennung für den Frieden. Und Nacht für Nacht blieb ich wach und übersetzte ihre Gedichte für Zeitungen und Friedensgruppen auf der ganzen Welt ins Englische und Französische. Aber erst als Ngoc mir Mais letzte Briefe und Gedichte brachte, verstand ich, wie sie ihre letzten drei Wochen verbracht hatte: Sie war bei ihren Eltern geblieben, um ihnen die letzten kostbaren Stunden ihres Lebens zu schenken. Sie war »süße Bananen, duftender Reis und kostbarer Honig« für sie gewesen – ein liebevolles Kind – während sie sich gleichzeitig auf ihren Opfertod vorbereitet hatte.

Studenten wachten bei der Pagode, um die Polizei daran zu hindern, Mais Leichnam abzuholen. Aus Angst, daß die Nachricht von ihrem Opfertod in andere Provinzen gelangen und weitere Menschen zur Mitarbeit in der Friedensbewegung inspirieren könne, drängte die Polizei Mais Eltern, den Leichnam ihrer Tochter möglichst schnell verbrennen zu lassen. Mais Vater war dagegen, aber die Trauer seiner Frau war so groß, daß er schließlich am dritten Tag zustimmte, Mais Überreste zur Verbrennung nach An Duong Dia in Phu Lam bringen zu lassen.

Am Tag nach Mais Opfertod waren viele Zeitungen voller weißer Stellen, wo die Nachricht ihrer Tat der Zensur zum Opfer gefallen war. Obwohl die Nachricht von ihrem Tod nur von Freunden verbreitet worden war, versammelte sich am Tage ihrer Begräbniszeremonie eine riesige Menschenmenge. Als der Leichenwagen die Phu-Lam-Brücke erreichte, zog sich die Schlange der nachfolgenden Menge schon über mehr als fünf Kilometer, bis zurück zur Tu-Nghiêm-Pagode. Studenten und Lehrer, Kaufleute und Händler, Politiker und Geistliche, alle waren sie da. Ich war erstaunt, so viele reiche Menschen zu sehen, die uns bis dahin immer beschuldigt hatten, unter dem Einfluß der Kommunisten zu stehen.

Es fiel ein feiner, kühler Regen. Die weißen Kleider junger Studentinnen, die schwarzen Hemden armer Arbeiter, die Roben der Mönche und Nonnen, die einfachen Lumpen unserer Straßenhändlerfreunde von den Märkten und die feinen Kleider der Wohlhabenden wurden alle von dem sanften Regen durchweicht. Meine jüngere Schwester Thanh hatte die außerordentliche Begabung, selbst in die traurigsten Augenblicke noch Licht zu bringen. Sie wisperte mir ins Ohr: »Schwester, siehst du Mai? Sie sitzt auf dem Leichenwagen. Mit strahlendem Gesicht schaut sie zu uns her und sagt: ›Oh, Phuong und Thanh, ich bin so glücklich. Es sind ja wirklich viele Menschen gekommen, nicht wahr?‹« Versunken in meine Trauer war ich durch den Regen gegangen, aber als ich hörte, wie Thanh Mais Stimme nachmachte, mußte ich doch lächeln. Wie recht sie doch hatte. Genau das hätte Mai gesagt.

Wenn man etwas Gewöhnliches will, dann geht man einfach und kauft es, aber wenn es etwas Außergewöhnliches sein soll wie Liebe, Verständnis oder Frieden für ein ganzes Land, dann muß man mit etwas Kostbarerem als Geld dafür bezahlen.

Meine Schwester, Nhat Chi Mai, hat keinen Selbstmord begangen. Sie liebte das Leben. Sie verfügte über eine gute Erziehung und die Voraussetzungen für ein bequemes Leben, selbst inmitten des Krieges. Sie hat ihr Leben geopfert, weil sie sich – mehr als alles andere – ein Ende des Mordens wünschte.

Ich erinnere mich an Thâys Gedicht »Ratschlag«, das sie vor ihrer Selbstverbrennung wieder und wieder gelesen hatte:

> Versprich mir,
> versprich mir heute,
> versprich mir jetzt,
> solange die Sonne im Zenit über unseren Köpfen steht,
> versprich mir:
> Selbst wenn sie
> dich niederwalzen
> mit einem Gebirge aus Haß und Gewalt;
> wenn sie dich zertreten
> wie einen Wurm,
> wenn sie dich aufschlitzen und
> dir die Glieder abtrennen,
> denk' daran Bruder,
> denk' daran:
> Unser Feind ist nicht der Mensch.

Die einzige würdige Regung ist Mitgefühl –
ohne Bedingung, grenzenlos, unüberwindbar.
Haß wird dir nicht helfen,
über die Bestie im Menschen zu siegen.

Aber eines Tages,
wenn du der Bestie gegenübertrittst,
allein, mit ungebrochenem Mut und freundlichem Blick,
unbesorgt (selbst wenn niemand es sieht),
wird aus deinem Lächeln heraus
eine Blume erblühen.
Und die dich lieben
werden deiner gedenken
über zehntausend Welten von Geburt und Tod hinweg.

Wieder allein
werde ich wandern gebeugten Hauptes,
doch in dem Wissen, daß die Liebe ewiglich währt.
Und auf der langen, beschwerlichen Reise
beleuchten Sonne und Mond meinen Weg.

Nhat Chi Mais Opfertod für den Frieden am 16. Mai des Jahres 1967 ist für meine eigene Entschlossenheit, Mittel und Wege zur Beendigung des Leidens in Vietnam zu finden, ein gewaltiger Ansporn gewesen.

GARY SNYDER

Buddhismus und die Möglichkeiten einer Weltkultur

Der Buddhismus geht von der Annahme aus, daß das ganze Universum und sämtliche Lebewesen sich letztlich in einem Zustand vollständiger Weisheit, vollständiger Liebe und vollständigen Mitgefühls befinden und in wechselseitiger Abhängigkeit voneinander agieren. Die persönliche Erkenntnis dieses Urzustandes kann man nicht für und durch sich »selbst« gewinnen, denn ohne das Selbst aufgegeben zu haben, ist dieser Zustand nicht zu begreifen.

Nach buddhistischer Sicht ist das, was die mühelose Manifestation dieses Zustandes behindert, Unwissenheit, die sich in Furcht und sinnlosem Begehren niederschlägt. Historisch gesehen haben die buddhistischen Philosophen niemals analysiert, inwieweit Unwissenheit und Leiden von sozialen Faktoren bestimmt werden und ob Abneigung und Anhaftung gegebene Faktoren der menschlichen Bedingtheit sind. Folglich liegt das Hauptaugenmerk der buddhistischen Philosophie stets auf erkenntnistheoretischen und »psychologischen« Aspekten, ohne Berücksichtigung historischer oder gesellschaftlicher Problemstellungen. Obwohl der Mahāyāna-Buddhismus eine große Vision universaler Erlösung beinhaltet, liegt die eigentliche Errungenschaft des Buddhismus doch eher in der Entwicklung praktischer Meditationsmethoden, mit dem Ziel, einige wenige engagierte Individuen von psychologischen Blockaden und kultureller Konditionierung zu befreien. Der institutionalisierte Buddhismus hat stets eine auffallende Bereitschaft gezeigt, die Unvollkommenheit und Willkür eines jeden über ihn herrschenden politischen Systems einfach zu akzeptieren. Diese Haltung kann für den Buddhismus den Tod

118

bedeuten, weil sie jedes sinnvolle Funktionieren von Mitgefühl unmöglich macht. Und Weisheit ohne Mitgefühl fühlt keinen Schmerz.

Heute kann es sich niemand mehr leisten, unschuldig zu bleiben oder Unwissenheit geltend zu machen, was das Wesen der gegenwärtigen Regierungen, politischen Entscheidungen und Gesellschaftsordnungen angeht. Die Nationalstaaten der modernen Welt sind Gemeinwesen, die ihre Existenz durch absichtliche Förderung von Gier und Angst aufrechterhalten – monströse Erpresserorganisationen. Die »freie Welt« ist abhängig geworden von einem phantastischen System, das hemmungslose, unstillbare Gier, unerfüllbares sexuelles Verlangen und Haß stimuliert. Da der Haß jedoch keinen legitimen Ausdruck finden kann, richtet er sich gegen den Menschen selbst, seine Familie oder die revolutionären Träume erbarmungswürdiger, bettelarmer, marginalisierter Gesellschaften. Die Bedingungen des Kalten Krieges haben die meisten modernen Gesellschaftsordnungen – kommunistische ebenso wie kapitalistische – zu üblen Verdrehern des wahren menschlichen Potentials gemacht. Sie versuchen eine Bevölkerung von *Pretas* zu erschaffen. Pretas sind die Hungergeister der buddhistischen Mythologie, gequält von unstillbarem Hunger, sind ihre Hälse nicht dicker als Nadeln. Diese krebsartigen Geschwülste fressen den Mutterboden, die Wälder und alles tierische Leben und vergiften Luft und Wasser des Planeten.

Im Wesen des Menschen und in den Lebensbedingungen menschlicher Gesellschaftsordnungen findet sich nichts, was eine Gesellschaft zwingen würde, sich widersprüchlich oder repressiv zu verhalten und gewalttätige, frustrierte Persönlichkeiten hervorzubringen. Jüngste Forschungsergebnisse auf dem Gebiet der Anthropologie und der Psychologie zeigen dies immer deutlicher. Für sich persönlich kann man diese Tatsache beweisen, indem man mit Hilfe der Meditation einen genauen Blick auf die eigene ursprüngliche Natur wirft. Hat man diese Ebene von Vertrauen und Einsicht erreicht, entsteht ganz natürlich ein tiefes Bedürfnis nach radikaler gesellschaftlicher Veränderung durch gewaltlose Mittel.

Der im Buddhismus favorisierte freudige und freiwillige Verzicht wird zu einer positiven Kraft. Die traditionelle Gewaltlosigkeit und das Vermeiden des Tötens in jeder Form haben für jede Nation revolutionäre Auswirkungen. Die Praxis der Meditation, für die man nichts braucht als »den Boden unter den Füßen«, fegt Berge von durch Massenmedien und Supermarktuniversitäten in den Geist gepumptem Müll weg. Der Glaube an eine gelassene und großzügige Erfüllung natürlich liebevoller Wünsche vernichtet blendende, verstümmelnde und unterdrückende Ideologien und weist den Weg zu einer Gemeinschaft, die »Moralisten« in Erstaunen versetzen und ganze Armeen von Männern verwandeln würde, die Kämpfer sind, weil sie Liebende nicht sein können.

Die im *Avatamsaka*-Sūtra (*Kegon* oder *Hua-yen*) vorgestellte buddhistische Philosophie sieht die Welt als ein gewaltiges Netzwerk, in dem alle Objekte und Wesen notwendig zusammengehören und letztlich erleuchtet sind. Von einem Standpunkt aus also sind auch Regierungen, Kriege oder alles, was wir »böse« nennen, notwendig in diesem totalen Raum enthalten. Der Falke, sein Beuteflug und der geschlagene Hase sind eins. Vom »menschlichen« Gesichtspunkt betrachtet, können wir in dieser Begrifflichkeit aber nicht leben, solange nicht alle Wesen mit erleuchteten Augen sehen. Ein Bodhisattva lebt nach dem Standard der Leidenden, und er oder sie muß über wirksame Mittel verfügen, um den Leidenden helfen zu können.

Die Barmherzigkeit des Westens zeigte sich in der sozialen Revolution, die Barmherzigkeit des Ostens in individueller Einsicht in das grundlegende Selbst – Leerheit. Wir brauchen beide. Und beide sind auch in den drei traditionellen Aspekten des Dharmapfades enthalten: Weisheit (*prajñā*), Meditation (*dhyāna*) und Ethik (*shīla*). Weisheit ist intuitive Erkenntnis des unter den vom Ego angetriebenen Ängsten und Aggressionen liegenden Geistes von Liebe und Klarheit. Meditation bedeutet, in den Geist zu blicken, um diese Tatsache persönlich zu erkennen – wieder und wieder, bis man tatsächlich aus diesem Geist lebt. Ethik bedeutet, diese Erkenntnis durch die eigene Lebensart, durch persönliches Vorbild und verantwortliches Handeln nach außen zu tragen, mit dem Ziel einer aufrichtigen Gemeinschaft (*sangha*) »aller Wesen«. Dieses letzte Ziel bedeutet für mich persönlich die Unterstützung jeder kulturellen und wirtschaftlichen Veränderung in Richtung einer wirklich freien Welt. Es bedeutet den Einsatz von Mitteln wie zivilem Ungehorsam, offener Kritik, Protest, Pazifismus, freiwilliger Armut und sogar sanfter Gewalt, wenn es dazu kommt, dem willkürlichen Wahnsinn die Stirn bieten zu müssen. Es bedeutet, das größtmögliche Spektrum nicht-schädigenden individuellen Verhaltens zu schützen und das Recht des Individuums zu verteidigen, Hanf zu rauchen, Peyote zu nehmen, polygam oder homosexuell zu leben – alles Bräuche und Welten des Verhaltens, die im judäo-kapitalistisch-christlich-marxistischen Abendland seit langem tabuisiert sind. Es bedeutet Respekt vor Intelligenz und Gelehrsamkeit, aber nicht als Mittel zur Befriedigung der Gier oder zum Zweck persönlicher Macht. Es beinhaltet die Arbeit in eigener Verantwortung, verbunden mit der Bereitschaft, in einer Gruppe mitzuarbeiten. Vor 70 Jahren lautete das Motto des I. W. W.: »In der Schale der alten eine neue Gesellschaft formen«.

Die traditionellen, volkstümlichen, eingeborenen Dorfkulturen scheinen dem Untergang geweiht. Wir müssen sie ebenso verteidigen und unterstützen, wie wir die Vielfalt der Ökosysteme schützen; sie alle sind Manifestationen des Geistes. In unserer Meditation berühren wir den gemeinsamen Grund der Völker aller Zeiten und Orte, und das ist einer der revolutionären Aspekte des Buddhadharma. Für mich setzt eine Weltkultur Gesellschaften voraus, die bereit sind, eine relativ neue Institution, genannt Nationalstaat, mit ganz anderen Augen zu sehen. Sie entwickeln ein ganz neues Verständnis, das es uns ermöglicht, aus den alten Strukturen herauszuwachsen. Der Staat ist legalisierte Gier in Verbindung mit einem Gewaltmonopol; eine natürliche Gesellschaft ist familiär und rücksichtsvoll. Eine natürliche Gesellschaft »folgt dem Weg«, nicht fehlerlos, aber authentisch.

Ein solches Verständnis würde den Kreis schließen und uns in vielerlei Hinsicht mit den kreativsten Aspekten unserer archaischen Vergangenheit versöhnen. Wenn wir Glück haben, erreichen wir irgendwann eine Welt aus relativ kleinen, sich gegenseitig tolerierenden und auf natürlichen Regionalgrenzen beruhenden Gesellschaften, vereint durch tiefen Respekt und große Liebe für den Geist und die Natur des Universums.

In einer Welt, die sich durch Gesellschaften mit mütterlichen Abstammungslinien, freien Ehen, einer Wirtschaft, die auf »natürlichen Kredit« baut, eine wesentlich geringere Bevölkerung und viel mehr unberührte Natur auszeichnet, sind noch viele weitere Tugenden vorstellbar.

DER DALAI LAMA

🔳 Echtes Mitgefühl

Ich bewundere aufrichtig das Gefühl der Bienen für gemeinschaftliche Verantwortung. Wenn man einen Bienenstock betrachtet, beobachtet man, wie diese kleinen Insekten von sehr
weit herkommen, sich einige Minuten Rast gönnen, in den Stock
krabbeln, um dann eiligst wieder davonzufliegen. Sie werden
ihrer Aufgabe verantwortungsvoll gerecht. Obwohl einzelne Bienen gelegentlich miteinander kämpfen, herrscht im großen und
ganzen doch ein starkes Gefühl von Eintracht und Zusammenarbeit. Wir Menschen sollen so viel fortgeschrittener sein, aber
manchmal bleiben wir selbst hinter kleinen Insekten zurück.

Wir sind soziale Wesen. Wären wir von Natur aus Einzelgän-
ger, gäbe es keine Dörfer oder Städte. Wegen unseres Wesens
müssen wir in einer kooperativen Umgebung leben. Menschen
ohne jedes Verantwortungsgefühl für die Gesellschaft oder das
Gemeinwohl handeln gegen die menschliche Natur. Um als Menschen überleben zu können, bedürfen wir echter – auf das Gefühl
unserer Geschwisterschaft gegründeter – Kooperation.

Unter Freunden fühlen wir uns sicher. Ohne Freunde fühlen wir
uns sehr einsam. Manchmal finden wir niemanden, mit dem wir
uns unterhalten oder Zuneigung austauschen könnten, dann
wählen wir ein Tier, einen Hund etwa oder eine Katze. Das zeigt,
daß selbst Menschen, die ihre lieben Freunde verloren haben,
jemanden brauchen, mit dem sie sprechen und Zuneigung austauschen können. Ich selbst mag meine Armbanduhr, obwohl sie
mir nie irgendwelche Zuneigung entgegenbringt! Als Mensch erreicht man geistige Zufriedenheit am besten, wenn man einen
anderen Menschen liebt; und wenn das nicht möglich sein sollte,
liebt man eben ein Tier. Wenn Sie aufrichtige Zuneigung zeigen,

erhalten Sie eine Reaktion und erfahren Zufriedenheit. Wir alle brauchen Freunde.

Es gibt verschiedene Arten von Freundschaft. Manchmal glauben wir, daß Geld oder Macht nötig seien, um Freunde zu gewinnen, aber das ist nicht richtig. Solche Freunde sind scheinbar loyal, solange unser Glück währt, aber sobald das Blatt sich wendet, lassen sie uns im Stich. Es sind keine wahren Freunde, es sind Freunde des Geldes oder der Macht. Ein weiterer unzuverlässiger Freund ist der Alkohol. Wenn Sie zuviel trinken, klappen Sie zusammen, und selbst Ihre Träume werden unangenehm.

Aber es gibt auch andere Freunde, die uns in jeder Situation die Treue halten. Solange das Glück uns hold ist, kommen wir auch ohne Freunde aus, geht es uns aber schlecht, brauchen wir dringend wahre Freunde. Um echte Freundschaften zu schließen, müssen wir persönlich eine angenehme Atmosphäre schaffen. Wenn wir immer nur voller Zorn sind, werden sich nicht viele Menschen von uns angezogen fühlen. Es ist eigentlich ganz einfach: Mitgefühl oder Altruismus zieht Freunde an.

Sämtliche Religionen der Welt betonen die Bedeutung von Mitgefühl, Liebe und Vergebung. Jede hat vielleicht ihre spezifische Interpretation, aber allgemein gesprochen gründen alle ihr Verständnis auf Mitmenschlichkeit und Mitgefühl. Für Menschen, die an Gott glauben, ist die Liebe zu ihren Mitmenschen gewöhnlich ein Ausdruck ihrer Liebe zu Gott. Wenn jemand sagen würde: »Ich liebe Gott«, aber seinen Mitmenschen keinerlei Liebe entgegenbrächte, dann glaube ich nicht, daß er den Lehren Gottes folgt. Viele Religionen betonen die Vergebung. Die Basis für wahre Vergebung sind Liebe und Mitgefühl. Ohne sie ist es schwer zu vergeben.

Liebe und Mitgefühl sind grundlegende menschliche Qualitäten. Vom buddhistischen Standpunkt aus gesehen ist Liebe der Wunsch, andere fühlende Wesen glücklich sehen zu wollen, und Mitgefühl ist der Wunsch, daß fühlende Wesen frei sein mögen von Leid. Mitgefühl ist keine selbstsüchtige Haltung, wie etwa: »Das sind meine Freunde, und darum möchte ich, daß sie frei sind vom Leid.« Echtes Mitgefühl kann man sogar auf seine Feinde ausdehnen, denn die Basis für die Erzeugung von Mitgefühl ist die Einsicht, daß andere Lebewesen leiden, und das gilt auch für unsere Feinde. Wenn Sie sehen, daß Ihre Feinde leiden, sind Sie fähig, aufrichtiges Mitgefühl selbst für diejenigen zu empfinden, die Sie verletzt haben.

Die gewöhnlichen Formen von Liebe und Mitgefühl lassen ein Gefühl von großer Nähe entstehen, aber im wesentlichen handelt es sich dabei um Anhaftung. Die gewöhnliche Liebe währt nur, solange einem ein Mensch schön oder gut erscheint, sobald er oder sie aber weniger schön oder gut erscheint, erlischt auch die Liebe. Obwohl Ihnen jemand jetzt als lieber Freund erscheinen mag und Sie ihn sehr lieben, kann sich die Situation schon am nächsten Tag völlig verändert haben. Obwohl der andere immer noch derselbe ist, bringen Sie ihm plötzlich eher feindliche Gefühle entgegen. Statt Liebe und Mitgefühl empfinden Sie jetzt Feindseligkeit. Bei echter Liebe und echtem Mitgefühl hat die Erscheinungsweise oder das Verhalten des anderen keinerlei Einfluß auf Ihre Haltung.

Wahres Mitgefühl ergibt sich, sobald man das Leiden des anderen wirklich wahrnimmt. Sie empfinden ein Gefühl der Verantwortung und möchten etwas für ihn oder sie tun. Wir unterscheiden drei Arten von Mitgefühl. Die erste Art des Mitgefühls ist der spontane Wunsch, daß andere frei sein mögen vom Leiden. Sie finden das Leiden anderer unerträglich und haben den Wunsch, sie davon zu befreien. In der zweiten Art des Mitgefühls bleibt es nicht nur bei dem Wunsch für das Wohlergehen der anderen, sondern es kommt ein echtes Gefühl von Verantwortung hinzu, eine Verpflichtung, ihr Leiden zu lindern und sie von ihren unerwünschten Umständen zu befreien. Diese Art des Mitgefühls wird verstärkt durch die Erkenntnis, daß alle fühlenden Wesen deshalb Verwirrung und Leiden erleben, weil sie sich an die Dauerhaftigkeit ihrer Identität klammern, obwohl sie eigentlich vergänglich sind. Ein echter Sinn für Mitgefühl erzeugt ein spontanes Verantwortungsgefühl, etwas für das Wohl der anderen zu tun, und ermutigt uns, diese Verantwortung tatsächlich auf uns zu nehmen. Die dritte Art des Mitgefühls wird von dem Wissen bestärkt, daß alle fühlenden Wesen zwar nur in wechselseitiger Abhängigkeit existieren und keine innewohnende Wesenhaftigkeit besitzen, sich aber dennoch an die Existenz einer inhärenten Identität klammern. Das von dieser Einsicht begleitete Mitgefühl ist die höchste Ebene des Altruismus.

Um echtes Mitgefühl in sich selbst zu entwickeln, muß man das Wesen und den Zustand des Leidens erkennen, in dem die Wesen sich befinden. Weil man ja wünscht, daß jedes Lebewesen frei sein möge vom Leiden, muß man zuallererst herausfinden, was Leiden eigentlich ist. Als der Buddha die Vier Edlen Wahrheiten lehrte, sprach er von drei Arten des Leidens: 1. das offensichtliche und akute Leiden, zum Beispiel körperlicher Schmerz, 2. das Leiden der Veränderung, zum Beispiel angenehme Erfahrungen, die sich potentiell in Leiden verwandeln, und 3. das allumfassende Leiden, das grundlegende Faktum aller bedingten Existenz. Um Mitgefühl zu entwickeln, muß man also zuerst über das Leiden nachdenken und Leiden als Leiden identifizieren. Wenn man sich tief auf die Reflexion über das Wesen des Leidens einläßt, ist es immer gut, nach einer Alternative zu suchen – zu schauen, ob es wohl möglich ist, das Leiden loszuwerden. Wenn es keinen Ausweg gäbe, würde das Nachdenken über das Leid einen nur in Depressionen stürzen, und das wäre alles andere als hilfreich. Gäbe es keine Möglichkeit, das Leid zu beseitigen, dann wäre es besser, überhaupt nicht darüber nachzudenken.

Nachdem er auch den Ursprung des Leidens beschrieben hatte, sprach der Buddha über das Aufhören des Leidens und den Pfad, der zum Aufhören führt. Wenn man erkennt, daß es tatsächlich möglich *ist,* die Wurzel zu beseitigen, die das Leiden entstehen läßt, dann verstärkt sich die Entschlossenheit, das Leiden auf allen möglichen Ebenen zu identifizieren und zu untersuchen, was schließlich dazu führt, daß man nach Befreiung zu streben beginnt.

Nachdem man über das Wesen des Leidens nachgedacht hat

und zu der Überzeugung gekommen ist, daß es einen Weg gibt, der zum Aufhören des Leidens führt, ist es als nächstes wichtig zu erkennen, daß alle Wesen Leiden vermeiden und statt dessen Glück erfahren wollen. Jeder hat das gleiche Recht, glücklich zu sein und Leid zu überwinden. Wenn wir uns selbst anschauen, dann sehen wir, daß wir uns ganz natürlich nach Glück und der Überwindung von Leid sehnen und daß wir diese Sehnsucht mit Fug und Recht haben. Wenn wir nun erkennen, daß alle Lebewesen das natürliche Recht haben, glücklich zu sein, Leiden zu überwinden und ihre Wünsche zu erfüllen, empfinden wir ein spontanes Selbstwertgefühl.

Der einzige Unterschied zwischen uns und den anderen liegt in der Anzahl. Wir selbst sind bloß ein Individuum unter unzähligen anderen. Gleichgültig wie wichtig wir sind, wir sind bloß ein Lebewesen, ein einzelnes Selbst, die anderen aber sind unzählbar viele. Wir alle stehen jedoch in einer engen Beziehung wechselseitiger Abhängigkeit. Unser Glück und Leiden ist mit dem der anderen verquickt. Auch das ist die Wirklichkeit. Unter diesen Umständen wäre es töricht, neun Finger zu opfern, um einen Finger zu retten. Wenn man hingegen einen Finger opfern würde, um neun zu retten, dann könnte es die Sache wert sein. Sie sehen also die Bedeutung der eigenen Rechte und der der anderen, des eigenen Wohlergehens und desjenigen der anderen. Rein quantitativ sind die Rechte und das Wohlergehen der unendlich vielen anderen äußerst wichtig. Aber das Wohlergehen der anderen ist nicht nur rein zahlenmäßig wichtig. Selbst wenn man die zahllosen anderen zum Wohle des eigenen Glücks opfern würde, wäre man selbst am Ende der Verlierer. Je mehr man an die anderen denkt, sich um ihre Rechte kümmert und ihnen dient, desto mehr gewinnt man letztlich selbst.

Wenn Sie sich mit den meditativen Übungen des Bodhisattvapfads befassen, ist es selbstverständlich äußerst schädlich, das Wohlergehen und Glück der anderen Ihrem eigenen Glück unterzuordnen, weil es jeden Fortschritt auf dem spirituellen Pfad verhindern würde. Aber auch wenn Sie im normalen Alltag das

Glück und Wohlergehen der anderen Ihrem eigenen Glück opfern, werden Sie am Ende als Verlierer dastehen und die Konsequenzen tragen müssen.

Wenn Sie schon selbstsüchtig sein müssen, dann seien Sie doch wenigstens weise selbstsüchtig, statt dumm selbstsüchtig zu sein. Wenn Sie anderen aufrichtig motiviert helfen, gewinnen Sie selbst mehr Glück, mehr Freunde, mehr Lächeln und mehr Erfolg. Wenn Sie hingegen die Rechte anderer vergessen und ihr Wohlergehen mißachten, werden Sie letztlich sehr einsam sein.

Tatsächlich ist unser Feind sehr nützlich für uns, denn um Mitgefühl entwickeln zu können, müssen wir uns in Toleranz, Vergebung und Geduld üben – den Gegenmitteln des Zorns. Um aber Toleranz, Vergebung und Geduld üben zu können, brauchen wir jemanden, der uns irritiert. Aus dieser Sicht gibt es nicht den geringsten Grund, auf den Feind, der uns Probleme bereitet, zornig zu sein. Im Gegenteil, eigentlich sollten wir ihm dankbar sein, daß er uns eine solch wunderbare Gelegenheit gibt. Auch wenn er überhaupt nicht die Absicht hatte, uns zu nutzen, können wir doch jede sich bietende Gelegenheit einfach nutzen. Natürlich kann man argumentieren, daß ein Feind nicht die Absicht hat, uns zu helfen, sondern im Gegenteil ganz darauf aus ist, uns zu schaden, und daß Zorn daher gerechtfertigt ist. Das stimmt. Wir definieren einen Feind als jemanden, der die Absicht hat, uns zu schaden. Aber selbst wenn ein Chirurg uns ein Glied amputiert, klassifizieren wir ihn doch nicht als Feind, weil er ja nicht die Absicht hat, uns zu schaden. Wenn ein Mensch jedoch die Absicht hat, uns zu schaden, klassifizieren und identifizieren wir ihn als Feind – und nur darum haben wir ja auch die Gelegenheit, diesem Menschen gegenüber Geduld und Toleranz zu üben.

Um Mitgefühl für alle Lebewesen üben zu können, müssen wir in der Lage sein, gegenüber unseren Feinden ein echtes Gefühl von Geduld und Toleranz zu entwickeln. Zu diesem Zweck gibt es bestimmte Methoden des Geistestrainings. Wenn man zum Beispiel zornig ist, weil man durch einen Schuß verwundet wurde, sollte man die Situation analysieren und sich fragen: »Worauf bin ich eigentlich zornig?« Wenn ich auf das zornig bin, was mich verwundet hat, dann müßte ich auf die direkte Ursache meiner Verletzung zornig sein, also auf die Kugel. Wenn ich auf die letztendliche Ursache meiner Verwundung zornig bin, dann müßte ich wütend sein auf den Zorn in dem Menschen, der auf mich geschossen hat. Aber das ist nicht der Fall. Ich bin weder auf die Kugel noch auf den Zorn des anderen Menschen wütend. Ich bin auf den anderen Menschen sauer, obwohl er nur das Medium gewesen ist. Unter anderen Umständen könnte derselbe Mensch zu einem guten Freund werden.

Solange die negative Emotion in mir vorhanden ist, spielt er die Rolle des Feindes. Aber wenn sich eine positive Motivation entwickelt, wird derselbe Mensch unser Freund. Unter dem Einfluß unterschiedlicher Geistesfaktoren verändert der Mensch selbst sich unter verschiedenen Umständen. Wenn unser gerechter Zorn also dem Objekt gelten soll, das an unserer Verwundung schuld ist, dann müßte er sich, logisch gesehen, gegen den Zorn im anderen richten. So, wie wir sehen können, welches Werk der Zerstörung der Zorn in uns selbst anrichtet, indem er uns unseren inneren Frieden, unser geistiges Gleichgewicht und so weiter raubt, so ist es auch mit dem Zorn im Bewußtsein des »Feindes«. Er wirkt sich auf seinen Geist und sein Glück aus.

Wenn Sie also jemand von Zorn überwältigt verletzt, sollten Sie, statt zornig auf ihn zu sein, Mitgefühl und Bedauern für diesen Menschen empfinden, weil er selbst leidet. So zu denken wird Ihnen helfen, die Gewalt des Zorns in sich selbst zu mindern. Wenn Sie Ihren Geist auf diese Weise üben, werden Sie allmählich fähig, Ihr Mitgefühl auf alle Wesen auszudehnen, sogar auf Ihre Feinde.

Ich selbst bin ja ein buddhistischer Mönch, ein angeblich Praktizierender, obwohl meine Übung sehr faul und alles andere als befriedigend für mich ist. Dennoch kann auch ein fauler Übender, der nicht genug Zeit hat, sich Schritt für Schritt ändern. Ich kann meine geistige Einstellung verändern, und das bringt mir wahre Freude und innere Stärke. Brüder und Schwestern, bitte denken Sie in diese Richtung. Wenn Sie dann das Gefühl haben, ein wenig üben zu können, dann unterziehen Sie diese Gedanken bitte einem kleinen Experiment. Im Laufe der Zeit mögen Sie vielleicht etwas Nutzen daraus ziehen. Wenn Sie das Gefühl haben, daß es nicht funktioniert, macht es auch nichts. Machen Sie sich nur keine Sorgen.

Eine mitfühlende oder altruistische Motivation ist wirklich etwas Wunderbares. Manchmal erscheint es mir tatsächlich wie ein Wunder, daß wir Menschen zu echtem Altruismus fähig sind. Mitgefühl ist eine wahre Quelle für innere Stärke, Glück und zukünftigen Erfolg.

TEIL 4
Das Ergrünen des Selbst

ALLAN HUNT BADINER

Dharma Gaia

Je mehr Zeit ich auf meinem Meditationskissen verbringe und auf
das lausche, was Peter Matthiessen die »klingende Stille des universalen Geistes« nennt, desto deutlicher fühle ich die warme Umarmung Gaias, unserer Mutter Erde. Es ist ein Gefühl, umsorgt
und genährt zu werden, einen langen langsamen Tanz mit der
Göttin zu tanzen. Der Buddhismus ist einmal »die Religion vor der
Religion« genannt worden, was bedeutet, daß jeder, gleich welchen Glaubens, seine Praktiken anwenden kann. Für Matthiessen
weckt dieser Ausdruck Erinnerungen an die natürliche Religion
unserer frühen Kindheit, als »Himmel und Erde noch eins waren«.
Nur zu bald wird die klare Sicht des Kindes jedoch von kulturell
bedingten Verkrustungen überlagert – von festen Meinungen,
Vorurteilen und Ablehnung.

Der Dharma – die Lehre des Buddha – spricht von der Beendigung des Leidens, indem wir unsere Umstände mit Gleichmut betrachten und den Entschluß fassen, unser Bestes tun zu wollen. Die
Dinge so zu betrachten, wie sie sind, kann recht schmerzhaft sein,
und manche Menschen halten den Buddhismus sogar für pessimi-
stisch. Aber ebensooft ist er als die alte Kunst und Wissenschaft
der Ekstase beschrieben worden. Thich Nhat Hanh sagt uns:

> Das Leben ist voll von Leiden, aber es birgt auch viele Wunder: den
> blauen Himmel, den Sonnenschein, die Augen eines Kindes. ... Ob wir
> glücklich sind oder nicht, hängt von unserem Gewahrsein ab. Wenn
> wir Zahnschmerzen haben, glauben wir, daß wir glücklich wären,
> wenn wir nur keine Zahnschmerzen hätten. Aber wenn wir keine
> Zahnschmerzen haben, sind wir häufig trotzdem nicht glücklich. Wenn
> wir Gewahrsein üben, werden wir plötzlich sehr reich, sehr glücklich.
> Buddhistische Praxis ist eine geschickte Art, das Leben zu genießen.

Die Welt verändert sich aufgrund menschlicher Gedankenlosigkeit, und die vor uns liegenden Probleme sind gewaltig, gefährlich und eindeutig. Doch die drohende Ökokrise weckt auch eine starke Sehnsucht nach einer positiven Vision für die Zukunft. Wenn der Buddhismus relevant sein soll, müssen wir dann nicht in der Lage sein, uns einen wirklichen Buddha vorzustellen, müssen wir nicht daran glauben, daß es uns persönlich möglich ist, eine Qualität und Reinheit des Charakters hervorzubringen, wie sie von Gautama vorgelebt wurde? Ist es ein realistisches und erreichbares Ziel, uns selbst in großartige Blumen im Garten der Menschheit zu verwandeln?

Natürlich ist es lebenswichtig, daß wir die Umweltgifte reduzieren, Bäume pflanzen, wiederverwerten und so weiter, aber die wichtigste Veränderung ist eine Verwandlung unserer grundlegenden Beziehung zur Erde selbst. Die Erde muß sich nicht verändern, um zu überleben; sie wird auf jeden Fall überleben – mit oder ohne uns. Wenn *wir* aber überleben wollen, muß unser Geist eine Verwandlung erfahren. Die Einsicht des Buddha, daß die Erde auch Geist ist, kann uns in unserer Suche nach der Definition einer neuen ökologischen Ethik von großer Hilfe sein. Der Dharma ist ein machtvoller Gefährte auf unserer Reise von der *Ego*zentrik zur *Öko*zentrik – dem wahren Ergrünen unseres Geistes.

Die Frucht des Buddhismus, ein achtsames Leben, pflegt eine grundlegend ökologische Sicht von Mensch, Natur und ihrer gegenseitigen Beziehung. Bewußtheit öffnet unsere Wahrnehmung für die wechselseitige Bedingtheit und Zerbrechlichkeit allen Lebens und zeigt uns unsere Dankesschuld gegenüber zahllosen Wesen, lebenden wie toten, vergangenen wie gegenwärtigen, nahen wie fernen. Wenn wir im Buddhismus überhaupt irgendeine wahre Identität finden können, dann ist es das Ökosystem selbst – ein massiver, wechselseitig abhängiger, selbstverursachter, dynamischer Energieprozeß vor dem Hintergrund unaufhörlichen Wandels. Von Indras Netz der Hua-yen-Schule über die japanische Lehre des *esho-funi* (Leben und Umwelt sind eins) bis hin zu dem von Thich Nhat Hanh geprägten Begriff des *Interseins* stützt die buddhistische Philosophie und Praxis eine Sicht, die der Gelehrte Francis Cook eine »kosmische Ökologie« nennt.

Nachdem er nun auch in Amerika Wurzeln geschlagen hat, folgt der Buddhismus auch hier seinem klassischen Migrationsmodus und verbindet sich mit der naturnahen Weisheit der Eingeborenenkulturen. Die hochentwickelten ökologischen Lehren der eingeborenen amerikanischen Indianer basieren auf der ehrwürdigen Partnerschaft mit einer lebendigen Mutter Erde, der alles Leben entspringt. Das Volk der Lakota hat ein Gebet – *mitakuye oyasin*, »alle meine Verwandten« – in dem es heißt, daß alles, was wir erfahren, Teil von uns ist, und wir sind Teil von ihm. Während die indianische Kosmologie im allgemeinen von Harmonie geprägt ist, strotzt die Geschichte ihrer Völker von kriegerischen Auseinandersetzungen. Der Buddhismus kann den eingeborenen Amerikanern helfen, ihren Weg zum Frieden zu finden, die Indianer hingegen können den Buddhisten die lebendige Erde näherbringen. Beide Traditionen sind sich darin einig, daß die Natur ein aktiver Partner allen Denkens ist.

Die großen Mahāyāna-Lehren, vertreten unter anderem durch das *Avatamsaka-Sūtra*, das *Lotus-Sūtra* und das *Vimalakīrti-Sūtra*, die im sechsten Jahrhundert den Osten im Sturm eroberten, sprechen über die Natur in ebenso ehrfurchtsvollen Begriffen wie über den Buddha. Schauplätze werden in liebevollem Detail beschrieben, bis hin zur Farbe der Blätter und den Formen von Bäumen und Wolken. Ein Kapitel des *Lotus-Sūtra* mit dem Titel »Das Gleichnis von den Kräutern« beschreibt einen das Wachstum der Bäume und Pflanzen der Erde fördernden mystischen Regen. Dieser Regen ist unsere Praxis. Alles Leben auf Erden, so heißt es im Sūtra, Pflanzen, Tiere, Bäume und auch die Lebensqualität der Wesen, wird durch richtige Praxis gepflegt. In einem anderen Kapitel – »Der Erde entspringend« – desselben Sūtras heißt es, daß der Planet zahllose Wesen hervorbringt, die das Leiden auf der Welt lindern.

Die buddhistische Tradition, in all ihren historischen und kulturellen Manifestationen, ermuntert zu einer stärkeren Identifikation mit der Welt der Natur. Im Todai-ji-Tempel in Japan werden die Besucher erinnert, daß das Universum selbst ein Buddha ist und daß »der Gesang der Vögel, die Farben der Blumen, die Strömungen der Flüsse und die Formen der Wolken« seine Lehren sind. D. T. Suzuki hat über den Denkprozeß eines erleuchteten Geistes gesagt, er gleiche »Schauern, die vom Himmel fallen, Wogen auf dem Ozean, leuchtenden Sternen am Nachthimmel, Laubwerk, das in entspannender Frühlingsbrise sich entfaltet – ja [der Erleuchtete] ist die Schauer, der Ozean, die Sterne und das Blattwerk«.

Die uns Menschen des Abendlandes vertraute kartesische, mechanistische, anthropozentrische Weltsicht, die kulturell so tief eingebettet ist, daß wir sie beinahe schon nicht mehr wahrnehmen, scheint einem wechselseitig verbundenen, interkausalen Universum zu weichen, das mehr der Welt indianischer Weisheit, buddhistischer Philosophie und der modernen Physik entspricht. Der Buddha beobachtete ein aus Phänomenen und ihren wechselseitigen Interaktionen bestehendes Universum. »Dies ist so«, wie Thich Nhat Hanh die buddhistische Schöpfungsgeschichte oft beschreibt, »weil jenes so ist.« *Paticca samuppāda*, übersetzt als abhängiges Entstehen oder Großes Rad der Kausalität, ist das Herzstück buddhistischen Weltverständnisses. Es sagt, daß alle Dinge – belebte wie unbelebte – nur wechselseitig voneinander abhängig und nicht unabhängig existieren. Das ist die Bedeutung von Leerheit oder Shūnyatā: Nichts besitzt eine unabhängige, getrennte Existenz. In der buddhistischen Wahrnehmung ist alles lebendig und beeinflußt alles andere. Die ganze Natur vibriert vor Lebendigkeit, sogar die Luft.

Tatsächlich entdeckte der unabhängige Atmosphärenforscher James Lovelock, damals bei der NASA unter Vertrag, während er die Luft beobachtete, das abhängige Entstehen der sich selbst regulierenden, dauernd sich verändernden Atmosphäre der Erde. Er stellte die Hypothese auf, die Erde sei ein lebendiger Organismus, der seine Lebenssysteme koordinieren könne, um bedrohliche Umwelteinflüsse zu kompensieren. Auf Vorschlag seines

Freundes, des Schriftstellers William Golding, nannte Lovelock seine Theorie die Gaia-Hypothese, nach der griechischen Göttin der Erde. Die Essenz des Gaia-Prinzips ist die Einheit, aber ebenso betont es die Tatsache der Unterschiede und Vielfalt in der Natur. Unser Überleben selbst hängt von der Vielfalt ab.

Viele Ökologen begreifen, daß unsere Umweltprobleme ihre Wurzeln in einer spirituellen Krise haben. Wir scheinen in einem riesigen Meer der Dualität zwischen unserem Leben und dem Leben des Planeten, zwischen Körper und Geist und zwischen dem Männlichen und dem Weiblichen zu versinken. Dr. Lovelock hat vorhergesehen, daß das Verständnis von Gaia durchaus zu einer wissenschaftlich verifizierbaren Religion werden könnte. Ein solches Glaubenssystem könnte die Verschmelzung von Buddhismus, Tiefenökologie und Feminismus darstellen und vielleicht »Dharma Gaia« heißen. Beide Teile des Begriffes haben ihren Ursprung in dreitausend Jahre alten Kulturen, und beide spielen für unser Verständnis der Welt eine zunehmend signifikante Rolle.

Der Begriff *Dharma* kommt aus der Sanskritwurzel *dhr*, die »Firmament« bedeutet, »das, was fest (engl. firmly) gegründet ist«, »das, was bestätigt (engl. confirmed) ist«, »das, was wirklich ist«. Dharma Gaia ließe sich daher mit »die Lehre der lebendigen Erde« übersetzen. Bodh-Gaya in Nordindien ist der Ort, an dem der Buddha Erleuchtung erlangte. Wie der Meditationslehrer und grüne Aktivist, Christopher Titmus, erkannt hat, werden Gaia und Gaya gleich ausgesprochen, teilen also eine uralte Vertrautheit mit der Erde.

Der Buddhismus bietet eine klar definierte Ethik, einen Leitfaden zum ökologischen Leben, genau hier, genau jetzt. Sein Hauptwerkzeug ist die Meditation, die das ökologische Bewußtsein verstärkt. In der Meditation vertieft sich das Bewußtsein für unsere Umwelt, und unsere Identität erweitert sich, bis sie die gesamte Vielfalt von Umständen und Bedingungen umfaßt, die unsere Existenz ausmachen. Interesse an und Achtung vor der Schönheit und Macht der Natur werden verstärkt, und es enthüllt sich eine eingeborene Bio-Spiritualität. Empfindsamer unseren eigenen Gefühlen gegenüber und getragen von Achtsamkeit finden wir vielleicht Mittel und Wege, irreparable Schäden zu vermeiden und die endgültige Selbstzerstörung aufzuhalten. Mit ihrer Betonung von Kooperation und wechselseitiger Abhängigkeit kann die buddhistische Praxis den Aufbau partnerschaftlicher Gesellschaften inspirieren, mit Wirtschaftssystemen, die *bedürfnis*orientiert und unterhaltbar sind, statt auf Gier und hemmungsloses Wachstum zu bauen.

Bei zunehmend kritischer Versorgungslage einer wachsenden Weltbevölkerung wird die Zucht von Tieren zum Zwecke menschlicher Ernährung immer unvernünftiger – aus Mitgefühl für die leidenden Tiere und dem Bewußtsein, daß es eine zutiefst ineffiziente Verwendung von Wasser und Getreide darstellt. Eine neue Beziehung zum Königreich der Tiere muß ebenfalls Teil unserer sich wandelnden Weltsicht sein. Die Tiere sind Teil von uns und Teil unserer Praxis.

Die Rüstungsindustrie der entwickelten Länder setzt ungeheure Mengen an Umweltgiften frei, erschöpft die planetaren Ressourcen und bedroht somit das Überleben der Erde als Leben tragender Organismus selbst. Der Buddhismus jedoch hilft uns zu erkennen, wie nutzlos es ist, anderen die alleinige Schuld zu geben. Wir sind aufgefordert, die unheilsamen Tendenzen in unserem eigenen Verhalten genau in Augenschein zu nehmen. Führen wir unseren Abfall der Wiederverwertung zu? Konsumieren wir bewußt? Die Frucht unseres Erwachens und die Erlösung unserer Lebensart ist die Rechte Lebensführung.

Die Praxis bereitet uns auf Einblicke in die Kostbarkeit und Unmittelbarkeit des Lebens vor, auf die persönliche Erfahrung von uns selbst und der Natur als eins. Sie führt zu einer meditativen Haltung vollkommener Aufmerksamkeit und Achtsamkeit in allem, was wir tun. Durch Praxis in einer Gemeinschaft, Sangha, in der alle eine grüne Perspektive für die Zukunft teilen, können wir uns aus dem Mythos unserer Entfremdung befreien. Carl Sagan sagte kürzlich vor einem Publikum aus Wissenschaftlern, daß

»Anstrengungen, die Umwelt zu schützen, von einer Vision des Heiligen getragen sein sollten«. Inspiriert vom Buddha, geleitet vom Dharma und getragen von der Sangha gehen wir den Pfad eines Lebens in Harmonie mit uns selbst, mit allen anderen Lebensformen und mit unserer wahren Mutter, der Erde.

Die tieferen Kräfte unserer Wahrnehmung wiederherzustellen, ist eine ziemlich dringende Angelegenheit. Die Herausforderung besteht darin, mit unserem Intellekt, unserem Herzen und mit jeder Faser unseres Seins zu einem Verständnis des scheinbar paradoxen Zustands zu gelangen, in dem wir sowohl einzigartig verschieden von allen anderen und doch auch gleichzeitig im Innersten mit allen anderen, dem gesamten lebendigen Kosmos verbunden sind. Jeder Tag ist ein Tag der Erde. Seit jeher haben Buddhisten die Bitte ausgesprochen: »Mögen alle Wesen glücklich sein und frei von Leiden.«

PETER MATTHIESSEN

🌾 Die Samen der Achtsamkeit gießen

Als ich Ende März 1991 auf dem Weg zu einem Retreat für Umweltschützer war, das von dem berühmten vietnamesischen Zen-
Meister Thich Nhat Hanh geleitet werden sollte, nahm ich mir Zeit
für eine Wanderung in der Bucht von Malibu im Malibu Canyon
State Park. Es war Frühling, zahllose Singvögel waren zu ver-
nehmen, und hoch am Himmel segelte ein goldener Adler über die
Santa-Catalina-Berge zur Küste. Von einer Brücke über den Bach
aus entdeckte ich, in Nähe des Ufers und von Felsen halb ver-
deckt, ein schweres Tier mit braunem Fell. An den Ohren konnte
ich erkennen, daß es sich um einen Luchs handelte. Er beschlich
drei Bläßhühner im Uferschilf. So konzentriert war er auf seine
Beute, daß er sich in offenes Gelände wagte. Als er sich einmal
kurz umschaute, fing sich das Sonnenlicht im Oval des hellen
Fells um seine Luchsaugen. Die Bläßhühner jedoch ahnten die
Gefahr und entfernten sich vom Ufer. Als der Luchs sich flußab-
wärts trollte, seinen gestreiften kurzen Schwanz vor Frustration
hin und her schlagend, folgten ihm die schiefergrauen Vögel mit
ihren elfenbeinfarbenen Schnäbeln in einem sicheren Abstand
vom Ufer, reckten die Hälse und spähten, was die Wildkatze wohl
anstellen würde.

Der Rotluchs ist zwar nicht gerade selten, aber so scheu, daß
man ihn nur äußerst selten beobachten kann. In fünfzig Jahren
Wildbeobachtung hatte ich ihn vielleicht achtmal kurz zu Gesicht
bekommen, gewöhnlich wenn er einen Pfad kreuzte oder eine
nächtliche Straße überquerte. Dieser war der erste, den ich mehrere Minuten am Stück beobachten konnte – mindestens zehn
Minuten – am hellichten Nachmittag, in kaum 20 Meter Entfer-
nung. Ein bewegendes Erlebnis, das mir ein verheißungsvolles

Zeichen für das am gleichen Abend beginnende Umweltschützer-retreat zu sein schien.

Ursprünglich hatte das Retreat in Ojai stattfinden sollen, aber wegen Unterbringungsproblemen war es nach Camp Sholom verlegt worden, ein jüdisches Retreatzentrum in den Santa-Catalina-Bergen, etwa fünf Meilen landeinwärts von der Küste. Das Camp liegt in einer Senke in den trockenen Chaparral-Hügeln, wo in einem Hain aus Bergahorn und Eichen zwei Bäche zusammen-fließen. Die Hügel waren grün und die Bäche von heftigen Regen-fällen angeschwollen, die auch den Boden unter dem großen weißen Zelt aufgeweicht und so den Umzug ins Haus nötig ge-macht hatten.

Mein Gastgeber war James Soshin Thornton, ein Schüler Mae-zumi Rōshis und Gründungsanwalt der Zweigstelle des Natural Resources Defense Council in Los Angeles, der Organisation, die zusammen mit der Nathan Cummings Foundation, der Ojai Foundation und der Community of Mindful Living das Retreat veranstaltete. Einer meiner eigenen Zen-Schüler, Dennis Snyder, war auch anwesend, ebenso viele Bekannte aus der Umwelt-bewegung und Freunde von Freunden.

Die Praxis des Zazen, die am ersten Abend nach einigen ein-führenden Worten von Thich Nhat Hanh, Joan Halifax und James Thornton in der Eingangshalle geübt wurde, war für viele der Umweltschützer unter den 225 Retreatteilnehmern eine ganz neue Erfahrung. Sie hielten jedoch tapfer durch, und am Ende der Woche saßen sie ebenso makellos und eifrig wie alle anderen.

»Wenn man sich um die Umweltschützer kümmert«, sagte Thich Nhat Hanh und half uns mit einem sanften Lächeln auf jeden Au-genblick zu achten, »kümmert man sich um die Umwelt.« Diese Bemerkung hätte als Motto über dem ganzen Retreat stehen kön-nen.

Thich Nhat Hanh, von seinen Schülerinnen und Schülern liebe-voll »Thây« genannt, ist ein kleiner Mann mit großen Zähnen, einem breiten Lächeln und gütigen, funkelnden Augen. Seine Erscheinung macht einen so jugendlichen Eindruck, daß man kaum glauben kann, daß er schon 1968 für den Friedensnobelpreis vorgeschlagen worden war (von Martin Luther King).

In seinem ersten Dharmavortrag am nächsten Morgen (über die Atemmeditation: »Einatmend bin ich mir meiner Augen – ... des schönen Morgens – ... meines Herzens bewußt...«) stand er in seine einfache braune Robe gekleidet im frühen Sonnenlicht, das auf den kleinen harten Eichenblättern schimmerte und sich – gefiltert von einem wunderbaren hölzernen Wandschirm aus sechs geschnitzten Elementen, der laut Joan Halifax angeblich aus China kam, durch die Fenster in der Wand hinter ihm ergoß. Wie die Sonnenreflexe, die durch die braunen Rosetten des Wandschirms fielen, blinkten Thâys weiße Zähne in seinem offenen, kindlichen Lächeln.

»Manchmal wären wir gerne jemand anders, aber natürlich können wir nicht jemand anders sein. Wir können nur wir selbst sein, und selbst das ist sehr schwierig ... Um wir selbst sein zu können, müssen wir im gegenwärtigen Moment sein, und um im gegenwärtigen Moment zu sein, müssen wir unserem Atem folgen, eins mit unserem Atem sein, denn sonst werden wir von Emotionen und Geschehnissen überwältigt. ... «

Thâys tägliche Vorträge wurden in gewissen Abständen von den Klängen einer Glocke pointiert, die seine Assistentin, Therese Fitzgerald (früher am San Francisco Zen Center), läutete. Auch während der gemeinsam und in Schweigen eingenommenen Mahlzeiten wurde in unregelmäßigen Abständen die Glocke geschlagen, um die Retreatteilnehmer daran zu erinnern, auf den gegenwärtigen Augenblick zu achten.

Nach Thâys Lehren ist Einsicht abhängig vom Gewahrsein des gegenwärtigen Moments, was unvermeidlich zu Mitgefühl und einem natürlichen Seinszustand führt. In seinen Lehren kehrt er wieder und wieder zum zarten Bild einer Blume zurück, die »ihr Herz zeigt«, während sie sich der Sonne öffnet. Die Gassho-Mudra vergleicht er mit einer geschlossenen Lotusblüte, aus der sich die Hände in Dankbarkeit für diese außerordentliche Existenz nach außen hin öffnen, so wie sich eine Bohnensprosse öffnet, mit einem Lächeln für Sonne und Wind. Das Halb-Lächeln auf den Lippen führt zu einem ungezwungenen Wohlsein, indem es zur aufrichtigen Freude in der Praxis beiträgt. »Wenn Ihre Praxis nicht angenehm und von Freude getragen ist, dann wäre vielleicht eine andere Praxis empfehlenswerter«, rät Thây.

Am ersten Abend sammelte ein informelles Podium, bestehend aus Thâys Hauptassistentin, der vietnamesischen Nonne Schwester Chân Không, James Thornton, Randy Hayes vom Rainforest Action Network, Joan Halifax und mir selbst, Fragen der etwa 225 versammelten Menschen, die die Halle bis zu den Wänden hin füllten. Schwester Chân Không, eine kleine dynamische Person, die hundert Sozialarbeiter in Vietnam führt (die sich alle untereinander nicht kennen, da stets die Gefahr besteht, von der Polizei verhört zu werden), war besonders redegewandt. Wie Thich Nhat Hanh riet auch sie zum Atem als Basis für den gegenwärtigen Augenblick, für unser grundlegendes Sein. Das ganze Podium war sich einig, daß es in Zeiten der Not und Verzweiflung nötig ist, in die Verzweiflung hineinzugehen, tiefer und immer tiefer und mit ihr eins zu werden.

Bei anderen Gelegenheiten stimmte Schwester Chân Không mit süßer Stimme plötzlich ein Lied an, das die Freude des gegenwärtigen Augenblicks feierte, von der Thây immer spricht. Im Gespräch über den Zorn, den sie manchmal angesichts der Verschwendung von Wasser und anderen Dingen in unseren Badezimmern und Küchen empfindet, gestand sie, als Gegenmittel laut zu singen: »Wenn ich in das Badezimmer (Küche etc.) gehe, bin ich glücklich, weil ich gelernt habe, tief zu atmen...« (Nach Thâys Dharmavortrag über die Richtlinien merkte sie an: »Wenn man wirklich achtsam ist, braucht man keine Regeln.«)

Jeder Tag begann früh mit zwei Perioden strikter Sitzpraxis, gefolgt von Rezitationen aus den Sūtras. Bei einer Gelegenheit wurde ein Brief vorgelesen, den ein Rechtsanwalt aus der Gruppe an Thây geschrieben hatte und in dem er die Notwendigkeit einer spirituellen Basis für den Umweltschutz betonte, die leider in vielen Organisationen fehle. Nach dem Frühstück in Schweigen hielt Thây jedesmal einen Dharmavortrag, der einmal beinahe zwei Stunden dauerte.

»Wir sind nur wirklich, wenn wir eins sind mit unserem Atem – unserem Gehen, unserem Essen – und erst dann wird auch alles andere um uns herum real ... Wenn Sie eine Bohne essen, seien Sie sich der wahren Natur der Bohne bewußt, ihrer Struktur, all der Nicht-Bohnen-Elemente, die diese Bohne bilden, und erlauben Sie ihr zu sein. Wenn Sie eine Blume durchdringend betrachten, sehen Sie die Sonne, die Mineralien, das Wasser, die diese Blume ausmachen, die sämtliche Nicht-Blumen-Elemente der Welt enthält, genau wie ein Buddhist alle Nicht-Buddhisten-Elemente enthält.«

Manchmal bleiben Thâys Augen traurig, selbst wenn er lächelt, und mehr als einmal während der Woche gab er seinem Kummer über die Handlungen Präsident Bushs im Golfkrieg Ausdruck, die ihn beinahe von seinem jährlichen Besuch unseres Landes abgehalten hätten. Er bat uns, »Samen des Friedens in unserem Land zu säen« und uns um »den Präsidenten Bush in uns selbst zu kümmern ...«.

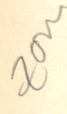

»Kümmern Sie sich zärtlich um Ihren Zorn, mit Achtsamkeit... unterdrücken Sie ihn nicht ... er ist Sie. Sie haben den Samen Ihres Zorns mehr gegossen als den Samen Ihrer Achtsamkeit. Zorn kommt von einem Mangel an Verständnis, und er stellt sich ganz leicht ein ... Wenn Achtsamkeit vorhanden ist, sind Sie vor Zorn und Angst geschützt.«

Und er sprach sich heftig dagegen aus, mit Worten und Handlungen »Samen des Leidens zu säen«. An einem anderen Tag wies er uns auf unser zwanghaftes Verhalten hin, auf unsere Unfähigkeit innezuhalten: Je mehr wir essen (schlafen, telefonieren, fernsehen, autofahren ...), desto leerer fühlen wir uns, kurz, desto hungriger werden wir. Wir müssen jeden Augenblick ausfüllen, wir können nicht einfach nur sein. »Wie können wir das Wettrüsten anhalten, wenn wir selbst nicht anhalten können?«

Nach dem Dharmavortrag folgte eine Gehmeditation in den Hügeln, dann Mittagessen. Am Nachmittag trafen wir uns in kleinen Gruppen unter verschiedenen Leitern. Am Spätnachmittag dann wieder Sitzpraxis, gefolgt vom Abendessen und weiteren Abendtreffen und einer abschließenden formellen Sitzpraxis. Alles, außer dem Zazen, wurde unterbrochen von semi-spirituellen Musikdarbietungen, einem Unterhaltungsabend und sogar einem Passah-Mal. Gelegentlich schien Thây etwas verwirrt von diesen weltlichen Darbietungen, die jedoch den warmherzigen und doch ernsthaften Ton des Retreats nicht wirklich stören konnten. Als wir uns eines Tages informell bei einer Tasse grünem Tee unterhielten, sprachen wir auch die Tatsache an, daß viele, wenn nicht die meisten Zen-Lehrer auf die eine oder andere Weise die Gelübde brechen. Thây sagte ironisch: »Sie glauben, daß erleuchtete Menschen das dürfen.«

Dann sprach er über seine Rinzai-Schulung in Vietnam, wo er 1942 Mönch geworden war und 1964 den Tiep-Hienh-Orden gegründet hatte. Mir war nicht bewußt gewesen, daß der Rinzai-Zen, der sich von China aus nach Osten, nach Korea und Japan entwickelt hatte und von da in die Vereinigten Staaten gelangt war, auch in Südostasien praktiziert wurde, wo jahrhundertelang der Theravāda-Buddhismus die Vorherrschaft innegehabt hatte.

Als die Tage ihren Lauf nahmen, der Regen aufhörte und die Konzentration zunahm, kam und ging der warme Ton Thich Nhat Hanhs, gleich einer wunderbar sanften Stimme, die fern aus den geheimnisvollen Magazinen einer riesigen Bibliothek erklang. Zeitweilig schien der ganze braun gewandete Mensch zu strahlen, als wären er, der sonnendurchstrahlte Wandschirm, das Licht der Berge alle eins geworden. »Wir müssen ein bißchen achtsam sein, um den Mond nur zu bemerken, aber die volle Intensität und Schönheit unseres Lebens können wir erst schätzen, wenn wir in jedem Augenblick achtsam sind.«

JOANNA MACY

❦ Welt als Liebster, Welt als Selbst

Unser Planet steckt in Schwierigkeiten. Man kann nirgendwo mehr hingehen, ohne mit der Verwundung unserer Welt konfrontiert zu werden, zu erleben, wie das Gewebe des Lebens selbst zerreißt. Ich komme eben aus Deutschland zurück, wo ich in den fünfziger Jahren inmitten der klaren Gewässer, sattgrünen Felder und Wälder Bayerns gelebt habe. Jetzt gibt es dort etwas, das sie »Waldsterben« nennen, und man schätzt, daß die Gifte aus Industrie und Automobilverkehr den Schwarzwald bereits zu 50% haben absterben lassen.

Südlich des Schwarzwaldes entspringt der Rhein, der dann durch Basel fließt, Europa durchquert und in die Nordsee mündet. Im Jahre 1986 wurden im Verlauf eines Großfeuers im Chemiewerk Sandoz in Basel 30000 Tonnen Quecksilber und Dioxin bildende Chemikalien in diese einst wichtige Lebensader Europas gespült. Millionen Fische trieben mit dem Bauch nach oben im Fluß, und sogar der Tod vieler Seehunde in der weit entfernten Nordsee wurde noch auf den Unfall zurückgeführt. Entlang des majestätischen Flusses hielt man Requiems ab. Auf seinen vielen Brücken versammelten sich Menschen, schlugen auf Töpfe, Pfannen und alles, was Lärm machte, und schrien: »Der Rhein ist tot!«

Jetzt war ich also wieder nach Deutschland gekommen, um südlich des Schwarzwaldes, nahe der Rheinquelle, einen Workshop zu leiten. Zusammen wollten wir die inneren Ressourcen erforschen, die man braucht, um in der heutigen Welt aktiv zu werden. Wegen der im April und Mai des Jahres 1986 vorherrschenden Winde war die Ecke Europas, in der wir uns trafen, mit am schwersten vom radioaktiven Niederschlag aus der Reaktorkatastrophe in Tschernobyl betroffen. Während des Workshops packte ein Teilnehmer einen Laib Brot aus und sagte beinahe ehrfürchtig: »Dies Brot wurde aus Weizen der Ernte vor Tschernobyl gebacken! Wir können es unbesorgt essen.«

Wie entgehen wir angesichts dessen, was geschieht, dem Gefühl der Überforderung oder dem Wunsch, einfach aufgeben zu wollen und uns ganz den unzähligen Ablenkungen und Ansprüchen unserer Konsumgesellschaft zuzuwenden?

Es kommt ganz entschieden darauf an, unsere inneren Qualitäten und Begabungen zu entwickeln. Wir müssen lernen, die Dinge so zu sehen, wie sie sind, so schmerzlich und entmutigend das auch sein mag. Denn Heilung kann erst beginnen, wenn wir in unserer Welt völlig präsent sind, wenn wir gelernt haben, unseren Blick nicht abzuwenden.

Offensichtlich sind die Probleme nicht nur auf Deutschland beschränkt. Zwei Wochen vor meiner Heimkehr leitete ich einen ähnlichen Workshop in einem neugotischen Schloß im englischen Lake District. Wir waren nur 15 Minuten entfernt von Barrow, der Werftenstadt an der irischen See, wo die neuen britischen Trident-Unterseeboote mit einer erschreckenden Menge an Atomsprengköpfen gebaut worden waren. Und eine halbe Stunde die Küste aufwärts verwandelt der dreckigste Atomreaktor, der je gebaut wurde, Sellafield, die irische See in eines der radioaktiv am stärksten verseuchten Gewässer der Welt. Gerade auf der Suche nach den inneren Mitteln der Auseinandersetzung mit einer solchen Welt, empfanden wir die Tragödien besonders tief. Wie die giftigen Winde aus Tschernobyl und das täglich in die irische See gepumpte Plutonium beweisen, halten ökologische Katastrophen sich nicht an Territorien, und die Gefahren, die uns heute bedrohen, kennen keine politischen Grenzen.

Unter den inneren Qualitäten, die wir brauchen, um handlungsfähig und bei Sinnen zu bleiben, gibt es etwas, das die Deutschen »Weltbild« nennen – die Art und Weise, wie wir unsere Welt und unsere Beziehung zu ihr sehen. Lassen Sie uns einmal gemeinsam über unsere Haltung der Welt gegenüber nachdenken und nach Sichtweisen suchen, die uns die Kraft zum Handeln geben können.

Mit »unsere Welt« meine ich den Ort, an dem wir uns befinden, den Schauplatz, auf dem unser Leben sich abspielt. Diese Welt sendet uns Notsignale, und zwar so beständig, daß sie beinahe schon normal geworden sind. Wir wissen um den Verlust des Ackerbodens und die Ausbreitung des Hungers, um das Gift in unserer Atemluft und in unserem Trinkwasser und um das Aussterben vieler Arten; wir wissen auch um die Kernwaffen und um die sogenannten konventionellen Waffen, die in Stellung gebracht und ausgerichtet, jederzeit abschußbereit sind, und wir wissen um die überall auf der Welt dauernd aufflammenden Konflikte. Diese Warnsignale sagen uns, daß wir in einer Welt leben, die vom Untergang bedroht ist, zumindest als Heimat für bewußtes Leben. Ich will nicht sagen, daß unsere Welt untergehen wird, aber sie *kann* untergehen. Allein diese Möglichkeit ändert alles für uns.

Im Laufe der Geschichte haben immer wieder Gruppen das bevorstehende Ende der Welt verkündet, zum Beispiel zur Zeit der ersten Jahrtausendwende oder zur Zeit der Pest in Europa. Diese Erwartungen entstanden in einem bestimmten religiösen Kontext, nämlich dem Glauben an einen gerechten, aber auch zornigen Gott, von dem man erwartete, daß er seine vom rechten Wege abgewichenen Kinder strafen würde. Heute jedoch stellen sich die Prognosen nicht mehr in religiösen Überzeugungen dar, sondern in nüchternen wissenschaftlichen Daten – völlig frei von jeder transzendenten Bedeutungsebene. Ich stelle die beispiellose Neuigkeit unserer Situation deshalb so in den Vordergrund, weil es mir wichtig ist, daß wir vor dem, was wir heute erleben, Ehrfurcht, Respekt und Mitgefühl empfinden. Von einzelnen Ausnahmen abgesehen, hat jede Generation vor der unseren stets in der Annahme gelebt, daß weitere Generationen folgen werden. Diese Annahme – daß das Werk unserer Hände, Köpfe und Herzen in denen weiterleben wird, die nach uns auf derselben Erde und unter demselben Himmel wandeln – ist stets ein integraler

Teil menschlicher Erfahrung gewesen. Seuchen, Kriege und auch der individuelle Tod waren stets eingebunden in diesen größeren Rahmen – die Gewißheit der Kontinuität. Heute haben wir die Gewißheit einer Zukunft verloren. Ich bin überzeugt, daß dieser Verlust, den jeder, gleich welcher politischen Überzeugung, auf irgendeiner Ebene seines Bewußtseins empfindet, die zentrale psychologische Realität unserer Zeit bestimmt.

Die Signale bevorstehenden Unheils drängen uns zum Handeln. Aber so viele Programme, Strategien und Bewegungen wetteifern um unsere Aufmerksamkeit, daß wir uns schnell hilflos und überfordert fühlen. Darum ist es gut, erst einmal innezuhalten und sich zu besinnen. Betrachten wir die Art und Weise, wie wir die Welt sehen und uns ihr gegenüber verhalten, und finden wir heraus, auf welche Weise wir am besten die nötigen inneren Qualitäten freisetzen, um tun zu können, was wir tun müssen. Dies im Sinn behaltend, möchte ich jetzt vier spezielle Wege vorstellen, wie Menschen auf dem spirituellen Pfad die Welt betrachten. Diese Wege gehören keiner speziellen Religion an, sondern lassen sich in den meisten spirituellen Traditionen finden. Diese vier Weltbilder sind: die Welt als Schlachtfeld, die Welt als Falle, die Welt als Geliebte/r, die Welt als Selbst.

Viele Menschen sehen die *Welt als Schlachtfeld*, auf dem Gut und Böse einander gegenüberstehen und die Kräfte des Lichtes mit den Kräften der Finsternis ringen. Diese alte Tradition geht zurück auf die Religion der Zoroastrier und Manichäer. Es handelt sich um ein sehr überzeugendes Weltbild, besonders wenn man sich bedroht fühlt. Es eignet sich gut dazu, den Mut zusammenzunehmen, das Blut in Wallung zu bringen und sich der feurigen Energien von Zorn, Abneigung und Kampfbereitschaft zu bedienen. Auch gewährt es ein starkes Gefühl der Sicherheit. Egal wie der Kampf gerade steht oder welche Taktik man anwendet, man hat das starke Gefühl, für die Sache Gottes zu kämpfen und darum letztlich zu gewinnen. William Irwin Thompson hat dieses Gefühl der Sicherheit und die damit verbundene Selbstgerechtigkeit die »Apartheid des Guten« genannt.

Diese Haltung finden wir in vielen Gegenden unserer heutigen Welt, in Beirut und in Belfast, im persischen Golf und in Südasien, ja selbst in meinem geliebten Sri Lanka, Heimat einer der tolerantesten aller Religionen. Und wir sehen sie in Amerika. Die Fundamentalisten der Gesellschaft beschwören die Selbstgerechtigkeit heiliger Kriege herauf, die – ihrer Meinung nach – zu Armageddon und der zweiten Niederkunft Christi führen müssen. In dieser Abart christlichen Denkens könnte der Atomkrieg zum Katalysator der Endzeitlösung zur Jahrtausendwende werden, die den Auserwählten, die ja überleben werden, endlich ihr gerechtes Erbe, die Erde, zukommen lassen wird – so wird die Bombe zum Instrument für den Willen Gottes.

Eine etwas harmlosere Variante des Schlachtfeld-Weltbildes der Erde lernte ich von meinen Großeltern. Sie sahen die Welt als Klassenzimmer, eine Art moralisches Gymnasium, in dem man verschiedene Lektionen zu lernen und Prüfungen zu bestehen hat, die zeigen, aus welchem Holz man geschnitzt ist, damit man versetzt werden und sich in anderen Bereichen bewähren kann. Ob Klassenzimmer oder Schlachtfeld, die Welt wird letztlich als Bewährungsfeld erlebt, und darin besteht auch schon ihr eigentlicher Wert. Was zählt, sind unsere unsterblichen Seelen, die hier ihrer Prüfung unterzogen werden. Sie sind wichtig, nicht die Welt. Ob Jerry Falwell oder Ayatollah Khomeini, für das eigene Seelenheil ist man bereit zu zerstören.

Wenn Sie das Gefühl haben, unsere Welt habe bereits genug Zerstörung gesehen, dann mag Ihnen diese Sichtweise kaum attraktiv erscheinen. Aber unter den monotheistischen Religionen ist sie weit verbreitet, und sie wirkt äußerst ansteckend. Auch Agnostiker sind für eine gewalttätige Folge-oder-Stirb-Militanz und Selbstgerechtigkeit anfällig. Selbst Anhänger toleranterer, nicht-theistischer Religionen mißbrauchen diese Art des Fundamentalismus, die Überzeugung, man stehe auf seiten des Guten und deshalb seien alle Mittel erlaubt, wenn nicht sogar erforderlich für ihre Zwecke. Ich erwarte nicht, daß viele Leser sich zu einer Verteidigung dieser Sichtweise bemüßigt fühlen, besonders da ich sie auf eine derart überzeichnet voreingenommene Weise darstelle. Aber es ist einfach wichtig, daß wir um ihre Präsenz wissen und ihren Reiz und ihre Hartnäckigkeit kennen.

Wenden wir uns nun der zweiten Sichtweise zu: *Die Welt als Falle*. Hier lautet die Aufgabe des spirituellen Pfades nicht, sich in den Kampf zu stürzen und einen Feind zu besiegen, sondern sich zu befreien und aus der vertrackten Welt zu entkommen. Wir versuchen uns herauszuziehen und zu einer höheren, über die Welt der Phänomene erhabenen Stufe aufzusteigen. Diese Haltung baut auf einer hierarchischen Sicht der Wirklichkeit auf, in der dem Geist ein höherer Stellenwert eingeräumt wird als der Materie und in der die Seele generell über der Natur steht. Diese Sicht fördert die Verachtung alles Materiellen. Alle Religionen der letzten drei Jahrtausende haben Elemente dieser Haltung aufgenommen, gleich welche Lehre sie vertreten.

Viele von uns, die wir einen spirituellen Weg gehen, liebäugeln mit dieser Sichtweise. Im Wunsch, uns einer transzendenten Wirklichkeit zu versichern, die sich deutlich von der als zu materialistisch erlebten Gesellschaft abhebt, siedeln wir sie auf einer allen Verwirrungen und allem Leiden entrückten Ebene jenseits der Welt der Phänomene an. Die Ruhe, die spirituelle Praxis in uns erzeugen kann, so stellen wir uns vor, muß zu einem weit von unserer Welt entfernten Himmel gehören, zu dem wir aufsteigen können, um sichere Gelassenheit zu finden. Hier wird die Sache verzwickt, weil wir, gleichgültig wie fortgeschritten wir auf dem spirituellen Pfad sein mögen, immer noch einen Körper haben, von dem wir abhängig sind. Der Versuch, von etwas wegzukommen, von dem wir abhängig sind, führt zu einer Art Haß-Liebe für dieses Objekt. Diese Haß-Liebe für die Materie durchzieht unsere ganze Kultur und entfacht eine zweifache Begierde – zu zerstören und zu besitzen. Diese beiden Impulse, Begehren und Abneigung, feuern sich in einer Art Teufelskreis gegenseitig an. In den Begriffen der allgemeinen Systemtheorie würde man diesen doppelten Wunsch, zu zerstören und zu besitzen, eine sich verstärkende Rückkoppelungsschleife nennen. Beispielhaft läßt sich das an unseren Rüstungsarsenalen beobachten: Um den Zugang zu den von uns gewünschten Rohmaterialien zu sichern, setzen wir auf Waffen und gefährden damit die Existenz eben dieser Rohstoffe; um das Zerstörungspotential unserer Technologie aufrechtzuerhalten, brauchen wir zunehmende Mengen an Rohmaterial – und diese Spirale wird zu einem sich exponential verstärkenden Teufelskreis.

Viele Menschen auf dem spirituellen Pfad versuchen alle Besitz- oder Zerstörungsimpulse zu transzendieren und legen daher großes Gewicht auf Loslösung. »Laßt uns jegliche Begierde und alle Handlungen, die Begierde entfachen könnten, ablegen.« Natürlich zögern sie mit einer solchen Haltung auch, sich auf die oft chaotische Arbeit für soziale Veränderungen einzulassen. Einige meiner buddhistischen Mitbrüder und Mitschwestern scheinen Befreiung als Distanz von der Welt und Gleichgültigkeit gegenüber ihrem Schicksal zu verstehen. Sie vergessen, daß der Buddha Befreiung vom Ich gelehrt hat, nicht Distanz von der Welt. Tatsächlich mißtraute der Buddha sogar denjenigen, die versuchten, sich vom Bereich der Materie abzusondern. Einmal verglich der Buddha Yogis, die das Fleisch abtöteten, um den Geist zu befreien, mit einem Hund, der mit einem Seil an einen Pflock im Boden gebunden ist. Je härter sie versuchten, sich von ihrem Körper zu befreien, desto mehr bewegten sie sich im Kreis und um so enger wickelten sie sich um den Pflock.

Aber selbst wenn man die Welt als Falle sieht und strikt zwischen der Befreiung des Selbst und der Veränderung der Gesellschaft trennt, kann man natürlich immer noch den mitfühlenden Impuls empfinden, den leidenden Wesen helfen zu wollen. In diesem Fall sieht man das Persönliche und das Politische tendenziell in einer ganz bestimmten Reihenfolge. »Zuerst muß ich Erleuchtung erlangen, dann kommt das gesellschaftliche Handeln.« Menschen, die keine spirituellen Ziele verfolgen, drücken es anders aus: »Zuerst muß ich mit mir selbst ins reine kommen, muß ich mich einer Psychoanalyse unterziehen, muß ich meine Hemmungen oder Neurosen oder Schwächen (wie immer man

152

Samsara beschreiben will) überwinden, *dann* stürze ich mich ins Kampfgetümmel.« In der Annahme, daß zwischen der Welt und dem Selbst ein grundsätzlicher Unterschied bestünde, glauben sie zuerst das eine und dann das andere heilen zu können. Diese Haltung vermittelt den Eindruck, das menschliche Bewußtsein halte sich in einem neutralen Raum, einer Art Umkleidekabine auf, wo es von der kollektiven Gesamtsituation isoliert ist, und wenn es dann ausgerüstet und bereit ist, stürmt es endlich aufs Spielfeld.

Nach meiner Erfahrung spielt bei unserer Befreiung die Welt selbst eine nicht unwichtige Rolle. Ihre Belastungen, Schmerzen und Risiken können uns aufwecken. Sie können uns von den Fesseln des Ich befreien und uns zu unserer weiten, wahren Natur heimführen. Einige von uns lieben die Welt so leidenschaftlich, daß wir sie nicht warten lassen können, bis wir endlich erleuchtet sind.

Wollen wir also über die dritte Sichtweise sprechen: *Die Welt als Geliebte/r*. Hier wird die Welt nicht als Bühne für unsere moralischen Kriege oder als Gefängnis, dem wir entfliehen müssen, erlebt, sondern als Partner, mit dem uns eine innige und erfüllte Beziehung verbindet. Einige der schönsten Ausdrucksformen unserer erotischen Beziehung zur Welt finden wir im Hinduismus. Die frühen Hymnen der Veden setzen die ersten Regungen des Lebens mit den ersten Impulsen von *Eros* gleich. Am Anfang war Prajāpati, das Heilige, das Selbstexistierende. Aus Einsamkeit erschuf es die Welt, indem es sich teilte, um mit sich selbst zu kopulieren. Schwanger von seiner eigenen inneren Schwingung und Fülle, gebar es alle Phänomene – aus Begierde. Das Begehren spielt hier also eine kreative, weltschöpferische Rolle, die auch in die Krishna-Verehrung hineinspielt, wo Lieder der Hingabe (*bhajans*), inspiriert von der erotischen Sehnsucht von Körper und Seele, eine große Rolle spielen. Krishna weckt dieses Verlangen, um seinen Anhängern die Glückseligkeit der Vereinigung mit dem Göttlichen zuteil werden zu lassen. Man singt von der Sehnsucht nach dem Funkeln seiner Augen, der

Berührung seiner Lippen, der blauen Farbe seiner Haut – die den erfrischenden und Fruchtbarkeit spendenden Gewitterwolken des Monsuns gleicht –, und die ganze Welt erstrahlt in Seiner Schönheit und der Süße Seines Fleisches. Man fühlt sich eingehüllt vom ursprünglich erotischen Spiel des Lebens.

Eine erotisch gefärbte Dimension der Welt der Phänomene findet sich nicht allein im Hinduismus, sondern auch in alten Göttinnenreligionen, die nun (endlich!) untersucht werden, ebenso in bestimmten Richtungen des Sufismus und der Kabbala sowie in der Brautmystik des Christentums. Wir begegnen ihr auch außerhalb jeder religiösen Metaphorik. Eine befreundete Dichterin wurde durch eine Phase sehr schwerer persönlicher Verluste in einen Zustand extremer Einsamkeit geschleudert. Nachdem sie einen Nervenzusammenbruch erlitten hatte, zog sie nach New York und lebte dort allein. Monatelang durchstreifte sie die Straßen, bis sie ihre Ganzheit wiederfand. Ein Satz von ihr geht mir ständig im Kopf herum: »Ich lernte mich in der Welt zu bewegen, als sei sie mein Geliebter.«

Ein weiterer Abendländer, der die Welt als Geliebte sieht, ist der italienische Erzähler Italo Calvino. In seinem kleinen Büchlein *Cosmicomics* beschreibt er die Evolution des Lebens aus der Sicht eines Zeugen, der von Anfang an – sogar noch vor dem Urknall – dabei war. Das Kapitel, aus dem ich zitieren möchte, beginnt mit einem Satz aus der Wissenschaft: »Durch die von Edwin P. Hubble angestellten Berechnungen über die Geschwindigkeit, mit welcher die Galaxien sich voneinander entfernen, kann man den Moment bestimmen, in dem die gesamte Materie des Universums in einem einzigen Punkt konzentriert war, ehe sie sich in den Raum auszubreiten begann.«

»Natürlich waren wir alle dort«, beginnt Calvinos Erzähler, der uralte Qfwfq, »wo denn sonst?... Wir waren alle dort..., zusammengedrängt wie Ölsardinen... Anders als es euch scheinen mag, war das jedoch keine geselligkeitsfördernde Situation...« Unter den gegebenen Umständen waren Irritationen nahezu unvermeidlich. Denn zusätzlich zu den ganzen Leuten »kam noch das

Zeug, das wir da alles zusammenhalten mußten: das ganze Material, das dann später zur Bildung des Universums dienen sollte, zerlegt und zusammengepfercht in einer Weise, daß man nicht unterscheiden konnte, was später einmal zur Astronomie gehören würde (wie der Andromeda-Nebel), was zur Geographie (beispielsweise die Vogesen) und was zur Chemie (wie bestimmte Beryllium-Isotopen). Obendrein stieß man sich dauernd am Haushaltskram der Familie Z'zu, an Feldbetten, Matratzen, Körben...«

Es gab also, was nicht verwundert, genug Anlaß zu Beschwerden und Gerüchte, niemals jedoch im Zusammenhang mit Signora Pavacini. (Da ihr Name wie die meisten Namen in der Geschichte keine Vokale enthält und daher unaussprechlich ist, habe ich ihr den Namen Signora Pavacini gegeben.) Unser Erzähler erinnert sich mit großer Glückseligkeit an »Signora Pavacini, ihren Busen, ihre Hüften, ihren orangefarbenen Morgenrock.«

> »Daß sie mit ihrem Freund, dem Herrn De XuaueauX, ins Bett ging, war bekannt. Aber in einem Punkt, wenn da ein Bett ist, besetzt es den ganzen Raum, und folglich handelt es sich nicht darum, ins Bett zu gehen, sondern darin zu sein, denn jeder, der in dem Punkt ist, ist auch im Bett. Infolgedessen war es unvermeidlich, daß sie auch mit jedem von uns im Bett war. Wäre sie eine andere gewesen, wer weiß, was man ihr alles nachgesagt hätte.«

In dieser Weise hätte die Angelegenheit unendlich weitergehen können, wenn nicht etwas Außergewöhnliches geschehen wäre. Signora Pavacini hatte eine Idee: »Kinder, wenn ich ein bißchen Platz hätte, wie gern würde ich euch jetzt Nudeln kochen!« An dieser Stelle möchte ich das weitere Geschehen in Ausschnitten zitieren. Besonders möchte ich den Satz vorstellen, mit dem Calvino dieses Kapitel beschließt. Es ist mein Lieblingssatz unter den längsten Sätzen der Weltliteratur:

> Und im selben Augenblick dachten wir alle an den Platz, den ihre runden Arme einnehmen würden, wenn sie sich vor- und zurückbewegten mit dem Nudelholz auf dem Teig, ihr Busen, wenn er sich über den

großen Haufen von Mehl und Eiern auf dem breiten Nudelbrett senkte, während ihre Arme walkten und kneteten, weiß und ölbeschmiert bis über die Ellenbogen; wir dachten an den Raum, den das Mehl einnehmen würde, und das Korn zur Erzeugung des Mehls, und die Felder zum Anbau des Korns, und die Berge, aus denen das Wasser zur Bewässerung der Felder kommen würde ...; an den Raum, den die Sonne brauchen würde, um ihre Strahlen herabzusenden und das Korn reifen zu lassen; an den Raum, den die Sonne brauchen würde, um sich aus den interstellaren Gaswolken zu verdichten und zu brennen; an die Unmenge der in den Raum auseinanderstiebenden Sterne und Galaxien und Galaxienhaufen, die nötig sein würde, um jede einzelne Galaxie, jede Milchstraße, jede Sonne, jeden Planeten in der Schwebe zu halten; und in derselben Zeit, in der wir ihn dachten, bildete sich dieser Raum unaufhaltsam, in derselben Zeit, in der Signora Pavacini die Worte »... ja, Kinder, Nudeln!« sprach, expandierte der Punkt, der sie und uns alle enthielt, explodierte in einem Strahlenkranz mit der Weite von Lichtjahren, Lichtjahrhunderten, Lichtjahrtausenden und Lichtjahrmilliarden, und wir wurden hinausgeschleudert in die vier Ecken des Universums ..., und sie wurde aufgelöst in ich weiß nicht was für eine Art von Wärme-Licht-Energie, sie, die Signora Pavacini, die inmitten der Enge unserer kleinlichen Welt zu einem so großen Aufschwung fähig gewesen war, zu jenem ersten: »Kinder, was ich euch für Nudeln vorsetzen würde!«, ein wahrhaft allumfassender Liebesaufschwung, der im selben Moment den Begriff des Raumes erzeugte, den Raum selbst und die Zeit und die universale Gravitation und das gravitierende Universum, ein Aufschwung, der Milliarden Milliarden von Sonnen ermöglichte, und von Planeten und von Kornfeldern und, verstreut über die Kontinente der Planeten, von Signoras Pavacini, die Nudelteig kneteten mit ihren ölglänzenden, großzügig mit Mehl beschmierten Armen, und seit jenem Moment ist sie verloren, und wir trauern ihr nach.[1]

Aber ist sie tatsächlich verloren? Oder ist sie nicht gleichermaßen gegenwärtig in jedem Augenblick, ihr Liebesaufschwung verkörpert in jeder Entfaltung dieser erstaunlichen Welt? Ob wir

1 Italo Calvino, Auf den Spuren der Galaxien, Cosmocomics, dtv, München, 1992, S.13

sie als Krishna oder Signora Pavacini sehen, diese neckende, liebevolle Präsenz ist in den Monsunwolken und dem Pfauenschrei, der sie ankündigt, ebenso enthalten wie in einem Teller guter Nudeln. Denn wenn man die Welt als Geliebte sieht, kann jedes Wesen, jedes Phänomen – vorausgesetzt man hat einen klugen, unterscheidungsfähigen Blick – ein Ausdruck des immerwährenden erotischen Impulses sein. Eben jetzt nimmt er in jedem von uns Gestalt an und ebenso in allem, was uns begegnet – dem Busfahrer, dem Portier am Empfang, dem springenden Eichhörnchen. Wenn wir in jeder Lebensform den Geliebten suchen, finden wir uns im Tanz von *rasa-lila*, dem süßen Spiel, in dem jedes der Milchmädchen mit Verlangen nach Krischna ihn auf wunderbare Weise an seiner Seite findet, als ihren Partner im Tanz. Der eine Liebhaber ist viele geworden, und die Welt selbst ist seine Geliebte.

Da wir, wie Calvino uns erinnert, am Anfang ja ohnehin »alle in einem Punkt zusammen waren«, können wir auch leicht *die Welt als Selbst* erleben. So wie sich Liebende nach Vereinigung sehnen, neigen auch wir dazu, sobald wir uns in die Welt verlieben, mit ihr eins zu werden. Die Sehnsucht nach dieser Einheit entspringt einem tiefen Wissen, dem die Mystiker aller Traditionen Worte geben. Als er einen Samen aufbricht und den inneren lebenspendenden Kern zum Vorschein bringt, sagt der Weise der Upanishaden zu seinem Schüler: »*Tat tvam asi* – Das bist du.« Der Baum, der aus dem Samen wächst, das bist du; das fließende Wasser, das bist du; die Sonne am Himmel, das bist du; und alles, was ist, das bist du.

»In uns ist ein Geheimnisvoller«, sagt Kabir, »durch seine Hände gleiten die Planeten aller Galaxien gleich Perlen.« Die Mystiker der westlichen Traditionen haben eher über das Verschmelzen des Selbst mit Gott statt mit der Welt gesprochen, aber die Bedeutung ist häufig dieselbe. Hildegard von Bingen drückte ihre Einheitserfahrung mit dem Göttlichen in folgenden Worten aus: »Ich bin der Windhauch, der alles Grüne nährt ... Auch bin ich der Tauregen, der das Gras aufjauchzen läßt vor Freude am Leben.«

In Zeiten wie dieser, wo in unserer Kultur die tatsächliche Welt für weniger real und lebendig gehalten wird als die Ideen in unseren Köpfen, greift der mystische Impuls weiter hinaus und sucht Vereinigung mit einer transzendenten Gottheit. Aber sind die Fesseln eines begrenzenden Ich erst gefallen, kennt die flammende Einheit keinerlei Grenzen mehr und umfaßt auch die gewöhnlichsten Phänomene. Das Herz des Individuums wird eins mit der Welt und findet dafür die Bilder vom Kreis und vom Netz. Nikolaus von Kues, Kardinal im 15. Jahrhundert, definierte Gott als unendlichen Kreis, dessen Peripherie nirgendwo und dessen Zentrum überall ist. Dieses Zentrum, dieses eine Selbst, ist in Ihnen und in mir und im Baum draußen vor der Tür. Auch das Juwelennetz des Indra, eine Vision der Wirklichkeit, die sich mit dem Hua-yen-Buddhismus entwickelt hat, zeigt eine Welt, in der jedes Wesen, jedes Juwel an jedem Knoten des Netzes, von sämtlichen anderen bestrahlt und reflektiert wird. Als Teil dieser Welt enthalten wir die Welt als Ganzes.

Heute kommt diese Sicht auch in den Wissenschaften zum Tragen. Ludwig von Bertalanffy, Biologe und Gründer der allgemeinen Systemtheorie, weist nach, daß alle selbst-organisierenden Systeme von der in den übergeordneten Systemen unseres Universums wirksamen Dynamik erzeugt und unterhalten werden. Das Teil enthält das Ganze, sagt er, und bedankt sich ausdrücklich bei Nikolaus von Kues. Der Systemtheoretiker Gregory Bateson beschreibt offene kognitive Systeme, wie unseren Geist, als reinen Durchfluß von Information, in dem ein separates Selbst nicht eingrenzbar ist. Bewußtsein, so sagt er, ist der Natur immanent und geht weit über die winzige Spanne unserer bewußten Absichten hinaus.

Die Art und Weise, in der wir das Selbst eingrenzen und definieren, ist völlig willkürlich. Wir können es zwischen unsere Ohren setzen und durch unsere Augen schauen lassen, wir können es ebensogut auf die Luft ausweiten, die wir atmen, oder sogar die unseren Sauerstoff liefernden Bäume und das Plankton – unsere externen Lungen – mit einbeziehen und schließlich das ganze Netz des Lebens, das sie alle erhält.

Ich habe immer geglaubt, meine Haut sei meine äußere Grenze; alles innerhalb der Haut sei ich und alles außerhalb nicht. Jetzt aber haben Sie diese Worte gelesen, und die durch sie vermittelten Konzepte haben Ihr Bewußtsein erreicht, »der Prozeß«, der mich ausmacht, schließt jetzt auch Sie mit ein. Wo begann dieser Prozeß überhaupt? Ich kann ihn sicher zu meinen Lehrerinnen und Lehrern zurückverfolgen, von denen ich einigen nicht einmal persönlich begegnet bin, und auch zu meinem Mann und meinen Kindern, die mir den Mut und die Unterstützung geben, die ich für meine Arbeit brauche, und schließlich zu den Tier- und Pflanzenwesen, die meinem Körper Nahrung geben. Die Systemtheoretiker haben mir gezeigt, was ich bin: ein »Durchfluß«. Ich bin ein Durchfluß von Materie, Energie und Information, der sich durch meine eigenen Erfahrungen und Absichten immer wieder verändert. Die Systemtheorie versucht die Prinzipien zu definieren, nach denen diese Veränderungen im Fluß stattfinden, nicht jedoch den Stoff selbst, der da fließt, denn das wäre, in letzter Konsequenz, ein metaphysisches Unterfangen. Die Systemtheoretiker Kenneth und Elise Boulding schlagen vor, diesen Stoff einfach *agape* zu nennen – ein griechisches Wort für »Liebe«, das auch im frühen Christentum noch eine große Rolle spielte.

Der systemtheoretische Ansatz ist die Basis für eine geschwinde Entwicklung der wissenschaftlichen Ökologie, und seine Bedeutung für unsere Beziehung zur Welt kommt am klarsten in der Denkrichtung zum Ausdruck, die sich »Tiefenökologie« nennt. Diesen Begriff hat Mitte der siebziger Jahre der norwegische Philosoph und Bergsteiger Arne Naess geprägt, als Gegenstück zu einer Umweltbewegung, die das Selbst immer noch von der Welt trennt. Umweltschutzanstrengungen, die sich auf die Reinigung des Hudson River oder der Bucht von San Francisco zum Wohle unserer eigenen Spezies konzentrieren, sind nicht mehr angemessen. Sie tendieren zu kurzfristigen technologischen Reparaturen, Heftpflasterlösungen für ökologische Probleme, weil sie nicht an die Quelle der Probleme gehen – unsere Haltung in bezug zur Welt. Was unsere Welt letztlich zerstört, ist die hartnäckige Überzeugung, wir seien von ihr unabhängig, ständen über anderen Lebensformen und seien immun gegen die Folgen unseres Tuns. Unser Überleben, sagt Naess, erfordert einen Wertewandel zu umfassenderen Vorstellungen unseres Selbst.

Um die Welt als ein erweitertes Selbst und seine Geschichte als unsere eigene Geschichte zu erfahren, müssen wir nicht unsere Individualität aufgeben. »Meine« Leber, Beine und Lungen sind – Gott sei Dank – völlig voneinander verschieden, und jedes Organ spielt seine ganz spezifische Rolle. Das größere Selbst, so entdecken wir heute, ist keine undifferenzierte Einheit. Die Erkenntnis dieser Tatsache könnte der dritte Akt der vor langer Zeit begonnenen Entfaltung des Bewußtseins werden, wie der dritte Satz einer Symphonie.

Im ersten Akt, den Kindertagen unserer Spezies, fühlten wir uns von unserer natürlichen Umwelt nicht getrennt. Bäume, Felsen und Pflanzen umgaben uns mit einer lebendigen Präsenz, so intim und pulsierend wie unser eigener Körper. In dieser ursprünglichen Intimität, von Anthropologen »participation mystique« genannt, lebten wir in Einheit mit unserer Welt wie ein Kind im Mutterleib.

Dann entstand das Selbstbewußtsein und mit ihm die Distanz zu unserer Welt. Wir brauchten diese Distanz, um Entscheidungen zu treffen und Strategien zu entwickeln, um zu messen, zu urteilen und unsere Urteile zu überwachen. Mit Entstehen des freien Willens, der Vertreibung aus dem Garten Eden, begann der zweite Akt – die lange, heldenhafte Reise des Ich. Aus Sehnsucht nach einem neuen Gefühl der Ganzheit tendieren einige heute dazu, auf die Bewegung der Trennung von der Natur herabzublicken, aber sie hat uns viel gebracht, wofür wir dankbar sein können. Der distanzierte, beobachtende Blick hat uns die Werkzeuge der Wissenschaft gegeben und eine unschätzbare Einsicht in die gewaltige, geordnete Komplexität unserer Welt. Die Erkenntnis unserer Individualität hat uns die Justiz und die Menschenrechte gegeben.

Nun haben wir die Ernte eingebracht und sind zur Umkehr

bereit. Der dritte Akt beginnt. Nachdem wir Distanz und Verfeinerung der Wahrnehmung gewonnen haben, können wir nun zurückblicken und erkennen, wer wir stets gewesen sind. Jetzt kann es uns dämmern: Wir sind die Welt, die sich selbst erkennt. Nun können wir unser Getrenntsein aufgeben. Wir können wieder heimkehren und an unserer Welt auf reichere, verantwortlichere und viel schönere Art teilnehmen als früher, in unserer Kindheit.

Wegen der Reise, die wir einst unternommen haben, um uns von unserer Welt zu distanzieren, ist sie jetzt nicht mehr von uns verschieden. Sie kann uns jetzt sowohl als Selbst als auch als Geliebte/er erscheinen. Wenn wir uns mit unserem ganzen Sein auf die Welt einlassen, können wir die Qualitäten beider Sichtweisen genießen. Mir fällt ein Gedicht von Thich Nhat Hanh ein, »Der alte Bettelmönch«, in dem er die lange, wundersame Reise der Evolution heraufbeschwört, die wir alle gemeinsam gemacht haben und die so untrennbar ein Teil von uns ist wie unser eigenes Selbst. Gleichzeitig ist es ein Liebeslied. Lesen Sie diese Zeilen, als wären sie an Sie persönlich gerichtet:

> Als Fels, als Gas, als Dunst, als Geist,
> als die mit Lichtgeschwindigkeit durch
> Galaxien reisenden Mesonen
> bist du hierher gekommen, mein Geliebter ...
> In Bäume, in Gras, in Schmetterlinge, in Einzeller
> und in Chrysanthemen
> hast du dich im Lauf der Zeit verwandelt.
> Doch der Ausdruck deiner Augen heute morgen
> sagt mir, daß du nie gestorben bist.

Wir alle haben diese lange Reise hinter uns und kommen nun, durch sie bereichert, heim zu unserer Zugehörigkeit zu allem. Wir kehren zurück, um wie nie zuvor zu erfahren, daß wir beides sind: das Selbst unserer Welt und gleichzeitig auch ihr fürsorglicher Liebhaber. Wir sind nicht dazu verdammt, unsere Welt durch die

Begierden des entfremdeten Ich und der von ihm erschaffenen Technologien zu zerstören. Wir können zu dem erwachen, der wir wirklich sind, um dann die Wasser des Rheins wieder sauber fließen und grüne Bäume an seinen Ufern wachsen zu lassen.

THICH NHAT HANH

🪷 Die Sonne mein Herz

Kurz nachdem ich Vietnam verlassen mußte, hatte ich einen ständig wiederkehrenden Traum: Ich war ein kleiner Junge, lächelnd und zufrieden in meinem eigenen Land, unter meinen eigenen Leuten, und es herrschte Frieden. Ich stand am Fuße eines schönen Hügels voller Blumen und Bäume, und oben auf dem Hügel war ein kleines Haus. Jedesmal jedoch, wenn ich den Hügel erklimmen wollte, stieß ich auf Hindernisse und wachte auf.

Der Traum kam sehr oft. Ich fuhr fort, meine Arbeit zu tun und Achtsamkeit zu üben, versuchte die schönen Bäume, Menschen, Blumen und den Sonnenschein Europas und Nordamerikas zu genießen. Ich betrachtete all diese Dinge sehr bewußt, und ich spielte mit Kindern unter Bäumen, genauso wie ich es in Vietnam getan hatte. Nach etwa einem Jahr hörte der Traum schließlich auf. Samen der Akzeptanz und der Freude waren in mir aufgegangen, und ich begann auch in Europa, Amerika und verschiedenen asiatischen Ländern meine Heimat zu sehen. Ich erkannte, daß meine Heimat die Erde ist. Wann immer ich Heimweh nach Vietnam hatte, ging ich in einen Hinterhof oder einen Park und fand einen Ort, an dem ich unter Bäumen Atmen, Gehen und Lächeln üben konnte.

Einige Städte jedoch hatten selbst damals schon sehr wenig Bäume. Ich kann mir vorstellen, daß es eines nicht allzu fernen Tages Städte ganz ohne Bäume geben wird. Stellen Sie sich eine Stadt vor, in der es nur noch einen einzigen Baum gibt. Ihre Bewohner leiden unter geistigen Störungen, weil sie der Natur so entfremdet sind. Ein Arzt jedoch entdeckt den Grund für ihre Krankheit und verordnet jedem, der ihn konsultiert, folgende Behandlung: »Sie sind krank, weil Sie von Mutter Natur getrennt sind. Fahren Sie jeden Morgen mit dem Bus zum Baum im Zentrum der Stadt, und umarmen Sie ihn fünfzehn Minuten lang. Betrachten Sie ihn und riechen Sie den Duft seiner Rinde.«

Wenn der Patient drei Monate diese Verordnung seines Arztes befolgt, fühlt er sich schon viel besser. Aber weil so viele Menschen unter derselben Krankheit leiden, und der Arzt stets dieselbe Behandlung verordnet, wird nach kurzer Zeit die Schlange der Menschen, die darauf warten, den Baum endlich auch umarmen zu dürfen, immer länger. Schließlich ist sie über einen Kilometer lang, und die Leute beginnen, ungeduldig zu werden. Weil fünfzehn Minuten nun zu lang sind, beschließt die Stadtverwaltung, daß jeder nur noch maximal fünf Minuten den Baum umarmen darf. Dann muß der Zeitraum auf eine Minute reduziert werden, und schließlich gibt es für die Krankheit überhaupt keine Heilung mehr.

Wenn wir nicht aufpassen, könnten wir uns bald in dieser Situation befinden. Wir müssen uns bewußtmachen, daß unser Körper mehr ist als das, was von unserer Haut umschlossen ist. Unser Körper ist sehr viel größer. Wir wissen zwar, daß unser Leben zu Ende ist, sobald unser Herz zu schlagen aufhört, aber wir nehmen uns nicht die Zeit zu erkennen, daß es viele Dinge außerhalb unseres Körpers gibt, die ebenso wesentlich für unser Überleben sind. Wenn die Ozonschicht um unsere Erde auch nur für einen Augenblick verschwinden würde, müßten wir sterben. Würde die Sonne aufhören zu scheinen, wäre der Strom unseres Lebens beendet. Die Sonne ist unser zweites Herz, ein Herz außerhalb unseres Körpers. Sie spendet allem Leben auf der Erde die lebensnotwendige Wärme. Pflanzen verdanken ihr Leben der Sonne. Ihre Blätter absorbieren die Sonnenenergie, um aus ihr, in Verbindung mit dem Kohlendioxyd der Luft, Nahrung für die Pflanze zu produzieren. Und dank der Pflanzen können wir und andere Wesen leben. Wir alle – Menschen, Tiere, Pflanzen und Mineralien – »konsumieren« die Sonne direkt oder indirekt. Niemals können wir alle Wirkungen der Sonne, dieses großen Herzens außerhalb unseres Körpers, beschreiben.

Wenn wir grünes Gemüse betrachten, sollte uns bewußt sein, daß es das Grün der Sonne ist und nicht nur das des Gemüses. Das Gemüse verdankt die grüne Farbe seiner Blätter der Sonne. Ohne Sonne könnte kein Lebewesen überleben. Ohne Sonne, Wasser, Luft und Boden, gäbe es kein Gemüse. Gemüse ist das Zusammenkommen vieler Bedingungen, naher wie ferner.

Im ganzen Universum gibt es nicht ein Phänomen, das uns nicht ganz persönlich betreffen würde – von einem Kieselstein am Grund des Ozeans bis zur Bewegung einer Galaxie Millionen von Lichtjahren entfernt. Walt Whitman hat gesagt: »Ich glaube, ein Grashalm ist um nichts unbedeutender als die Bewegung der Sterne...« Das sind keine philosophischen Worte. Sie kommen aus der Tiefe seiner Seele. Er hat auch gesagt: »Ich bin so groß, daß ich Massen enthalte.«

Man könnte dies eine Meditation über »endlos verwobenes Intersein« nennen. Alle Phänomene sind voneinander abhängig. Wenn wir an ein Staubkorn, eine Blume oder an einen Menschen denken, kann sich unser Denken nicht von der Vorstellung einer Einheit, von der Eins, vom Zählen lösen. Zwischen Eins und Viele, Eins und Nicht-Eins nehmen wir eine Trennungslinie wahr. Wenn wir die wechselseitig abhängige Natur des Staubs, der Blume und des Menschen jedoch wirklich erkennen, begreifen wir, daß Einheit ohne Vielfalt nicht möglich ist. Einheit und Vielfalt durchdringen sich gegenseitig unbehindert. Einheit ist Vielfalt, Vielfalt ist Einheit. Das ist das Prinzip des Interseins.

Wenn Sie Bergsteiger sind oder das Land und die Wälder lieben, wissen Sie, daß die Wälder unsere Lungen außerhalb unseres Körpers sind. Trotzdem haben wir es zugelassen, daß durch unser Handeln Millionen Quadratkilometer Landes gerodet und die Luft, die Flüsse und Teile der Ozonschicht vergiftet worden sind. Eingesperrt in unser kleines Selbst, sorgen wir uns ausschließlich um bequeme Umstände für dieses kleine Selbst, während wir gleichzeitig unserem großen Selbst Gewalt antun. Wenn wir die Situation ändern wollen, müssen wir damit anfangen, unser wahres Selbst zu sein. Unser wahres Selbst zu sein bedeutet, der Wald, der Fluß und die Ozonschicht zu sein. Wenn wir uns selbst als Wald visualisieren, erleben wir die Hoffnungen und Ängste der Bäume. Tun wir das nicht, werden die Wälder sterben, und wir verlieren unsere Chance auf Frieden. Wenn wir verstehen, daß wir unauflöslich mit den Bäumen verbunden sind, begreifen wir auch, daß wir sie am Leben erhalten müssen. In den letzten zwanzig Jahren ist durch unsere Autos und Fabriken der saure Regen entstanden, der bereits viele Bäume vernichtet hat. Weil wir zutiefst mit den Bäumen verbunden sind, wissen wir, daß, wenn sie nicht überleben, auch wir sehr bald verschwunden sein werden.

Wir Menschen halten uns für schlau, aber eine Orchidee zum Beispiel versteht es, edle, symmetrische Blütenblätter hervorzubringen, und eine Schnecke kann ein schönes, wohlproportioniertes Haus bauen. Verglichen mit ihrem Wissen ist das unsrige nicht viel wert. Wir sollten uns tief vor der Orchidee und der Schnecke verneigen und unsere Hände in Ehrfurcht vor dem Schmetterling und dem Magnolienbaum zusammenlegen. Das Gefühl der Achtung allen Spezies gegenüber wird uns helfen, die edelste Natur in uns selbst zu entdecken.

Eine Eiche ist eine Eiche. Das ist alles, was eine Eiche zu tun hat. Wenn eine Eiche weniger ist als eine Eiche, stecken wir alle in Schwierigkeiten. In unseren früheren Leben sind wir Felsen, Wolken und Bäume gewesen – auch eine Eiche. Das hat nichts mit Buddhismus zu tun, das ist wissenschaftlich erwiesen. Wir Menschen sind eine junge Spezies. Wir waren Pflanzen, wir waren Bäume, und jetzt sind wir Menschen geworden. Wir müssen uns unserer vergangenen Existenzen erinnern und demütig sein. Wir können viel von einer Eiche lernen.

Alles Leben ist vergänglich. Wir alle sind Kinder der Erde, und in einiger Zeit wird sie uns wieder in sich aufnehmen. Kontinuierlich gehen wir aus Mutter Erde hervor, werden von ihr genährt und kehren schließlich zu ihr zurück. Und gleich uns werden Pflanzen geboren, leben für eine Weile und werden schließlich wieder zu Erde. Wenn sie verrotten, düngen sie unseren Garten.

Lebendiges Gemüse und verrottendes Gemüse sind Teil ein und derselben Wirklichkeit. Ohne das eine kann das andere nicht sein. In sechs Monaten wird der Kompost wieder zu frischem Gemüse. Pflanzen und Erde verlassen sich aufeinander. Ob die Erde frisch, schön und grün oder wüst und ausgedörrt ist, hängt von den Pflanzen ab.

Und es hängt auch von uns ab. Wie wir auf der Erde gehen, hat großen Einfluß auf die Tiere und Pflanzen. Wir haben bereits so viele Tiere und Pflanzen getötet und ihre Umwelt zerstört. Viele sind schon ausgerottet. Nun bedroht die Umwelt uns. Wir gleichen Schlafwandlern, die nicht wissen, was sie tun und wohin sie gehen. Ob es uns gelingt aufzuwachen, hängt davon ab, ob wir achtsam auf unserer Mutter Erde gehen können. Die Zukunft allen Lebens, einschließlich unseres eigenen, hängt von unseren achtsamen Schritten ab.

Der Gesang der Vögel ist Ausdruck von Freude, Schönheit und Reinheit und weckt in uns Lebendigkeit und Liebe. So viele Lebewesen im Universum lieben uns bedingungslos. Die Bäume, das Wasser, die Luft fordern nichts von uns; sie lieben uns einfach. Obwohl wir ihrer Liebe dringend bedürfen, vernichten wir sie immer weiter. Indem wir die Tiere, die Luft und die Bäume zerstören, vernichten wir uns selbst. Wir müssen lernen, allen Wesen bedingungslose Liebe entgegenzubringen, damit Tiere, Luft, Bäume und Mineralien weiterhin sie selbst sein können.

Unsere Ökologie sollte eine alles umfassende Ökologie sein, eine universale. Unser Bewußtsein ist bereits vergiftet. Fernsehen, Filme und Zeitungen sind für uns und unsere Kinder eine Art Gift. Sie säen Samen der Gewalt und der Furcht in uns und beflecken unser Bewußtsein auf ähnliche Weise, wie wir unsere Umwelt durch Kunstdünger, Kahlschlag und Wasserverschmutzung vergiften. Wir müssen die Ökologie der Erde ebenso beschützen wie die Ökologie unseres Geistes. Denn sonst werden Rücksichtslosigkeit und Gewalt immer mehr Bereiche des Lebens überschwemmen.

Unsere Erde, unsere schöne grüne Erde ist in Gefahr, und wir alle wissen es. Trotzdem benehmen wir uns, als hätte unser tägliches Leben nicht das geringste mit der Situation der Welt zu tun. Wäre die Erde Ihr Körper, würden Sie die vielen Stellen spüren, an denen sie leidet. Viele Menschen wissen um die Leiden der Erde, und ihre Herzen sind erfüllt von Mitgefühl. Sie wissen, was zu tun ist, und sie engagieren sich politisch, sozial und ökologisch, um zu versuchen, die Dinge zu ändern. Nach einer Zeit intensiven Engagements verlieren sie jedoch den Mut, weil es ihnen an Kraft fehlt, ein derartig aktives Leben auszuhalten. Wahre Stärke beruht nicht auf Macht, Geld oder Waffen, sondern auf tiefem inneren Frieden. Wenn wir unseren Alltag verändern – die Art wie wir denken, sprechen und handeln –, verändern wir die Welt. Am besten sorgt man für die Umwelt, wenn man sich um die Umweltschützer kümmert.

Viele buddhistische Lehren helfen uns, unsere Verbundenheit mit unserer Mutter, der Erde, zu begreifen. Eine der tiefgründigsten ist das *Diamant-Sūtra*, das in Form eines Dialogs zwischen Buddha und seinem Schüler Subhuti verfaßt ist. Es beginnt mit der folgenden Frage Subhutis: »Auf was sollen Söhne und Töchter aus gutem Hause, die nach dem höchsten, erfüllten, erwachten Geist streben, sich verlassen, und was sollen sie tun, ihr Denken zu meistern?« Das ist dasselbe, als würde man fragen: »An welche Methoden und Prinzipien sollte ich mich halten, wenn ich mein ganzes Sein dem Schutz des Lebens widmen möchte?«

Buddha antwortet: »Wir müssen unser Bestes tun, um jedem Lebewesen zu helfen, den Ozean des Leidens zu überqueren. Wenn jedoch alle Wesen das Ufer der Befreiung erreicht haben, ist keines ans andere Ufer gelangt. Solange du noch in der Vorstellung eines Selbst, einer Person, eines Lebewesens oder einer Lebensspanne gefangen bist, kannst du kein authentischer Bodhisattva sein.« Selbst, Person, Lebewesen und Lebensspanne sind vier Vorstellungen, die uns daran hindern, die Wirklichkeit zu sehen.

Das Leben ist eine Einheit. Wir müssen es nicht in Stücke schneiden und dieses oder jenes Stück »Selbst« nennen. Was wir Selbst nennen, besteht ausschließlich aus Nicht-Selbst-Elementen. Wenn wir zum Beispiel eine Blume sehen, mögen wir annehmen, daß sie sich von Nicht-Blumen-Dingen unterscheidet. Wenn wir aber genauer hinschauen, sehen wir, daß der gesamte Kosmos in dieser Blume enthalten ist. Ohne sämtliche Nicht-Blumen-Elemente wie Sonne, Wolken, Erde, Mineralien, Hitze, Flüsse und Bewußtsein kann es keine Blume geben. Aus diesem Grund hat Buddha gelehrt, daß ein Selbst nicht existiert. Wir müssen alle Unterscheidungen zwischen Selbst und Nicht-Selbst über Bord werfen. Wie kann irgend jemand zum Schutz der Umwelt arbeiten, ohne diese Einsicht zu haben?

Die zweite Vorstellung, die uns die Sicht der Wirklichkeit verstellt, ist die Idee einer Person, eines menschlichen Wesens. Gewöhnlich unterscheiden wir zwischen Menschen und Nicht-Menschen und glauben, über anderen Lebensformen zu stehen. Aber da auch wir Menschen ausschließlich aus Nicht-Mensch-Elementen zusammengesetzt sind, müssen wir, wenn wir uns selbst schützen wollen, alle diese Nicht-Mensch-Elemente schützen. Es gibt keinen anderen Weg. »Gott hat den Menschen nach seinem Ebenbild geschaffen, und alles andere schuf Er, damit der Mensch es nutze ...«, wenn Sie das tatsächlich glauben, nehmen Sie bereits an, daß der Mensch wichtiger ist als andere Dinge. Wenn wir erkennen, daß der Mensch kein Selbst besitzt, begreifen wir auch, daß Fürsorge für die Umwelt (die Nicht-Mensch-Elemente), gleichbedeutend ist mit der Fürsorge für die Menschheit. Für die Umwelt zu sorgen ist gleichzeitig die beste Art und Weise, sich gut um die Menschen zu kümmern, so daß sie wirklich gesund und glücklich sein können.

Ich kenne Umweltschützer, deren Familienleben nicht glücklich ist. Sie arbeiten hart für Umweltverbesserungen, zum Teil, um ihrem Familienleben zu entkommen. Wie kann jemand, der selbst nicht glücklich ist, der Umwelt helfen? Darum lehrt der Buddha: die Nicht-Mensch-Elemente schützend schützt man die Menschen, und die Menschen schützend, schützt man die Nicht-Mensch-Elemente.

Die vierte hinderliche Idee, die wir durchschauen müssen, ist die Vorstellung von Lebewesen. Wir Lebewesen glauben uns von unbelebten Dingen zu unterscheiden, aber nach dem Prinzip des Interseins bestehen Lebewesen aus Nicht-Lebewesen-Elementen. Wenn wir uns betrachten, sehen wir Mineralien und alle möglichen anderen Nicht-Lebewesen-Elemente. Warum das, was wir unbelebt nennen, diskriminieren? Um Lebewesen zu schützen, müssen wir die Steine, den Erdboden und die Ozeane beschützen. Vor dem Abwurf der Atombombe hat es in den Parks von Hiroshima viele schöne Steinbänke gegeben. Als die Japaner ihre Stadt wieder aufbauten, entdeckten sie, daß die Steine der Bänke gestorben waren, also brachten sie sie weg und beerdigten sie. Danach holten sie lebendige Steine. Glauben Sie nur nicht, diese Dinge seien nicht lebendig. Atome sind ständig in Bewegung. Elektronen reisen nahezu mit Lichtgeschwindigkeit. Nach den Lehren des Buddha sind Atome und Steine Bewußtsein. Darum sollten wir die Unterscheidung zwischen lebendigen Wesen und unbelebten Dingen aufgeben.

Die letzte aufzugebende Vorstellung ist die einer Lebensspanne. Wir glauben, daß wir seit einem bestimmten Zeitpunkt leben und daß vor diesem Zeitpunkt unser Leben nicht existiert habe. Diese Unterscheidung zwischen Leben und Nicht-Leben ist falsch. Leben besteht aus Tod, und Tod besteht aus Leben. Wir müssen den Tod akzeptieren; er macht das Leben erst möglich. Täglich sterben die Zellen unseres Körpers, aber nie kämen wir auf die Idee, Beerdigungszeremonien für sie zu veranstalten. Der Tod der einen Zelle ermöglicht die Geburt einer anderen. Leben und Tod sind zwei Aspekte derselben Wirklichkeit. Wir müssen lernen, in Frieden zu sterben, damit andere leben können. Reflektieren und meditieren wir hierüber gründlich, so gewinnen wir Furchtlosigkeit, Zornlosigkeit und Verzweiflungslosigkeit, die Kräfte also, die wir für unsere Arbeit so dringend brauchen. Sind wir furchtlos, brennen wir nicht aus, selbst wenn wir erkennen, daß ein Problem gewaltig ist. Wir verstehen uns auf die Kunst der kleinen, aber stetigen Schritte. Wenn Umweltschützer über diese vier Vorstellungen nachdenken, werden sie wissen, wie sie sein und wie sie handeln müssen.

In einem anderen buddhistischen Text, dem *Avatamsaka-(den-Buddha-mit-Blumen-schmücken-)Sūtra*, führt der Buddha seine Einsichten bezüglich unserer »wechselseitigen Durchdringung« mit unserer Umwelt weiter aus. Bitte meditieren Sie mit mir über die »Zehn Durchdringungen«:

Die erste lautet: »Alle Welten sind durchdrungen von einer einzigen Pore. Eine einzige Pore ist durchdrungen von allen Welten.« Betrachten Sie aufmerksam eine Blume. Sie mag noch so winzig sein, trotzdem ist sie durchdrungen, von der Sonne, den Wolken und allem anderen im ganzen Kosmos. Nuklearphysiker sagen etwas ganz Ähnliches: »Ein Elektron besteht aus allen Elektronen; ein Elektron ist in allen Elektronen enthalten.«

Die zweite Durchdringung lautet: »Alle Lebewesen sind durchdrungen von einem Körper. Ein Körper ist durchdrungen von allen Lebewesen.« Wenn Sie ein Lebewesen töten, töten Sie ebenso sich selbst und alle anderen.

Die dritte lautet: »Unendliche Zeit ist durchdrungen von einer Sekunde. Eine Sekunde ist durchdrungen von unendlicher Zeit.« Ein *ksana* ist die kürzeste Zeiteinheit, sehr viel kürzer als eine Sekunde.

Die vierte Durchdringung lautet: »Alle buddhistischen Lehren sind durchdrungen von einer Lehre. Eine Lehre ist durchdrungen von allen buddhistischen Lehren.« Als junger Mönch hatte ich die Gelegenheit zu lernen, daß der Buddhismus aus Nicht-Buddhismus-Elementen besteht. Wann immer ich also christliche oder jüdische Lehren studiere, finde ich buddhistische Elemente in ihnen und umgekehrt. Ich achte nicht-buddhistische Lehren sehr. Alle buddhistischen Lehren sind durchdrungen von einer Lehre. Eine Lehre ist durchdrungen von allen buddhistischen Lehren. Wir sind frei.

Die fünfte Durchdringung lautet: »Unzählige Sphären sind durchdrungen von einer Sphäre. Eine Sphäre ist durchdrungen von unzähligen Sphären.« Eine Sphäre ist ein geographischer Raum. Unzählige Sphären durchdringen einen speziellen Bereich, und ein spezieller Bereich durchdringt unzählige Sphären. Das heißt, wenn Sie einen Bereich zerstören, zerstören Sie alle Bereiche. Wenn Sie einen Bereich retten, retten Sie alle Bereiche. Ein Schüler fragte mich einmal: »Thây, es gibt so viele dringende Probleme, was soll ich tun?« Ich antwortete: »Mach eine Sache wirklich gedankenvoll und sorgfältig, und du machst gleichzeitig alles andere.«

Die sechste Durchdringung lautet: »Alle Sinnesorgane sind durchdrungen von einem Organ. Ein Sinnesorgan ist durchdrungen von allen Organen« – Auge, Ohr, Nase, Zunge, Körper und Geist. Sich um eines zu kümmern heißt, sich um alle zu kümmern. Wenn Sie sich um Ihre Augen kümmern, kümmern Sie sich um die Augen zahlloser Lebewesen.

Die siebte Durchdringung lautet: »Alle Sinnesorgane sind durchdrungen von Nicht-Sinnesorganen. Nicht-Sinnesorgane sind durchdrungen von allen Sinnesorganen.« Nicht-Sinnesorgane durchdringen nicht nur Sinnesorgane, sondern auch Nicht-Sinnesorgane. Es gibt keine Unterscheidung. Sinnesorgane bestehen aus Nicht-Sinnesorgan-Elementen. Darum sind sie von Nicht-Sinnesorganen durchdrungen. Diese Tatsache hilft uns, uns an die Lehre des *Diamant-Sūtras* zu erinnern.

Die achte Durchdringung lautet: »Eine Wahrnehmung ist durchdrungen von allen Wahrnehmungen. Alle Wahrnehmungen sind durchdrungen von einer Wahrnehmung.« Wenn Ihre Wahrnehmung nicht korrekt ist, wird sie alle Ihre anderen Wahrnehmungen und die anderer verfälschen. Nehmen Sie an, ein Busfahrer hätte eine falsche Wahrnehmung – wir wissen, was passieren kann. Eine Wahrnehmung durchdringt alle Wahrnehmungen.

Die neunte Durchdringung lautet: »Jeder Klang ist durchdrungen von einem Ton. Ein Ton ist durchdrungen von jedem Klang.« Das ist eine äußerst tiefgründige Lehre. Wenn wir einen Ton oder ein Wort verstehen, können wir alles verstehen.

Die zehnte Durchdringung lautet: »Alle Zeiten sind durchdrungen von einer Zeit. Eine Zeit ist durchdrungen von allen Zeiten« – Vergangenheit, Gegenwart und Zukunft. In einer Sekunde sind

Vergangenheit, Gegenwart und Zukunft zu finden. In der Vergangenheit können Sie Gegenwart und Zukunft erkennen. In der Gegenwart können Sie Vergangenheit und Zukunft erkennen. In der Zukunft können Sie Gegenwart und Vergangenheit finden. Sie enthalten einander. Raum enthält Zeit, Zeit enthält Raum. In der Lehre der wechselseitigen Durchdringung bestimmt eines das andere, das andere dies eine. Wenn wir unsere Natur wechselseitiger Abhängigkeit erkennen, hören wir auf, anderen die Schuld zu geben und sie zu töten, weil wir wissen, daß wir voneinander abhängig sind.

Die wechselseitige Durchdringung ist eine wichtige Lehre, aber sie suggeriert immer noch, daß eigentlich getrennte Dinge einander durchdringen. Die Lehre vom Intersein geht einen Schritt weiter. Wir sind bereits drin, also müssen wir nicht eindringen.

In der modernen Atomphysik ist die Rede von einer impliziten und einer expliziten Ordnung. In der expliziten Ordnung existieren die Dinge außerhalb voneinander – der Tisch außerhalb der Blume, der Sonnenschein außerhalb der Zypresse. In der impliziten Ordnung erkennen wir, daß die Dinge ineinander enthalten sind – der Sonnenschein in der Zypresse. Intersein entspricht der impliziten Ordnung. Indem wir Achtsamkeit üben und tief in die Natur der Dinge hinein schauen, entdecken wir die wahre Natur des Interseins. Dann finden wir Frieden und entwickeln die Kraft, mit allem in Kontakt sein zu können. Mit diesem Verständnis können wir die Arbeit der liebevollen Fürsorge für die Erde und füreinander lange Zeit aufrechterhalten.

JOANNA MACY

Das Ergrünen des Selbst

Etwas Wichtiges, über das Sie nichts in den Zeitungen lesen, geschieht derzeit in unserer Welt. Für mich ist es die faszinierendste und vielversprechendste Entwicklung unserer Tage und einer der Gründe, warum ich so froh bin, heute zu leben. Es geht um die Veränderung unserer Wahrnehmung des *Selbst*.

Das Selbst ist der metaphorische Kern unserer Identität, der hypothetische Schauplatz unserer Überlebensstrategien, der eingebildete Brennpunkt unserer Selbsterhaltungsinstinkte, unseres Bedürfnisses nach Selbstwert und unseres Eigeninteresses. Und es geschieht etwas mit diesem Selbst!

Die konventionelle Vorstellung des Selbst, mit der wir aufgewachsen sind und zu der unsere allgemeine Kultur uns konditioniert hat, wird ausgehöhlt. Was Alan Watts das »hautumschlossene Ich« und Gregory Bateson den »erkenntnistheoretischen Irrtum der abendländischen Zivilisation« genannt hat, geht verloren, löst sich auf. Ersetzt wird es von anderen erweiterten Auffassungen von Identität und Eigeninteresse, von etwas, das man das ökologische Selbst oder Öko-Selbst nennen könnte, weil es die anderen Lebewesen, ja das ganze Leben auf unserem Planeten einschließt. Ich möchte diesen Prozeß das »Ergrünen des Selbst« nennen.

In einer Vorlesung, die ich kürzlich an einem College hielt, gab ich den Studenten Beispiele von aktuellen Aktivitäten zur Verteidigung des Lebens auf der Erde – Aktionen, in denen Menschen ihre Bequemlichkeit und sogar ihr Leben aufs Spiel setzen, um andere Spezies zu schützen. In der Chipko-Bewegung Nordindiens zum Beispiel umarmen die Dorfbewohner Bäume, um mit ihren eigenen Körpern gegen die Rodung der verbliebenen

Wälder zu kämpfen. Auf hoher See verhindern Greenpeace-Aktivisten das Abschlachten von Meeressäugern. Nach dem Vortrag bekam ich einen Brief von einem Studenten, den ich hier Michael nennen möchte. Er schrieb:

> Ich stelle mir vor, wie Menschen meinen Stamm umarmen und die Kettensägen mit ihrem eigenen Körper abwehren. Ich fühle ihre Finger sich in meine Rinde krallen, den Stahl zu stoppen, damit ich wieder atmen kann. Ich höre die Bodhisattvas ihre Schlauchboote zwischen mich und die Harpunen manövrieren, damit ich in die Tiefen des Meeres entkommen kann. Ich sage Dank für euer Leben wie für das meine und für das Leben selbst. Dank sage ich für die Erkenntnis, daß auch ich die Kraft der Bodhisattvas habe und Bäume umarmen kann.

Das Besondere an Michaels Worten ist das veränderte Identitätsgefühl. Er ist in der Lage, sein Selbstgefühl so zu erweitern, bis es den Baum und den Wal umfaßt. Baum und Wal sind nicht länger ferne, verfügbare Objekte einer Welt »dort draußen«; sie sind unmittelbarer Teil seiner eigenen Lebendigkeit. Die Kraft seiner Anteilnahme dehnt sein Selbst weit über die enge Grenze des hautumspannten Ichs aus. Ich zitiere Michaels Worte nicht, weil sie so außergewöhnlich wären, sondern weil sie im Gegenteil eine aus dem Gefängnis alter Vorstellungen vom Selbst befreite Aufnahmefähigkeit und Sehnsucht zum Ausdruck bringen. Diese Sehnsucht wird heute in immer mehr Menschen wach, die aus tiefer Sorge um unsere Welt endlich zu sprechen und zu handeln beginnen. Einer derjenigen, die diese alten Vorstellungen vom Selbst abstreifen wie eine alte Haut oder eine beengende Schale, ist John Seed, Direktor des Rainforest Information Center in Australien. Als wir eines Tages durch den Regenwald in New South Wales gingen, wo er sein Büro hat, fragte ich ihn: »Sie reden von der Notwendigkeit des Kampfes gegen die Interessen der Holzindustrie und ihrer politischen Lobby zur Rettung des noch verbliebenen Regenwalds in Australien. Wie aber gehen Sie dabei mit der Hoffnungslosigkeit um?«
Er erwiderte: »Ich versuche daran zu denken, daß nicht ich es

bin, John Seed, der den Regenwald zu schützen versucht. Ich bin vielmehr Teil des Regenwaldes und schütze mich selbst. Ich bin der Teil des Regenwaldes, der seit kurzer Zeit im menschlichen Denken erschienen ist.« Das ist es, was ich mit Ergrünen des Selbst meine. Es geht um eine Verbindung des Mystischen mit dem Praktischen und Machbaren, die jede Trennung, Entfremdung und Zersplitterung transzendiert. Seed selbst nennt diese Veränderung einen »spirituellen Wandel«, der ein Gefühl tiefer Verbundenheit mit allem Lebendigen erzeugt.

Diese Sichtweise ist uns Menschen durchaus nicht neu. Poeten und Mystiker haben schon immer von diesen Dingen gesprochen, nicht jedoch die Menschen, die auf den Barrikaden für gesellschaftliche Veränderungen kämpfen. Jetzt ist das erweiterte Selbstgefühl, die tiefe Identifizierung mit allen Bereichen des Lebens, zur Motivation des Handelns selbst geworden. Es ist eine Quelle des Mutes, die uns hilft, gegen die Kräfte aufzustehen, die immer noch – aufgrund ihrer Trägheit – auf die Zerstörung unserer Welt hinarbeiten. Ich bin davon überzeugt, daß das so erweiterte Selbstgefühl die *einzige* Basis für angemessenes und wirksames Handeln ist.

Wenn wir uns anschauen, was mit unserer Welt geschieht – und es ist hart, sich dem auszusetzen, was unserem Wasser, unserer Luft, unseren Bäumen und unseren Mitlebewesen angetan wird –, wird eindeutig klar, daß es beinahe unmöglich ist, sich den enormen vor uns liegenden Herausforderungen zu stellen, solange wir nicht in irgendeiner Form in einer spirituellen Praxis verwurzelt sind, die das Leben heilig hält und eine freudige Beziehung mit all unseren Mitlebewesen fördert.

Aus Robert Bellahs Buch *Habit of the Heart* erfahren wir zwar nichts über das Ergrünen des Selbst. Aber es erklärt, *warum* ein Ergrünen des Selbst notwendig ist, denn es beschreibt den Krampf, in den sich unsere Gesellschaft mit ihrem ungezügelten, ja pathologischen Individualismus hineinmanövriert hat. Bellah zeigt, wie der aus der Romantik des achtzehnten und neunzehnten Jahrhunderts hervorgegangene Individualismus (dessen

Wurzeln natürlich noch viel weiter zurückreichen) in unserem Jahrhundert sich wesentlich verstärkt und viel Leid, Entfremdung und Zersplitterung gebracht hat. Er fordert eine moralische Ökologie, die er als moralische Verbundenheit oder Interdependenz definiert. Bellah sagt: »Wir müssen die anderen als Teil von uns selbst betrachten und nicht als ›die anderen‹, mit denen wir in ewiger Konkurrenz stehen.«

Ich möchte Robert Bellah zurufen: »Es geschieht bereits.« Es geschieht durch das Entstehen eines ökologischen Selbst. Und es geschieht aufgrund dreier zusammenlaufender Entwicklungen. Erstens, das konventionelle kleine Selbst oder Ego-Selbst verändert sich durch die psychologischen und spirituellen Folgen unserer Konfrontation mit der Gefahr einer potentiellen Massenvernichtung. Die zweite an der Demontage des Ego-Selbst beteiligte Kraft ist eine aus der Wissenschaft selbst hervorgegangene Sichtweise. Gemeint ist der Paradigmenwechsel, der die moderne Wissenschaft mit der Entwicklung der systemischen Sicht oder Kybernetik ereilt hat. Dabei handelt es sich um einen Ansatz, der das Leben als dynamische Komposition aus sich selbst organisierenden Systemen sieht, als Muster, die sich in und von ihren Beziehungen zueinander erhalten. Die dritte Kraft ist das Wiederaufleben nicht-dualistischer spiritueller Wege in unserer Zeit. Hier spreche ich aus meiner eigenen Erfahrung mit dem Buddhismus, aber ähnliches geschieht auch in anderen Glaubenssystemen und Religionen. Ein Beispiel ist die »Schöpfungsmystik« im Christentum. Diese Entwicklungen wirken auf das Selbst in einer Weise ein, daß es sich auflöst und aus den Grenzen alter Definitionen ausbricht. Wir beobachten derzeit, wie an die Stelle des Ego-Selbst ein Öko-Selbst tritt!

Die Entwicklung zu einem erweiterten Identitätsgefühl ist zum großen Teil Folge der Gefahren, die uns zu überwältigen drohen. Unter dem Eindruck nuklearer Hochrüstung und fortgeschrittener Zerstörung der Biosphäre haben Umfragen gezeigt, daß viele sich den Untergang der Welt, wie wir sie jetzt kennen, sehr wohl vorstellen können. Ich bin überzeugt davon, daß dieser Verlust unserer Zukunftsgewißheit die zentrale psychologische Realität unserer Zeit ist. Die Tatsache, daß nicht viel darüber geredet wird, läßt sie nur um so zentraler erscheinen, denn nichts beschäftigt uns mehr oder zehrt mehr an unseren Energien als das, was wir verdrängen.

Warum behaupte ich, daß diese Vorgänge unsere alte Vorstellung vom Selbst aushöhlen? Wenn wir erst aufhören, die Krisen unserer Zeit zu leugnen und uns der Tiefe unserer Reaktionen auf den Schmerz der Welt – seien es die brennenden Bäume des Regenwalds am Amazonas, die Hungersnöte in Afrika oder die Obdachlosen in unseren eigenen Städten – wirklich aussetzen, können wir die Trauer und den Zorn nicht mehr auf die Sorge um unser eigenes Leben reduzieren. Es wird nie mehr wie früher werden.

Unsere Trauer über die Zerstörung der Biosphäre unterscheidet sich kategorisch von der Trauer über unseren eigenen Tod. Wir leiden mit unserer Welt – das ist die buchstäbliche Bedeutung des Wortes Mitleid. Und es ist keine private Verrücktheit. Als ich vor zwanzig Jahren über die Napalmbombardierung vietnamesischer Dörfer weinte, sagte man mir, ich litte unter Relikten puritanischer Schuldgefühle. Als ich mich gegen Präsident Reagan aussprach, warf man mir vor, ungelöste Vaterkonflikte zu haben. Wie oft wurden Ihre Sorgen um ökologische und politische Realitäten mit den Argumenten einer reduktionistischen Pop-Therapie weggebügelt? Wie oft haben Sie sich sagen lassen müssen: »Wovor rennst du denn davon, was stimmt nicht in deinem Leben, daß dich die Obdachlosen derartig aufregen? Hast du Probleme oder bist du sexuell unbefriedigt?« Das kann endlos so weitergehen. Zunehmend beginnt man jedoch zuzugestehen, daß eine mitfühlende Reaktion weder Verrücktheit noch Vermeidungsstrategie ist. Im Gegenteil, sie ist Zeichen der eigenen Entwicklung und Maßstab für Menschlichkeit. Wir sind fähig, mit unserer Welt zu leiden, das ist die wahre Bedeutung von Mitgefühl. Es befähigt uns zur Erkenntnis unserer tiefen Verbundenheit mit allen Wesen. Entschuldigen Sie sich bloß niemals für Ihre Tränen angesichts brennender Bäume am Amazonas oder vergifteter Gewässer unserer Heimat. Entschuldigen Sie sich nicht für Ihre Fürsorge, Ihre Trauer und Ihre Wut. Sie sind ein Zeichen Ihrer Menschlichkeit und Reife. Sie sind ein Zeichen für die Offenheit Ihres Herzens; wenn Ihr Herz aufbricht, entsteht der Raum, in dem die Welt heil werden kann. Genauso sieht es aus, wenn Menschen sich aufrichtig den Problemen unserer Zeit stellen.

Die Krise, die unseren Planeten bedroht, egal ob wir sie unter einem militärischen, ökologischen oder gesellschaftlichen Aspekt betrachten, erwächst aus einer untauglichen und pathologischen Vorstellung von einem Selbst, die wiederum aus einer falschen Ansicht bezüglich unseres Stellenwerts in der Ordnung der Dinge resultiert. Es ist schlicht eine Täuschung, daß das Ich so isoliert und zerbrechlich sein soll, daß wir seine Grenzen klar definieren und verteidigen müssen, daß es so klein und bedürftig sein soll, daß wir andauernd raffen und endlos konsumieren müssen, daß es so distanziert sein soll, daß wir unempfindlich für die Folgen unserer Handlungen gegenüber anderen Lebewesen sind.

Diese Sicht der menschlichen Natur ist natürlich nicht neu. Viele haben die zwingende Notwendigkeit gespürt, das Eigeninteresse so weit auszudehnen, bis es das Ganze umfaßt. Bemerkenswert an unserer heutigen Situation ist, daß diese Erweiterung der Identität nicht Ergebnis guter, edler oder altruistischer Anstrengungen ist, sondern einfach dadurch entsteht, daß wir präsent sind und unsere Schmerzen in Besitz nehmen. Aus diesem Grund erscheint eine derartige Veränderung den Menschen auch glaubhaft. Wie der Dichter Theodore Roethke sagte: »Ich glaube meinem Schmerz.«

Diese Arbeit im Brennpunkt zwischen »Hoffnungslosigkeit und Mut zum Handeln« beruht auf zwei weiteren Kräften, die ich eingangs schon angesprochen habe: der Systemtheorie oder Kybernetik und der nicht-dualistischen Spiritualität, besonders in Form des Buddhismus. Ich möchte mich nun dem zuwenden, was wir die Kybernetik des Selbst nennen könnten.

Die Forschungsergebnisse der Wissenschaft des zwanzigsten

Jahrhunderts widerlegen die Vorstellung eines isolierten Selbst, getrennt von einer Welt, die es beobachtet und auf die es einwirkt. Einstein wies nach, daß die Wahrnehmung des Selbst von seiner wechselnden Position im Verhältnis zu anderen Phänomenen bestimmt wird. Und Heisenberg zeigte in seiner Unschärferelation, daß der bloße Akt der Beobachtung das Beobachtete bereits verändert.

Die zeitgenössische Wissenschaft, besonders die Systemwissenschaft, geht in der Demontage alter Annahmen bezüglich eines eindeutigen, isolierten, kontinuierlichen Selbst noch weiter, indem sie beweist, daß die Auffassung einer Welt, die sich aufteilt in das »Ich« und in »das Andere«, jeder logisch oder wissenschaftlich vertretbaren Grundlage entbehrt. Nach dieser Vorstellung sind wir offene, sich selbst regulierende Systeme in Interaktion mit der von uns geteilten Welt, und unser Atmen, Handeln und Denken ist einfach ein Fluß von Energie, Materie und Information, der uns durchströmt und erhält. In dem Geflecht von Beziehungen, die diese Aktivitäten erhalten, läßt sich eine klare Begrenzungslinie für ein isoliertes, kontinuierliches Selbst nicht ausmachen.

Die Systemtheoretiker sagen: »Es gibt kein kategorisches ›Ich‹ als Gegenüber für ein kategorisches ›Du‹ oder ›Es‹.« Eine relativ klare Darstellung dieser Aussage findet sich in den Werken Gregory Batesons, den ich eingangs mit der Aussage zitiert habe, daß die Abstraktion eines unabhängigen »Ich« ein erkenntnistheoretischer Irrtum der abendländischen Zivilisation ist. Bateson sagt, daß der Prozeß von Entscheidung und Handlung nicht sauber mit der isolierten Subjektivität des Individuums identifiziert oder in den Grenzen der Haut lokalisiert werden könne. Er argumentiert, daß »die vollkommen sich selbst korrigierende Einheit der Informationsverarbeitung ein System ist, dessen Grenzen keinesfalls mit den Grenzen des Körpers oder den Grenzen dessen, was gewöhnlich ›Selbst‹ oder ›Bewußtsein‹ genannt wird, in Übereinstimmung gebracht werden kann.« Er fährt fort: »Als Selbst gilt gewöhnlich nur ein kleiner Teil eines wesentlich größeren Versuch-und-Irrtum-Systems, in dem das Denken, Handeln und Entscheiden geschieht.« Bateson bietet zwei hilfreiche Modellbeispiele an. Bei dem einen geht es um einen Holzfäller, der einen Baum fällen will. Seine Hände umfassen den Griff der Axt, die Klinge zielt auf den Baumstamm. Wumms, schlägt er zu, wumms, noch einmal schlägt er zu. Wie sieht der Rückmeldungskreislauf aus, welche Information steuert das Fällen des Baumes? Das ganze Geschehen ist ein Kreislauf, und man kann an jedem Punkt dieses Kreislaufes ansetzen. Er verläuft vom Auge des Holzfällers, zur Hand, zur Axt und zurück zur Schnittkerbe im Baum. Das ist die sich selbst korrigierende Einheit, die das Fällen des Baumes steuert.

Das andere Beispiel beschreibt einen Blinden, der mit seinem Stock auf dem Gehsteig unterwegs ist. Tap, tap, klack, oh, ein Hydrant, da ist der Bordstein. Was bewerkstelligt das Gehen? Wo ist das Selbst des Blinden? Was ist für Wahrnehmung und Entscheidung verantwortlich? Der sich selbst korrigierende Rückmeldungskreislauf besteht in diesem Fall aus dem Arm, der Hand, dem Stock, dem Bordstein, dem Ohr... Das ist in diesem Augenblick das Selbst, das geht. Für Bateson ist das Selbst die Verdinglichung eines fälschlicherweise eingegrenzten Teils eines wesentlich größeren Feldes verschachtelter Prozesse. Weiter behauptet er:

Diese falsche Verdinglichung ist die Basis für die gegenwärtige weltweite ökologische Krise. Wir haben uns eingebildet, wir seien eine Überlebenseinheit und müßten daher für unser eigenes Überleben sorgen. Ferner bilden wir uns ein, daß diese Überlebenseinheit aus dem einzelnen Individuum oder einer speziellen Spezies bestehen würde, wohingegen es in Wirklichkeit während der gesamten Evolutionsgeschichte immer um das Individuum *und* die Umwelt, die Spezies *und* die Umwelt gegangen ist, denn sie sind ihrem Wesen nach symbiotisch.

Das Selbst ist eine Metapher. In der objektiven Wirklichkeit können wir es beliebig auf unsere Haut, unsere Familie, unsere Organisation oder unsere Spezies begrenzen. Aus der Sicht der

Systemtheoretiker kann unser Bewußtsein nur einen kleinen Bogen in den größeren Strömen und Schleifen des Wissens ausleuchten, das uns alle verbindet. Darum ist es ebenso einleuchtend, unser Bewußtsein als Teil der größeren Kreisläufe zu sehen, des gesamten »Verbindungsmusters«, wie Bateson es nennt.

Glauben Sie nur nicht, daß eine derartige Erweiterung des Selbst den Verlust der charakteristischen Eigenart bewirken würde. Glauben Sie nicht, daß Ihre Identität gleich einem Wassertropfen im Ozean in die Einheit Brahmans übergehen wird. Nach systemischer Sicht läßt die größere Ganzheiten und Muster erzeugende Interaktion Vielfalt nicht nur zu, sondern verlangt sie sogar. Sie werden mehr Sie selbst. Integration und Differenzierung gehen Hand in Hand.

Der dritte die Verwandlung des Ego-Selbst zum Öko-Selbst unterstützende Faktor ist das Wiederaufleben nicht-dualistischer spiritueller Wege in unserer Zeit. Von besonders typischer Klarheit und Subtilität in seinem Umgang mit der Konstruktion und Dynamik des Selbst ist dabei der Buddhismus. Auf ganz ähnliche Weise wie die Systemtheorie widerlegt der Buddhismus die kategorische Unterscheidung zwischen Selbst und anderen und verneint das Konzept einer kontinuierlichen, selbstexistenten Wesenhaftigkeit. Dann jedoch geht er über die Systemtheorie hinaus, indem er den krankmachenden Charakter jeder Verdinglichung des Selbst beweist. Er geht sogar noch einen Schritt weiter, indem er auch Methoden zur Überwindung dieser Schwierigkeiten und zur Heilung des daraus erwachsenden Leidens weist. Der Buddha erwachte unter dem Bodhibaum zum *paticca samuppada*, der Lehre vom Abhängigen Entstehen der Phänomene, in der es unmöglich ist, ein separates, beständiges Selbst zu isolieren.

Wir denken: »Was sollen wir nur mit dem Selbst anstellen, diesem lärmenden ›Ich‹, das dauernd um Aufmerksamkeit quengelt und seine Süßigkeiten will? Sollen wir es kreuzigen, opfern, abtöten, bestrafen, oder sollen wir es veredeln?« Beim Erwachen erkennen wir: »Oh, es ist ja gar nicht vorhanden.« Es ist eine Konvention, nur eine bequeme Konvention. Nimmt man das

Selbst zu ernst, hält man es für etwas Dauerhaftes, das verteidigt und gefördert werden muß, dann wird es zur Grundlage der Verblendung, zum Motiv hinter unseren Anhaftungen und Abneigungen.

Ein wunderbares Symbol für diese Art abweichungsverstärkender Rückkoppelungsschleife ist die Darstellung von *Yama*, der das Rad des Lebens hält. Auf dem Rad des Lebens befinden sich die verschiedenen Daseinsbereiche der Lebewesen. Im Zentrum dieses Rades des Leidens sind drei Figuren dargestellt: eine Schlange, ein Hahn und ein Schwein – Verblendung, Gier und Abneigung – die sich gegenseitig ständig im Kreis jagen. Die Nabe dieses Rades des Leidens ist also unsere Vorstellung von einem Selbst, die Einbildung, daß wir dieses Selbst schützen oder bestrafen oder *irgend etwas* mit ihm tun müßten.

Oh, welche Erlösung liegt in der Erkenntnis: Ich bin meine Erfahrung. Ich bin der Atem. Ich bin dieser Augenblick, der sich verwandelt, der kontinuierlich der Quelle des Lebens neu entströmt. Wir sind nicht auf ewig zur Teilnahme am gnadenlosen Konkurrenzkampf verdammt. Weisheit, *prajñā*, die entsteht, wenn wir das Selbst als bloße Idee erkennen, kann den Teufelskreis zerbrechen. Gefördert wird dieser Prozeß durch die Übung der Meditation, *dhyāna*, und die Übung von Ethik, *shīla*, in der wir unserer Erfahrung und unserem Handeln besondere Aufmerksamkeit zollen und erkennen, daß sie nicht von einem isolierten Selbst beherrscht sein müssen.

Weit entfernt davon, nihilistisch oder eskapistisch zu sein, was dem buddhistischen Pfad manchmal vorgeworfen wird, setzt dieses Erwachen uns mit einem lebendigeren, fürsorglicheren Gefühl für soziales Engagement mitten *in* die Welt hinein. Das so entstehende Gefühl von wechselseitiger Verbundenheit wird – in einem der schönsten Gleichnisse des Mahāyāna – bildhaft als Indras Juwelennetz beschrieben. Diese Vision der Wirklichkeit ähnelt sehr dem holographischen Weltbild: Jedes Lebewesen ist ein Juwel an einem Knoten des Netzes, und jedes Juwel spiegelt sich in allen anderen und wirft die Reflexion aller anderen zurück – ganz so wie die Systemtheorie sagt: Das Teil enthält das Ganze.

Das Erwachen zu unserem wahren Selbst entspricht dem Erwachen zu dieser Ganzheit; es ist der Ausbruch aus dem Gefängnis-Selbst eines isolierten Ich. Wer diese Wahrheit erkennt, ist ein Bodhisattva – und wir sind alle Bodhisattvas, weil wir alle zu dieser Erfahrung fähig sind. Es ist unsere wahre Natur. Wir sind zutiefst miteinander verbunden, und darum sind wir alle fähig, unser tiefes, komplexes und intimes Intersein miteinander und mit allen Wesen zu erkennen und aus dieser Erkenntnis zu handeln. Diese unsere wahre Natur ist stets präsent in unserem Leiden für die Welt.

Wenden wir unsere Augen von einem Obdachlosen ab, weil wir gleichgültig sind oder weil der Schmerz, dieses Leiden ansehen zu müssen, zu groß ist? Lassen Sie sich nicht zu leicht von der scheinbaren Gleichgültigkeit der Menschen täuschen.

Was wie Apathie aussieht, ist in Wirklichkeit Furcht vor den Leiden. Der Bodhisattva hingegen weiß, daß es nötig ist, das Leiden aller Wesen zu empfinden, um auch ihre Freude spüren zu können. Im *Lotus-Sūtra* heißt es, daß der Bodhisattva die Musik der Sphären vernimmt und die Sprache der Vögel versteht, gleichzeitig aber auch die Schreie aus den tiefsten Höllen hört.

Eines der Dinge, die ich am ergrünenden Selbst, am ökologischen Selbst, wie es sich heute herauszubilden beginnt, am meisten schätze, ist die Tatsache, daß es moralische Appelle überflüssig macht. Predigten sind nicht nur langweilig, sondern auch wirkungslos. Arne Naess, der norwegische Philosoph und Schöpfer des Begriffes »Tiefenökologie«, macht dies deutlich. Seine großartige systemische Sichtweise der Welt hilft uns, unser Eingebettetsein in die Natur zu erkennen, unsere Entfremdung vom Rest der Schöpfung zu überwinden und die Art und Weise, wie wir unser Selbst wahrnehmen, durch einen sich ständig ausweitenden Prozeß der Identifikation zu verändern.

Naess nennt diese Selbsterkenntnis eine Progression, »in der das zu erkennende Selbst sich weiter und weiter über das separate Ich hinaus ausdehnt und immer mehr von der Welt der Phänomene umfaßt«. Ferner sagt er:

Altruismus

> In diesem Prozeß lassen wir Ideen wie Altruismus und moralische Pflicht hinter uns. Der Begriff Altruismus, abgeleitet aus dem lateinischen »alter«, »der andere«, impliziert stillschweigend dessen Gegenteil »ego«. Altruismus bedeutet, daß das »Ego« seine Interessen zum Wohle des anderen, »alter«, opfert. Diese Motivation beruht hauptsächlich auf Pflicht. Es heißt, wir *sollten* die anderen lieben wie uns selbst. Allerdings gibt es unter den Menschen nur sehr wenige, die einzig aus Pflichtgefühl oder aufgrund moralischer Ermahnung zu lieben in der Lage sind.
> Unglücklicherweise hat das exzessive Moralisieren innerhalb der ökologischen Bewegung in der Öffentlichkeit den Eindruck entstehen lassen, daß es darum gehe, ein Opfer zu bringen – daß die Menschen mehr Verantwortung zeigen sollten, mehr Interesse, einen besseren moralischen Standard. Aber all das würde ganz natürlich geschehen, wenn das Selbst erweitert und vertieft würde, so daß wir den Schutz der Natur als Schutz unser selbst begreifen und empfinden würden.

Bitte beachten Sie diesen wichtigen Punkt: Für das Ergrünen des Selbst oder das Entstehen des ökologischen Selbst ist Tugend *nicht* erforderlich. Der Identifikationswandel an diesem Punkt unserer Geschichte ist notwendig, eben *weil* moralische Ermahnungen nicht funktionieren und Predigten uns kaum daran hindern, unser Eigeninteresse unseren vermeintlichen Bedürfnissen entsprechend zu verfolgen.

Die offensichtliche Alternative liegt also darin, unser Eigeninteresse auszuweiten. Ich käme zum Beispiel niemals auf die Idee, Sie anzuflehen: »Bitte sägen Sie sich Ihr Bein nicht ab. Das wäre ein Akt der Gewalt.« Ich käme nicht auf die Idee, weil Ihr Bein Teil Ihres Körpers ist. Dasselbe gilt aber auch für die Bäume des Regenwaldes am Amazonas. Sie sind unsere externen Lungen. Und wir beginnen zu begreifen, daß die Welt unser Körper ist.

Das ökologische Selbst ist, wie jede andere Vorstellung eines Selbst auch, ein metaphorisches und dynamisches Konstrukt. Es beinhaltet eine Wahl; wir können die Wahl treffen, uns zu verschiedenen Zeiten mit verschiedenen Dimensionen oder Aspekten unserer systemisch verbundenen Existenz zu identifizieren – seien es gejagte Wale, Obdachlose oder der Planet selbst. Dadurch bringt das erweiterte Selbst zusätzliche Ressourcen ins Spiel – Mut, Durchhaltevermögen, Einfallsreichtum –, vergleichbar mit einer Nervenzelle in einem neuralen Netz, die sich für die Ladung anderer Neuronen öffnet.

Es kommt zu einem Gefühl, als würde man durch die Wesen handeln, für die man etwas tut, und würde gleichzeitig von ihnen erhalten werden. Das kommt dem religiösen Konzept der Gnade recht nahe. In der Sprache der Systemtheorie könnten wir das Synergie nennen. Durch diese Erweiterung, das Ergrünen des Selbst, entsteht ein Gefühl des Elans und der Geschmeidigkeit, weil Kräfte und Ressourcen uns durchströmen, die wir als ständige Überraschung und ein Gefühl von Gnade empfinden.

Wir wissen, daß wir nicht auf den zeitlichen Zufall unserer Geburt begrenzt sind, denn wir erkennen die Wahrheit: Wir sind immer schon hier gewesen. Wir können wieder heimisch werden in der Zeit und unsere Geschichte als Spezies in Besitz nehmen. Wir waren schon damals präsent, in jenem Feuerball und in dem Regen, der auf den noch flüssigen Planeten fiel, und in den Urmeeren. Noch im Mutterleib haben wir rudimentäre Kiemen und Flossen getragen. Wir erinnern uns daran. Diese Information ist in uns, und jenseits der äußeren Schichten unseres Neokortex und unseres Schulwissens besteht eine tiefe, tiefe Verwandtschaft mit allen und allem. Irgendwo dort liegt eine tiefe Weisheit verborgen, eine Verbundenheit mit unserer Schöpfung und eine Genialität, die weit über das uns Vertraute hinausgeht. Und wenn wir unsere Vorstellung von dem, was wir sind, so weit ausdehnen, daß sie dieses Geheimnis umfaßt, liegen herrliche Zeiten vor uns, und wir werden überleben.

TEIL 5

Gemeinschaft

RICHARD BAKER

🏵 Gemeinschaft bauen

Die buddhistische Sangha ist eine der ältesten noch bestehenden Institutionen der Welt. Sie repräsentiert das gesellschaftliche Potential friedlichen Zusammenlebens – wenn ein paar Menschen friedlich zusammenleben können, dann können es auch viele Menschen. Das Beispiel der buddhistischen Sangha kann als Gesellschaftsmodell für eine vertiefte Art des Zusammenlebens dienen. Erst in einer Gemeinschaft finden wir den nötigen Raum und die Unterstützung, um uns individuell und mit anderen auf die einfachste und angemessenste Weise ausdrücken zu können. Zen legt besonderen Wert auf den physischen Aspekt unserer Situation und unseres Lebens. Der bindende Aspekt einer Zen-Gemeinschaft liegt in der gemeinsamen Meditation und der täglichen Arbeit. So entsteht Gemeinschaftsleben. Einerseits ist die Meditation der Modus für persönliche Veränderung, andererseits sorgt sie für ein tiefes Gefühl von Offenheit und Weite, das viele der in einer Gemeinschaft ganz natürlich auftretenden Probleme bereits reduziert.

Die örtlichen Gegebenheiten haben wesentlichen Anteil daran, ob Menschen zusammenleben und gemeinschaftliche Bindungen entwickeln können. Die Glocken, Trommeln und Klangbretter einer buddhistischen Gemeinschaft verbinden Raum und Ereignisse und verleihen ihnen Hörbarkeit. Sie schaffen den akustischen Raum. Der sichtbare Raum sollte vielgestaltig, beziehungsreich und wenn möglich visuell verbindend gestaltet sein. Die Bebauungsformen des begehbaren Raums sollten dem jeweiligen Zweck entsprechen – zum Beispiel, ob die Menschen dort langsam und ruhig gehen sollen. Steinerne Fußwege können zum Beispiel auf langer Strecke um ein Gebäude herumführen, damit man

189

Zeit hat, seine Gangart zu verlangsamen. Außerdem lernt man das Gebäude so schon kennen, bevor man es betritt. Der begehbare Raum in und zwischen den Gebäuden kann sich gestalterisch daran orientieren, wie oft die Menschen sich bei welchen Aktivitäten begegnen und welchen Zweck die am Weg liegenden Gebäude haben.

Arbeit ist ein wesentlicher Teil der Praxis einer Zen-Gemeinschaft. Bei der Arbeit verbringen wir Zeit miteinander und sorgen für unsere sozialen Bedürfnisse ebenso wie für unsere Umwelt. Die Arbeit, die wir gemeinsam verrichten, ist viel zu kostbar, um sie Maschinen oder der Ersparnis von Zeit zu opfern.

Wenn sie überleben soll, braucht unsere Gesellschaft alle möglichen Formen der Gemeinschaft. Im Westen ist der Identität und dem Wohl des einzelnen eine derart zugespitzte Aufmerksamkeit zuteil geworden, daß jede Form von Verband nur noch als dem Individuum dienend verstanden wird. Nur noch wenige Menschen haben ein Verständnis für gemeinschaftliche Verantwortung und Gegenseitigkeit. Gemeinschaftlichkeit ist gleichbedeutend mit einem mitfühlenden und realistischen Wohlwollen gegenüber anderen und uns selbst, die eine menschliche Sozialordnung erzeugt und trägt. Sie ist natürlicher Ausdruck und notwendige Grundlage wahrer Freiheit.

THICH NHAT HANH

✺ Gemeinschaft als Rückhalt

Eines Tages besuchte der Buddha eine kleine Gemeinschaft von
drei Mönchen, die in einem Bambuswald in der Nähe von Ko-
sambi lebten. Anuruddha, Nandiya und Kimbila waren überglücklich, den Buddha zu sehen. Nandiya nahm dem Buddha die
Bettelschale ab, und Kimbila seine äußere Robe, dann bereiteten
sie ihm vor einem gelben Bambusdickicht einen Platz zum Sitzen.
Mit zusammengelegten Händen verneigten sie sich vor ihm, der
sie einlud, sich zu ihm zu setzen. »Wie geht es euch mit eurer
Praxis?« fragte er sie. »Seid ihr hier zufrieden? Habt ihr Schwierigkeiten bei eurem Almosengang oder der Verbreitung der
Lehren?«

Anuruddha antwortete: »Herr, wir sind höchst zufrieden hier.
Dieser Ort ist ruhig und friedlich. Wir erhalten reichlich Essens-
gaben und können den Dharma mit vielen Menschen teilen. Auch
in unserer eigenen Praxis machen wir Fortschritte.«

»Lebt ihr in Harmonie?« fragte der Buddha weiter.

Wieder antwortete Anuruddha: »Herr, wir leben in Harmonie
wie Milch und Honig. Mit Nandiya und Kimbila zu leben ist ein
großer Segen. Ich schätze ihre Freundschaft. Bevor ich etwas tue
oder sage, denke ich darüber nach, ob meine Worte oder Handlungen für meine Brüder hilfreich sind. Wenn ich darüber im
Zweifel bin, spreche und handle ich lieber nicht. Herr, wir sind
drei, aber wir sind auch eins.«

Der Buddha nickte zustimmend und sah die anderen beiden
Mönche an. Kimbila sagte: »Anuruddha spricht die Wahrheit,
Herr. Wir leben in Harmonie und sind einander sehr zugetan.«
Nandiya fügte hinzu: »Wir teilen alles miteinander – unser Essen,
unsere Einsichten und unsere Erfahrung.«

»Ausgezeichnet«, lobte der Buddha sie, »mit großer Freude höre ich, wie ihr lebt. Harmonie macht eine Gruppe wirklich zur Gemeinschaft. Ihr demonstriert wahres Erwachen.«

Der Buddha blieb einen Monat bei den Mönchen und beobachtete, wie sie des Morgens nach der Meditation um Almosen betteln gingen. Wer als erster zurückkam, bereitete den beiden anderen stets einen Platz, holte Wasser zum Waschen und füllte einiges von seinen Almosen in eine leere Schale, für den Fall, daß einer seiner Brüder nicht genug Gaben bekommen hätte. Nachdem dann alle drei Mönche mit dem Essen fertig waren, brachten sie die Essensreste in den Wald oder in den Fluß, wobei sie sehr darauf achteten, keines der dort lebenden Geschöpfe zu verletzen. Dann wuschen sie gemeinsam ihre Bettelschalen. Wenn einer von ihnen merkte, daß etwas ausgebessert werden mußte, tat er es sofort, und wenn eine Arbeit nicht von einem allein erledigt werden konnte, arbeiteten sie alle zusammen. Regelmäßig saßen sie auch zusammen und teilten ihre Einsichten und Erfahrungen miteinander.

Bevor er den Bambuswald verließ, gab der Buddha den drei Mönchen folgenden Rat: »Das Wesen einer Gemeinschaft ist Harmonie, und Harmonie entsteht, wenn man den Sechs Grundlagen der Eintracht folgt: den Raum teilen, das Notwendigste des täglichen Lebens teilen, dieselben Regeln einhalten, nur der Harmonie förderliche Worte gebrauchen, Einsichten und Erfahrungen teilen und die Ansichten der anderen respektieren. Eine Gemeinschaft, die sich an diese Prinzipien hält, lebt glücklich und in Frieden. Mönche, bitte übt weiterhin in dieser Weise.« Die Mönche waren überglücklich über den Aufenthalt und die Unterstützung des Buddha.

Als wir uns noch im Mutterleib befanden, haben wir uns – geschützt vor Hitze, Kälte, Hunger und anderen Widrigkeiten – sicher gefühlt. In dem Augenblick, da wir ins Leben geworfen wurden, begannen wir zu schreien, und seitdem sehnen wir uns zurück in die Sicherheit des Mutterleibs. Wir sehnen uns nach

Dauerhaftigkeit, doch alles verändert sich ständig. Wir begehren eine absolute Identität, aber sogar unser sogenanntes »Selbst« ist vergänglich. Wir suchen nach einem Platz, der sicher, geschützt und dauerhaft ist, etwas, auf das wir uns für lange Zeit verlassen können.

Wenn wir den Boden berühren, spüren wir die Beständigkeit der Erde und fühlen uns zuversichtlich. Wir können auch die Beständigkeit des Sonnenscheins, der Luft und der Bäume erfahren – wir können uns darauf verlassen, daß die Sonne auch morgen scheint und daß die Luft und die Bäume für uns da sind. Wenn wir ein Haus bauen wollen, müssen wir es auf festem Grund errichten. Bevor wir anderen vertrauen, müssen wir stabile Freunde finden, auf die wir uns verlassen können. Die »Zufluchtnahme« ist keine Sache blinden Glaubens oder Wunschdenkens, sie mißt sich an Ihrer realen Erfahrung.

Wir alle brauchen etwa Gutes, Schönes und Wahres, zu dem wir Zuflucht nehmen können. Zuflucht zur Achtsamkeit zu nehmen – der Fähigkeit, uns bewußt zu sein, was im gegenwärtigen Moment geschieht – ist sicher und alles andere als abstrakt. Wenn wir ein Glas Wasser trinken und wissen, daß wir ein Glas Wasser trinken, so ist das Achtsamkeit. Wenn wir sitzen, gehen, stehen oder atmen und wissen, daß wir sitzen, gehen, stehen oder atmen, berühren wir den Samen der Achtsamkeit in uns, und in einigen Tagen der Übung wird unsere Achtsamkeit stärker werden. Achtsamkeit ist das Licht, das uns den Weg zeigt. Sie ist der lebendige Buddha in uns. Achtsamkeit läßt Einsicht, Erwachen und Liebe entstehen. Wir alle tragen den Samen der Achtsamkeit in uns, und durch die Übung achtsamen Atmens können wir lernen, ihn zu berühren.

Zufluchtnahme zu unserer Fähigkeit zu erwachen ist eine tägliche Praxis. Wenn wir mit dieser Übung warten, bis Schwierigkeiten entstehen, ist es zu spät. Wenn die schlechten Neuigkeiten uns erreichen, können wir nicht damit umgehen. Wenn wir aber unsere Kraft und unser Können pflegen, indem wir jeden Tag, mehrmals am Tag, Zuflucht zu unserem Atem und unserer Achtsamkeit nehmen, werden wir stark sein und wissen, was wir in einer bestimmten Situation tun und was wir lassen müssen.

Wenn wir uns schneiden, hat der Körper die Fähigkeit, sich selbst zu heilen. Wir müssen die Wunde nur säubern, den Rest erledigt der Körper selbst. Das gilt auch für unser Bewußtsein. Wenn wir ärgerlich, voller Kummer oder verzweifelt sind, müssen wir nur bewußt atmen und das Gefühl einfach anerkennen, und unser Bewußtsein weiß, wie es die Wunden heilen kann. Achtsam zu leben bedeutet Zuflucht zu unserem Körper und zu unserem Geist zu nehmen.

> Ich nehme Zuflucht zum Buddha,
> der mir den Weg in diesem Leben weist.
> Ich nehme Zuflucht zum Dharma,
> dem Weg von Verstehen und Liebe.
> Ich nehme Zuflucht zum Sangha,
> der Gemeinschaft, die in Harmonie und Bewußtheit lebt.

Zufluchtnahme zu den Drei Juwelen ist eine sehr intensive Praxis. Es bedeutet zuerst einmal, Zuflucht zu sich selbst zu nehmen. Ich nehme Zuflucht zum Buddha in mir selbst und gelobe den Großen Weg zu vollenden, um den höchsten Geist zu erwecken. Ich nehme Zuflucht zum Dharma in mir selbst und gelobe Verständnis und Weisheit – weit wie der Ozean – zu entwickeln. Ich nehme Zuflucht zur Sangha in mir selbst und gelobe, eine Gemeinschaft ohne Hindernisse aufzubauen.

Wenn Sie als Mutter oder Vater Ihr Kind allein erziehen und glauben, Sie müßten verheiratet sein, um Sicherheit zu haben, denken Sie bitte noch einmal darüber nach. Vielleicht haben Sie jetzt viel mehr Sicherheit als mit einem anderen Menschen. Indem Sie Zuflucht zu sich selbst nehmen, schützen Sie die Stabilität, die Sie bereits haben. Zuflucht zu etwas Solidem zu nehmen, macht Sie selbst stabiler, und Sie werden zu einem Ort der Zuflucht für Ihr Kind und Ihre Freunde. Bitte werden Sie zu einem Menschen, auf den wir uns verlassen können. Wir brauchen Sie – die Kinder brauchen Sie, die Bäume und die Vögel brauchen Sie ebenso. Üben Sie sich bitte darin, zu sich selbst heimzukehren und in Achtsamkeit jeden Moment Ihres Lebens voll und ganz zu leben. Achtsam zu gehen, zu atmen, zu sitzen, zu essen und Tee zu trinken sind Mittel und Wege der Zufluchtnahme.

Zuflucht zur Sangha zu nehmen bedeutet, sein Vertrauen auf eine Gemeinschaft stabiler Mitglieder zu setzen, die sich gemeinsam in Achtsamkeit üben. Es ist schwierig, wenn nicht unmöglich, Achtsamkeit ohne eine Gemeinschaft zu üben. Lehrer und Lehren sind wichtig für die Praxis, aber eine Gemeinschaft von Freundinnen und Freunden ist der wichtigere Teil. Wir brauchen eine Sangha, um unsere Praxis zu stützen.

Wenn wir mit unserer Familie Atmen, Lächeln und achtsames Leben üben, wird unsere Familie auch unsere Sangha. Wenn wir eine Glocke zu Hause haben, dann ist auch sie Teil unserer Sangha, denn die Glocke hilft uns zu üben. Ebenso ist unser Meditationskissen Teil unserer Sangha. Viele Elemente helfen uns bei unserer Übung.

Mit dem Aufbau unserer Sangha können wir beginnen, indem wir einen Freund, eine Freundin einladen, mit uns gemeinsam zu üben, sei es Tee-Meditation, Sitz- oder Gehmeditation, Rezitation der Richtlinien oder ein Gespräch über den Dharma. All dies sind Möglichkeiten, eine heimische Sangha aufzubauen. Wenn später weitere Menschen dazukommen wollen, kann man eine kleine Gruppe bilden und sich wöchentlich oder monatlich treffen. Irgendwann in der Zukunft entsteht vielleicht sogar der Wunsch, ein Retreatzentrum auf dem Land aufzubauen. Die Praxis besteht nicht darin, sich für viele Jahre in die Einsamkeit zurückzuziehen, um Erleuchtung zu erlangen. Wahre Transformation, wahre Erleuchtung ist nur möglich, wenn wir in Kontakt bleiben.

Jede Sangha hat auch Probleme. Das ist natürlich. Wenn Sie leiden sollten, weil Sie kein Vertrauen in Ihre Sangha haben und im Begriff sind, sie zu verlassen, so hoffe ich, daß Sie sich Mühe geben weiterzumachen. Sie brauchen keine perfekte Sangha. Eine unvollkommene reicht. Wir tun unser Bestes, die Gemeinschaft zu verwandeln, indem wir uns selbst verwandeln und zu einem positiven Element der Sangha werden, sie akzeptieren und auf sie bauen. Im Prinzip geht es darum, die Sangha so zu bauen, daß jeder Freude an ihr hat.

Siddharta, der zukünftige Buddha, lud die Kinder von Uruvela, das Wasser des Flusses Neranjara, den Bodhibaum, das Kushagras und viele Vögel und Blumen in seine Sangha ein. In jedem Augenblick stehen uns mehr Möglichkeiten offen, als wir glauben. Ich weiß von Menschen in Gefängnissen und politischen Erziehungslagern Vietnams, die in ihren Zellen Gehmeditation üben. Wir müssen jede Gelegenheit, eine Sangha zu schaffen, nützen. Die Sangha ist ein Juwel.

Ditthadhamma sukhavihari bedeutet »glücklich im gegenwärtigen Moment weilen«. Wir eilen nicht in die Zukunft, weil wir wissen, daß alles bereits hier, im gegenwärtigen Moment, vorhanden ist. Wir wissen, daß wir angekommen sind. Gehmeditation kann sehr helfen. Wir gehen und berühren unser tiefstes Glück. In Plum Village gehen wir stets achtsam und bemühen uns, füreinander eine Glocke der Achtsamkeit zu sein. Ich übe für Sie, und Sie üben für mich. Andere Menschen sind überaus wichtig.

Wir müssen nicht intensiv üben. Wenn wir uns in einer guten Sangha aufhalten, geschieht die Verwandlung ganz von selbst. Es reicht, einfach in einer guten Sangha zu sein, in der die Menschen glücklich sind und jeden Augenblick ihres Lebens tief erleben. Verwandlung wird sich dann ganz mühelos einstellen. Das Wichtigste, was ein Dharmalehrer seinen Schülerinnen und Schülern anbieten kann, ist die Kunst des Sanghabauens. Die Sūtras zu kennen ist nicht genug. Die wichtigste Angelegenheit ist der Aufbau einer glücklichen Gemeinschaft, die sich um jeden kümmert – sich mit seinen Schmerzen befaßt, mit ihren Schwierigkeiten, seinen Wünschen, ihren Ängsten, seinen Hoffnungen –, damit alle sich wohl fühlen und glücklich sind. Das braucht Zeit und Energie.

Als der Buddha achtzig Jahre alt war, sagte der gleichaltrige

König Prasenajit einmal zu ihm: »Herr, wenn ich mir Eure Sangha betrachte, habe ich großes Vertrauen zu Euch.« Als der König die Gemeinschaft der Mönche und Nonnen des Buddha betrachtete und den von ihnen ausgehenden freudvollen Frieden sah, überkam ihn großes Vertrauen zum Buddha. Wenn wir eine Sangha sehen, deren Praxis Frieden, Gelassenheit und Glück ausstrahlt, entsteht auch in uns sofort Vertrauen. An der Sangha erkennt man den Lehrer. Ein Lehrer ohne Sangha ist nicht effektiv genug. Der Wert einer Ärztin, einer Psychotherapeutin oder einer Dharmalehrerin läßt sich an der sie umgebenden Gemeinschaft erkennen. An ihrer Sangha können wir ihre Fähigkeit, Menschen zu helfen, ablesen.

Teil einer Sangha zu sein, in der die Menschen gut miteinander üben, ist eine große Freude. Die besondere Art, wie jeder einzelne geht, ißt und lächelt, kann eine Quelle der Inspiration sein. Würden wir jemanden, der Hilfe braucht, einfach nur dem Einfluß einer solchen Gemeinschaft aussetzen, würde er verwandelt, auch wenn er selbst nicht übt. Das einzige, was er oder sie tun müßte, wäre da zu bleiben. Als Lehrer werde ich stets durch meine Sangha genährt. Alles, was die Gemeinschaft erreicht, unterstützt mich und gibt mir Kraft. Eine glückliche Gemeinschaft mit einer offenen Kommunikation zu bauen ist wirklich wesentlich.

Wenn Sie noch keine gute Sangha haben, dann nehmen Sie sich bitte die Zeit und Energie, eine aufzubauen. Ob Sie nun Psychotherapeutin, Sozialarbeiter, Friedensaktivistin oder Umweltschützer sind, in jedem Fall brauchen Sie eine Sangha. Ohne Sangha werden Sie sich sehr schnell verausgabt haben. Ein Psychotherapeut zum Beispiel kann mit ehemaligen Patientinnen und Patienten, die ihre Krankheit überwunden haben und in ihm einen Freund oder Bruder sehen, eine Gruppe aufbauen. Wir brauchen in unserer Praxis Brüder und Schwestern, um weitermachen zu können. In Vietnam sagen wir: »Wenn ein Tiger seinen Bergwald verläßt und in die Ebene kommt, wird er von den Menschen gefangen und getötet.« Wenn ein Praktizierender seine Sangha verläßt, wird er über kurz oder lang auch seine Übung aufgeben. Ohne Sangha kann er die Praxis nicht sehr lange aufrechterhalten. Der Aufbau einer Sangha ist für die Übung wesentlich.

Wenn es in Ihrer Gegend keine Sangha geben sollte, denken Sie an die Elemente einer zukünftigen Sangha – Ihre Kinder, Ihren Partner, einen Waldweg, den blauen Himmel, ein paar schöne Bäume – und setzen Sie Ihre ganze Kreativität ein, eine Sangha für die Unterstützung Ihrer Übung zu entwickeln. Wir sind darauf angewiesen, daß Sie die Samen von Frieden, Freude und liebevoller Güte in sich selbst und anderen bewässern, damit wir alle erblühen können.

Jedesmal, wenn ich Menschen sehe, die keine Wurzeln haben, sehe ich sie als hungrige Geister. In der buddhistischen Mythologie versteht man unter »Hungergeistern« Wesen, die von ungeheurem Hunger und Durst umgetrieben werden, deren Hals aber zu eng ist, um Essen oder Trinken durchzulassen.

Hungrige Geister sehnen sich nach Liebe, aber sie haben nicht die Fähigkeit, Liebe anzunehmen. Sie ahnen, daß das Leben eigentlich schön ist, können diese Schönheit aber nicht erleben. Irgend etwas hält sie davon ab, die aufbauenden und heilenden Kräfte des Lebens zu erfahren. In ihrem starken Wunsch, das Leben zu vergessen, wenden sie sich allen möglichen Rauschmitteln zu. Wenn wir ihnen sagen: »Tut das nicht!«, hören sie nicht zu. Sie haben genug Ermahnungen gehört. Sie brauchen etwas, an das sie glauben können, etwas, das ihnen zeigt, daß das Leben einen Sinn hat. Um einem hungrigen Geist zu helfen, müssen wir ihm oder ihr aufrichtig zuhören, müssen eine familiäre Atmosphäre schaffen und ihm oder ihr helfen, etwas Gutes, Schönes und Wahres zu erfahren, an das er oder sie glauben kann.

Unsere Gesellschaft bringt Millionen hungriger Geister hervor, Menschen aller Altersstufen. Ich habe Kinder gesehen, noch keine zehn Jahre alt, die überhaupt keine Wurzeln hatten. Sie haben zu Hause kein Glück kennengelernt, und sie haben nichts, an das sie glauben oder wo sie sich zugehörig fühlen könnten. Das ist die schwerste Krankheit unserer Zeit. Wie will man überleben, wenn man nichts hat, woran man glaubt? Wie kann man da die Kraft finden, zu lächeln, den Lindenbaum wahrzunehmen oder den blauen Himmel? Man ist verloren, lebt ohne jedes Verantwortungsgefühl und überläßt seinen Körper den zerstörerischen Wirkungen von Alkohol, Drogen und wahllosem Sex, ohne einen Ausweg zu sehen. Die Verfügbarkeit der Drogen ist nur eine sekundäre Ursache des Problems. Der Hauptgrund liegt darin, daß die Menschen keinen Sinn in ihrem Leben sehen. Menschen, die von Drogen und Alkohol abhängig sind, sind unglücklich; sie mögen sich selbst nicht und ebensowenig ihre Familie, die Gesellschaft und die Tradition. All das lehnen sie ab.

Wir können nicht auf uns allein gestellt leben, wir können nur in wechselseitiger Verbundenheit mit allen anderen leben – unsere Ahnen und die zukünftigen Generationen eingeschlossen. Unser »Selbst« besteht ausschließlich aus Nicht-Selbst-Elementen. Unsere Sorgen und unser Leiden, unsere Freude und unser Frieden haben ihre Wurzeln in Gesellschaft, Natur und unseren Mitmenschen. Wenn wir aufmerksames Betrachten und achtsames Leben üben, erkennen wir die Wahrheit des Interseins.

Ich hoffe, daß sich familienähnliche Übungsgemeinschaften mit einer warmherzigen, freundlichen Atmosphäre bilden werden. Wir brauchen die richtigen Bedingungen, damit den Menschen die Praxis leichtfällt. Wenn jeder Mensch eine Insel ist und nicht mit anderen kommuniziert, kann es nicht zu Transformation und Heilung kommen. Um Meditation zu üben, müssen wir geerdet sein. Der Buddhismus kann uns helfen, in unserer Gesellschaft, Kultur und Familie wieder Wurzeln zu schlagen. Der Buddha hat niemals gefordert, daß wir unsere Wurzeln aufgeben sollen, um etwas ganz Neues anzufangen.

Zwischenmenschliche Beziehungen sind der Schlüssel zur Praxis. Mit der Unterstützung auch nur eines Menschen entwickelt man Sicherheit und kann sich später den anderen widmen. In Asien versuchen wir, buddhistische Gemeinschaften nach dem Prinzip von Familien zu organisieren. Wir nennen uns Dharma-Brüder, Dharma-Schwestern, Dharma-Onkel, Dharma-

Kinder, Familien

Tanten, und unsere Lehrer und Lehrerinnen nennen wir Dharma-Väter und Dharma-Mütter. Ein Übungszentrum sollte diese Art von geschwisterlicher Wärme haben, eine familiäre Atmosphäre, die uns nährt. Im Wissen um die Tatsache, daß wir alle Liebe suchen, behandeln uns die Sangha-Mitglieder auf eine Weise, daß wir wieder Wurzeln schlagen können. In einer spirituellen Familie bekommen wir eine zweite Chance, Wurzeln zu schlagen.

Früher lebten wir in Großfamilien. Unsere Häuser waren von Bäumen umgeben, an die wir Hängematten banden, und wir hatten Zeit, uns gemeinsam zu entspannen. Die Kleinfamilie ist eine ziemlich neue Erfindung. Neben Mutter und Vater gibt es gerade noch ein oder zwei Kinder. Wenn die Eltern ein Problem haben, herrscht zu Hause dicke Luft, und es gibt kein Entkommen für das Kind, nicht einmal im Badezimmer kann es sich verstecken, denn die dicke Luft dringt bis in die letzten Winkel. So wachsen die Kinder der heutigen Zeit mit vielen Samen des Leidens auf. Und wenn wir nichts unternehmen, werden sie sie an ihre eigenen Kinder weitergeben.

In Plum Village stehen die Kinder im Zentrum unserer Aufmerksamkeit. Jeder Erwachsene ist verantwortlich mitzuhelfen, daß die Kinder sich sicher fühlen und glücklich sind. Wenn Kinder glücklich sind, dann sind es – wie wir wissen – auch die Erwachsenen. Ich hoffe, daß auch im Westen die Gemeinschaften der Übenden die warmherzige und großzügige Atmosphäre von Großfamilien entwickeln. Ich habe spirituelle Zentren gesehen, in denen Kinder als Hindernis für die Praxis angesehen werden. Wir müssen Gemeinschaften hervorbringen, in denen Kinder als die Kinder von allen gelten. Wenn ein Kind ein anderes schlägt, sind nicht nur seine Eltern dafür verantwortlich. Jedes Mitglied der Gemeinschaft muß daran mitarbeiten, Mittel und Wege zu finden, wie den Kindern geholfen werden kann. Vielleicht versucht ein Erwachsener das Kind festzuhalten, nicht wie ein Polizist, sondern wie ein Onkel oder eine Tante. Natürlich sollten zuerst die Eltern ihr Kind daran hindern, andere zu schlagen, aber wenn sie ihr Kind nicht zur Vernunft bringen können, dann sollten sie

200

einen Onkel oder eine Tante es versuchen lassen. Im Praxiszentrum sollte es auch einen Garten geben, in dem Kinder spielen können, und es sollten Menschen da sein, die gut mit Kindern umgehen können. Wenn es uns gelingt, dafür zu sorgen, werden alle – Eltern und Nicht-Eltern – die Praxis genießen. Wenn wir Gemeinschaften von Übenden in Form von Großfamilien gründen, müssen auch die Alten nicht außerhalb der Gesellschaft leben. Großeltern lieben es, Kinder in den Arm zu nehmen und ihnen Märchen zu erzählen. Wenn auch uns das gelingt, werden alle wirklich glücklich sein.

Wenn die Dinge schwierig werden, denken heutzutage viele Paare an Scheidung. In traditionellen Kulturen half die ganze Gemeinschaft dem Paar dabei, Mittel und Wege zu finden, wieder in Harmonie und gegenseitigem Verständnis zu leben. Heute gibt es Menschen, die schon drei-, vier- oder fünfmal geschieden sind. Das ist ein Thema, auf das die buddhistische Praxis eingehen muß. Wie können wir eine Gemeinschaft schaffen, die Paare unterstützt? Wie können wir alleinerziehenden Eltern helfen? Wie können wir die Übungsgemeinschaft in die Familie integrieren und die Familie in die Übungsgemeinschaft?

Wenn Sie ein alleinerziehender Elternteil sind, müssen Sie Ihrem Kind sowohl Vater als auch Mutter sein. Sie müssen die Idee fallenlassen, daß Sie erst dann vollständig sind, wenn sich »jemand« oder »etwas« zu Ihnen gesellt. Sie selbst sind genug. Sie können sich selbst in eine gemütliche, sichere Herberge verwandeln, voller Licht, Luft und Ordnung, und Sie werden anfangen, große Freude und tiefen Frieden zu empfinden. Die Liebe eines Vaters ist anders als die Liebe einer Mutter. Ein Vater sagt: »Wenn du das und das tust, liebe ich dich. Wenn nicht, bekommst du meine Liebe nicht.« Es ist eine Art Handel. Die Liebe einer Mutter ist weniger an Bedingungen geknüpft. Du bist das Kind deiner Mutter, und deshalb liebt sie dich. Einen anderen Grund braucht sie nicht. Eine Mutter hat die Neigung, ihr Kind als eine Erweiterung ihrer selbst, als ihr eigenes Selbst anzusehen, und sie setzt Körper und Geist ein, um diesen zarten, verletzlichen Teil ihrer selbst zu schützen. Das ist gut, kann aber später Probleme bereiten. Sie muß auch lernen, daß ihr Sohn, ihre Tochter ein eigenständiger Mensch ist.

Für eine alleinstehende Mutter ist es nicht einfach, ihrem Kind auch ein Vater zu sein, aber in einer guten Sangha, mit der Hilfe vieler Onkel und Tanten, kann sie ihr Bestes tun, beide Rollen zu spielen. Eines Tages sagte der Abt des Kim-Son-Klosters in Kalifornien zu mir: »Thây, du bist unsere Mutter.« Etwas in mir hat die Art einer Mutter. Wenn ich mit Kindern zusammen bin, kann ich sowohl Vater als auch Mutter für sie sein.

Alleinerziehende Eltern sind im Westen sehr verbreitet. Wenn es Ihnen gelingt, Ihr Kind glücklich aufzuziehen, können Sie die Frucht Ihrer Übung mit vielen Menschen teilen. Ein Kind allein zu erziehen, ist ein Dharma-Tor. Kindererziehung an sich ist ein Dharma-Tor. Wir brauchen Seminare, um die besten Wege zur Erziehung unserer Kinder zu erkunden. Die überlieferten Wege der Kindererziehung können wir nicht mehr akzeptieren. Aber gleichzeitig sind zeitgemäße Methoden noch nicht voll entwickelt. Wir müssen von unserer eigenen Übung und Erfahrung ausgehen, um neue Dimensionen in das Leben der Kleinfamilie zu bringen. Die Verbindung der Kleinfamilie mit der Gemeinschaft der Übenden mag sich als erfolgreiches Modell erweisen. Wir können unsere Kinder mit ins Praxiszentrum bringen, und alle werden von der Atmosphäre profitieren. Wenn Kinder glücklich sind, dann sind es auch die Erwachsenen, und alle werden ihre Praxis genießen.

Viele Menschen sind von ihren Eltern geschlagen oder mißhandelt worden, und noch viel mehr wurden ständig kritisiert oder vollständig abgelehnt. Diese Menschen haben in ihrem Bewußtsein so viele Samen des Unglücks gespeichert, daß sie nicht einmal mehr die Namen ihrer Väter oder Mütter hören können. Wenn ich solchen Menschen begegne, rate ich ihnen immer zu der Meditation über das fünfjährige Kind. Man könnte diese Übung eine Art Achtsamkeitsmassage nennen.

»Einatmend sehe ich mich selbst als fünfjähriges Kind. Ausatmend lächle ich dem fünfjährigen Kind in mir zu.« In der Meditation versuchen Sie, sich als fünfjähriges Kind zu sehen. Wenn Sie sich selbst als Kind aufmerksam betrachten, erkennen Sie, daß Sie äußerst empfindlich und leicht zu verletzen sind. Ein strenger Blick oder eine lautstarke Ermahnung können innere Muster in Ihrem Bewußtsein, Ihrem Gedächtnis festschreiben. Wenn Ihre Eltern streiten und sich beschimpfen, werden in Ihnen als Fünfjährigem viele Samen des Leidens gesät. Ich habe viele junge Menschen sagen hören: »Das schönste Geschenk, das meine Eltern mir machen können, ist selbst glücklich zu sein.« Weil er selbst unglücklich war, hat Ihr Vater Ihnen viel Leid gebracht. Jetzt jedoch visualisieren Sie sich als fünfjähriges Kind. Wenn Sie das Kind in sich nun anlächeln, empfinden Sie aufrichtiges Mitgefühl: »Ich war noch so jung und zart und habe schon so viel Leid erfahren.«

Am nächsten Tag würde ich Ihnen dann zu folgender Praxis raten: »Einatmend sehe ich meinen Vater als fünfjähriges Kind. Ausatmend lächle ich diesem Kind voller Mitgefühl zu.« Wir haben niemals unseren Vater als Kind gesehen. Wir stellen ihn uns immer als schon erwachsen vor, streng und mit großer Autorität. Wir haben uns niemals die Zeit genommen, unseren Vater als empfindsamen kleinen Jungen zu sehen, den andere ganz leicht verletzen können. Um sich Ihren Vater leichter als kleinen Jungen vorstellen zu können, könnten Sie das Familienalbum durchstöbern und die Fotos studieren, die Ihren Vater als Kind zeigen. Wenn es Ihnen gelingt, ihn als zart und verletzlich zu sehen, erkennen Sie vielleicht, daß auch er ein Opfer gewesen ist, vielleicht seines Vaters. Wenn er von seinem Vater viele Samen des Leidens empfangen hat, ist es nur natürlich, daß er seinen eigenen Sohn/seine eigene Tochter nicht richtig zu behandeln versteht. Also verursacht er auch Ihnen Leiden, und der Kreislauf von Samsara setzt sich fort. Und wenn Sie nicht Achtsamkeit üben, werden Sie Ihre eigenen Kinder höchstwahrscheinlich genauso behandeln. Aber wenn Sie begreifen, daß Ihr Vater selbst ein Opfer gewesen ist, wird Mitgefühl in Ihrem Herzen geboren, und Sie können lächeln. Indem Sie Achtsamkeit und Einsicht in Ihren Schmerz bringen, wird der Zorn, den Sie für Ihren Vater empfinden, beginnen sich aufzulösen, und eines Tages können Sie dann sagen: »Ich verstehe dich, Papa, du hast als Kind viel Schmerzliches durchgemacht.«

Ein Vierzehnjähriger, der in Plum Village übt, erzählte mir die folgende Geschichte. Jedesmal, wenn er hinfiel und sich weh tat, schrie sein Vater ihn an. Der Junge schwor, daß er, wenn er einmal groß sein würde, auf keinen Fall so mit seinen Kindern umgehen wolle. Eines Tages aber spielte seine kleine Schwester mit anderen Kindern. Sie fiel von der Schaukel und schlug sich das Knie auf. Das Knie seiner Schwester blutete, und er wollte sie eben anbrüllen: »Wie kannst du nur so blöd sein? Warum hast du nicht aufgepaßt?«, aber er fing sich gerade noch. Weil er geübt hatte, achtsam zu atmen, war er in der Lage gewesen, seinen Zorn zu erkennen und ihn nicht auszuagieren.

Während die Erwachsenen sich um seine Schwester kümmerten und ihre Wunde versorgten, ging er langsam davon und meditierte über seinen Zorn. Plötzlich erkannte er, daß er genauso war wie sein Vater. Er sagte mir: »Mir wurde klar, daß ich etwas gegen meinen Zorn unternehmen mußte, sonst würde ich ihn meinen Kindern weitervererben.« Er sah, daß die Samen des Zorns seines Vaters von den Großeltern stammen mußten – eine bemerkenswerte Einsicht für einen Vierzehnjährigen. Zu einer derartig klaren Sicht war er fähig, weil er geübt hatte.

Wir müssen unbedingt erkennen, daß wir die Kontinuität unserer Vorfahren durch unsere Eltern sind. Indem wir mit den Eltern *in uns* Frieden schließen, haben wir die Möglichkeit, auch mit unseren wirklichen Eltern Frieden zu schließen.

Für Menschen, die ihren Familien, ihrer Kultur oder ihrer Gesellschaft entfremdet sind, ist es manchmal schwer zu praktizieren. Selbst wenn sie viele Jahre lang intensiv meditieren, kann eine wahre Transformation kaum stattfinden, solange sie so isoliert sind. Wir müssen Verbindung mit anderen aufnehmen. Die buddhistische Praxis sollte uns helfen, heimzukehren und die besten Dinge unserer Kultur zu akzeptieren. Durch Verbindung mit unseren Wurzeln können wir lernen, aufmerksam zu schauen und mitfühlend zu verstehen. Praxis ist keine individuelle Angelegenheit. Wir üben mit unseren Eltern, unseren Ahnen, unseren Kindern und deren Kindern.

Unsere eigene Tradition hat uns Kostbarkeiten hinterlassen, die wir nicht ignorieren dürfen. Selbst das, was wir essen, trägt unsere Ahnen in sich. Wie können wir glauben, wir könnten uns von unserer Kultur trennen? Wir müssen unsere Tradition ehren. Sie ist Teil von uns. Meditation zeigt uns den Weg, wie das gehen kann. Ob wir nun Christen, Juden, Moslems, Buddhisten oder etwas anderes sind, wir müssen uns mit den Wegen unserer Vorfahren auseinandersetzen und die besten Elemente ihrer Tradition entdecken. Wir müssen den Ahnen in uns erlauben, Befreiung zu finden. In dem Augenblick, wo wir ihnen Freude, Frieden und Freiheit bieten können, bieten wir uns selbst, unseren Kindern und Kindeskindern ebenfalls Freude, Frieden und Freiheit. Wenn uns das gelingt, überwinden wir alle Grenzen und Unterscheidungen und schaffen eine Welt, in der alle Traditionen geehrt werden.

Einige von uns reden nicht gern über unsere Wurzeln, weil wir so sehr gelitten haben. Wir möchten lieber etwas Neues, aber die Ahnen in uns drängen uns, zurückzukommen und wieder Verbindung zu ihnen aufzunehmen – zu ihrem Schmerz wie ihrer Freude. Sobald wir dieser Bitte entsprechen, findet Transformation augenblicklich statt, und unser Schmerz beginnt sich zu lösen. Wir begreifen, daß wir die Kontinuität unserer Vorfahren und selbst die Vorfahren aller zukünftigen Generationen sind. Darum ist es so wesentlich, daß wir »heimkehren« und mit uns selbst und der Gesellschaft Frieden schließen.

Es gibt nicht den geringsten Grund, sich vor der Heimkehr zu fürchten. Es ist ein Heim, in dem wir die schönsten Dinge vorfinden. Unser Heim ist der gegenwärtige Moment, der einzige Augenblick, in dem wir das Leben berühren können. Wie können wir hoffen, den schönen Sonnenuntergang oder die Augen unseres geliebten Kindes zu berühren, wenn wir nicht in den gegenwärtigen Moment zurückkehren? Wie können wir unser Herz, unsere Lungen, unsere Leber oder unsere Augen berühren und ihnen die Chance geben, gesund zu sein, wenn wir nicht heimkehren? Zu Hause können wir die belebenden, schönen und heilenden Elemente des Lebens berühren.

Wenn wir den gegenwärtigen Moment zutiefst berühren, berühren wir auch die Vergangenheit und können alle früher verursachten Schäden heilen. Auch für die Zukunft sorgt man richtig vor, indem man sich gut um den gegenwärtigen Augenblick kümmert.

Eine mir bekannte Französin verließ im Alter von siebzehn Jahren ihr Elternhaus und zog nach England, so sauer war sie auf ihre Mutter. Als sie dreißig Jahre später ein Buch über Buddhismus las, verspürte sie den Wunsch, sich mit ihrer Mutter zu versöhnen; auch ihre Mutter war zur Versöhnung bereit. Aber jedesmal, wenn die beiden sich trafen, kam es zu einer Explosion. Beide hatten viele Jahre lang die Samen des Leidens gepflegt, und die Energie dieser Gewohnheitsmuster war gewaltig. Die Bereitschaft zur Versöhnung ist nicht genug. Wir müssen sie auch üben.

Ich lud sie nach Plum Village ein, um achtsames Sitzen, Gehen, Atmen, Essen und Teetrinken zu üben. Und durch die tägliche Übung war sie schließlich in der Lage, die Samen des Zorns in sich zu berühren. Nachdem sie einige Wochen geübt hatte, schrieb sie ihrer Mutter einen Versöhnungsbrief. Ohne die Anwesenheit ihrer Mutter war es für sie leichter, den Brief zu schreiben. Als die Mutter den Brief las, konnte sie die Frucht der Übung ihrer Tochter erkennen, und Frieden war endlich möglich.

Sie können jemandem, den Sie lieben, kein größeres Geschenk machen als Ihre Anwesenheit. Die sinnvollste Erklärung, die wir machen können, lautet: »Liebling, ich bin für dich da.« Ohne Ihre Aufmerksamkeit wird der Mensch, den Sie lieben, langsam eingehen. Wenn Ihre Geliebte leidet, müssen Sie sofort bereit sein: »Liebling, ich weiß, daß du leidest. Ich bin für dich da.« Das ist die Praxis der Achtsamkeit. Wenn Sie selbst leiden, müssen Sie zu

3 Mantras der Liebe

Vertrauen

Ihrem geliebten Menschen gehen und sagen: »Liebling, ich leide. Bitte hilf mir.« Wenn Sie das nicht sagen können, stimmt in Ihrer Beziehung etwas nicht. In wahrer Liebe ist kein Platz für Stolz. Nie sollten Sie zu stolz sein, um zu Ihrem Partner zu gehen, zu sagen, daß Sie leiden, und um Hilfe zu bitten. Wir brauchen einander.

Eines Tages sah ich in Plum Village eine Frau, die genauso aussah wie ein hungriger Geist. Überall blühten die Blumen, aber sie konnte sie nicht wahrnehmen. Sie schien an Einsamkeit zugrunde zu gehen. Sie war nach Plum Village gekommen, um mit anderen zusammen zu sein, aber nun blieb sie auch hier allein, weil sie es mit anderen nicht aushielt. Ich dachte, daß sie wohl aus einer kaputten Familie kommen müsse, aus einer Gesellschaft, die sie nicht anerkennt, oder aus einer Tradition, die nicht in der Lage ist, sie zu nähren. Ich bin vielen Menschen ohne Wurzeln begegnet. Sie möchten weg von ihren Eltern, ihrer Gesellschaft und ihrem Vaterland, und sie suchen etwas Gutes, Schönes und Wahres, an das sie glauben können. Solche Menschen kommen häufig in Meditationszentren, aber ohne Wurzeln können sie die Lehren nicht integrieren. Sie finden es nicht leicht zu vertrauen. Deshalb müssen wir also zuerst ihr Vertrauen gewinnen.

In den meisten asiatischen Ländern haben wir in jedem Haus einen Ahnenschrein und bringen den Vorfahren Blumen, Früchte und Getränke dar. Wir haben das Gefühl, daß die Ahnen unter uns sind. Gleichzeitig wissen wir jedoch, daß es viele Hungergeister gibt, die ziellos umherwandern. Einmal im Jahr richten wir einen speziellen Tisch für sie her und opfern ihnen Speis und Trank. Hungergeister hungern nach Liebe, Verständnis und nach etwas, an das sie glauben können. Nie haben sie Liebe erfahren, und niemand versteht sie. Für sie ist es ungeheuer schwierig, Speise, Trank und Liebe zu finden. Unsere Gesellschaft schafft tagtäglich Hunderte von Hungergeistern. Wir müssen sehr aufmerksam schauen, um sie verstehen zu können.

Unsere spirituelle Familie und die Familie unseres Blutes müssen beide stabil und glücklich sein. Wenn unsere Eltern glücklich miteinander sind, übertragen sie Liebe, Vertrauen und die Werte der Vorfahren an uns. Wenn wir mit unseren Eltern gut auskommen, sind wir durch sie mit den Vorfahren unseres Blutes verbunden. Wenn nicht, können wir unsere Wurzeln verlieren und Hungergeistern ähnlich werden.

Übertragung besteht aus drei Komponenten: demjenigen, der überträgt, dem übertragenen Objekt und dem Empfänger. Unser Körper und unser Bewußtsein wurde uns von unseren Eltern übertragen – wir sind der Empfänger. Wenn wir tief genug schauen, erkennen wir, daß die drei Komponenten eins sind. Das ist gemeint, wenn im Buddhismus von der »Leerheit der Übertragung« die Rede ist. Unsere Eltern haben uns nichts weniger gegeben als sich selbst – ihre Samen des Leidens, des Glücks und der Talente, die sie selbst, zumindest teilweise, von ihren Vorfahren erhalten haben. Wir sind weitestgehend die Kontinuität unserer Eltern und unserer Vorfahren. Wenn wir auf unsere Eltern zornig sind, sind wir auf uns selbst zornig. Versöhnen wir uns mit unseren Eltern, schließen wir mit uns selbst Frieden.

Ein junger Amerikaner, der nach Plum Village gekommen war, erzählte mir, daß er sehr wütend auf seinen Vater war, obwohl dieser schon gestorben war. Auf meinen Rat hin stellte der junge Mann ein Foto seines Vaters vor sich auf den Schreibtisch und übte, indem er seinem Vater in die Augen blickte. Allmählich war er in der Lage, das Leiden seines Vaters zu erkennen, und er verstand, daß sein Vater nicht fähig gewesen war, Samen der Liebe und des Vertrauens zu übertragen, weil er diese Samen in sich selbst nicht fühlen konnte. Dank dieser Erkenntnis konnte der junge Mann seinem Vater schließlich vergeben. Darüber hinaus begriff er, daß diese Samen auch in ihm selbst weiterhin begraben bleiben würden, wenn er nicht Achtsamkeit übte. Er schloß Frieden mit seinen Eltern, und durch diesen Akt stellte er die Verbindung zu allen Ahnen seines Blutes wieder her.

Auch in unserer spirituellen Familie haben wir Vorfahren, die Repräsentanten der Tradition. Aber wenn sie nicht zufrieden waren, wenn sie nicht das große Glück hatten, die Schätze der

Tradition empfangen zu haben, können sie sie auch nicht an uns weitergeben. Wenn wir für unseren Pastor, Rabbi oder Priester keinen Respekt empfinden, entscheiden wir uns vielleicht, der Tradition den Rücken zu kehren. Abgeschnitten von unseren spirituellen Ahnen, leiden wir, und auch unsere Kinder leiden. Wir müssen aufmerksam schauen, um herauszufinden, was nicht stimmt. Wenn die Vertreter unserer Tradition nicht die besten Werte dieser Tradition verkörpern, dann muß es dafür Gründe geben, und wenn wir die Gründe erkennen, entstehen Einsicht und Akzeptanz. Dann können wir heimkehren, uns wieder mit unseren spirituellen Lehrern verbinden und ihnen helfen.

Durch die Praxis der Achtsamkeit können wir die Juwele unserer eigenen spirituellen Traditionen entdecken. Im Christentum zum Beispiel ist die heilige Kommunion ein Akt der Achtsamkeit – wir essen unser Brot aufmerksam, um den gesamten Kosmos zu berühren. Im Judentum ist Achtsamkeit am Werk, wenn man den Tisch deckt oder die Sabbatkerzen anzündet. Alles geschieht in der Gegenwart Gottes. Entsprechungen der buddhistischen Drei Juwele finden sich im Christentum, im Judentum, im Islam und in anderen großen spirituellen Traditionen. Nachdem Sie Achtsamkeit geübt haben, werden Sie in der Lage sein, in Ihre spirituelle Heimat zurückzukehren und die Schätze Ihrer eigenen Tradition zu entdecken. Ich hoffe, daß Sie das tun werden, um sich selbst und Ihre Kinder zu stärken. Ohne Wurzeln können weder wir selbst noch unsere Kinder glücklich sein. Indem wir heimkehren und mit den wunderbaren Schätzen der Ahnen unseres Blutes und unserer Spiritualität in Kontakt kommen, werden wir heil.

Wir müssen Rückzugsmöglichkeiten schaffen, die wir von Zeit zu Zeit aufsuchen können, um unsere Energien zu erneuern. Dort sollte alles – die Landschaft, die Gebäude, ja sogar der Klang der Glocke – uns daran erinnern, zur Achtsamkeit zurückzukehren. Die Gemeinschaft, die ständig dort lebt, muß nicht groß sein. Zehn bis fünfzehn Menschen, die Frische und Frieden ausstrahlen – die Früchte eines Lebens in Achtsamkeit – sind genug. Wenn wir dann dorthin kommen, sorgen sie für uns, trösten uns, unterstützen uns und helfen uns, unsere Wunden zu heilen. Selbst wenn wir einmal nicht die Zeit finden, tatsächlich dort hinzugehen, müssen wir nur an das Zentrum denken, um wieder lächeln und mehr Frieden erleben zu können.

Von Zeit zu Zeit können die Bewohner auch große Retreats veranstalten, um die Kunst eines Lebens in Freude und gegenseitiger Fürsorge zu lehren. In Achtsamkeit zu leben ist eine Kunst, und ein Retreatzentrum kann ein Ort authentischer Freude und echten Glücks sein. Die Gemeinschaft kann auch Tage der Achtsamkeit anbieten, an denen Menschen zusammenkommen und einen Tag miteinander glücklich sind, Studienseminare zur Achtsamkeit, zum bewußten Atmen, zu Themen buddhistischer Psychologie und Transformation sind ebenfalls möglich. Mit allen müssen wir in Frieden und Harmonie zusammenarbeiten. Wenn wir die Begabungen und Ideen aller berücksichtigen, können wir Retreats und Tage der Achtsamkeit organisieren, die Kinder und Erwachsene gleichermaßen lieben und gerne öfter mitmachen möchten.

Die meisten Retreats werden der vorbeugenden Praxis vorbehalten sein, der Entwicklung einer Achtsamkeitspraxis, bevor die Dinge zu schlimm werden. Aber es sollte auch Retreats für diejenigen geben, die mitten in extremem Leiden stecken, obwohl auch dann zwei Drittel der Teilnehmer gesund und stabil sein müssen, damit die Übung erfolgreich ist. Tiefe und Substanz der Praxis sind am wichtigsten. Die Formen können angepaßt werden.

Im Retreatzentrum können wir es genießen, alles in Achtsamkeit zu tun, und unsere Freundinnen und Freunde werden den Wert der Praxis an uns erkennen – nicht an dem, was wir sagen, sondern daran, wie wir sind. Aber auch zu Hause, in der Arbeit oder in der Schule können wir die Praxis genießen. Damit die Übung Erfolg haben kann, müssen wir Mittel und Wege finden, sie in unseren Alltag zu integrieren. Ab und zu ein Retreatzentrum aufzusuchen, kann sehr helfen. Eine heimische Sangha zu bilden ist jedoch unverzichtbar.

Vor zweitausendfünfhundert Jahren sagte Buddha Shakyamuni voraus, daß der nächste Buddha Maitreya heißen wird – ›Buddha der Liebe«. Ich glaube, daß der Buddha der Liebe vielleicht eine Gemeinschaft sein wird und kein Individuum. Gemeinschaften achtsamer Lebensführung sind für unser Überleben und den Fortbestand des ganzen Planeten wesentlich. Eine gute Sangha kann uns helfen, der Hektik, der Gewalt und den unheilsamen Gewohnheiten unserer Zeit zu widerstehen. Achtsamkeit schützt uns und hilft bei unserer Entwicklung von Harmonie und Bewußtheit. In unserer Praxis brauchen wir die Unterstützung von Freunden und Freundinnen. Laßt uns gut füreinander sorgen.

SCHWESTER ANNABEL LAITY

Die sechs Prinzipien der Harmonie

Nachdem der Buddha gesehen hatte, in welcher Harmonie Anuruddha, Kimbila und Nandiya lebten, begann er die Sechs Grundlagen der Eintracht zu lehren, Prinzipien für ein glückliches Zusammenleben.

Die erste lautet »der Körper als Grundlage der Eintracht«. In einer Gemeinschaft versuchen wir zu lernen, gleichzeitig Individuen und Gemeinschaftsmitglieder zu sein. Im Westen betonen wir den Individualismus. In Plum Village versuchen wir Wege zu finden, unsere individualistischen Ansprüche herunterzuschrauben und gleichzeitig auf eine kreative Art und Weise ganz aus eigener Initiative zu üben.

In einer Gemeinschaft teilen wir uns den Raum, aber wir dürfen nicht vergessen, daß wir verschiedene Menschen sind. Jeder ist ein Mitglied der Familie, und doch ist jeder für seine eigene Gesundheit verantwortlich. Wir wollen der Gemeinschaft nicht zur Last fallen, also versuchen wir gesund zu bleiben. Wenn jemand ein wenig kränkelt, fühlen sich auch alle anderen nicht ganz wohl. Wenn sich jemand erkältet, macht sich die ganze Gemeinschaft Sorgen, und jeder gibt Ratschläge zur Genesung.

Wir lernen auch zusammen zu atmen. Jeder atmet ein bißchen anders, aber wenn wir genau auf den anderen achten, können wir mit ihm oder ihr atmen. Statt einen gemeinsamen Spaziergang zu machen, atmen wir manchmal nur miteinander. Menschen, die mit Sterbenden arbeiten, haben gelernt, ihren Atem mit dem des Sterbenden in Einklang zu bringen. Das kann eine wunderbare Übung sein.

Im zweiten Prinzip des Buddha, der »Grundlage des Teilens«, geht es um das Teilen materieller Dinge mit der Gemeinschaft. Der

Buddha hatte beobachtet, daß die Mönche, wenn sie von ihrem Almosengang zurückkehrten, immer etwas für den Letzten zur Seite legten.

In der größeren Gemeinschaft des Buddha lebte ein Mönch, der stets alles teilte, was er hatte, und wenn es nur ein Glas Wasser war. Die anderen Mönche waren tief beeindruckt und berichteten dem Buddha von seiner Großzügigkeit. Der Buddha erwiderte: »Er ist nicht immer so gewesen. In einem vergangenen Leben war er ein König, der niemals etwas mit anderen teilte. Als er eines Tages besondere Lust auf einen Brei aus Reis, Joghurt, Honig und Sesam hatte, dachte er bei sich: »Wenn ich den Brei in meinem Schloß zubereite, wollen die anderen auch etwas abhaben, ich nehme also besser alle Zutaten mit in den Wald und mache meinen Brei dort.«

Einige Götter, die sahen, was er tun wollte, verkleideten sich als Bettler und wollten den König um etwas Brei bitten. Damals aßen die Menschen von Blättern, die Götter holten sich also von einem speziellen Baum jeder ein besonders großes Blatt. Unterwegs konnten sie den Brei schon riechen, und schnell gingen sie zum König. »Wir kommen eben zufällig vorbei«, begannen sie, aber der König fiel ihnen ins Wort: »Was habt ihr hier zu suchen?«

Sie antworteten: »Wir sind unterwegs nach Vaishali.« Wieder unterbrach der König sie sofort: »Das ist der falsche Weg nach Vaishali. Ihr müßt in die entgegengesetzte Richtung. Macht, daß ihr wegkommt!«

Nun sagte einer der Bettler: »Wir haben großen Hunger. Schon lange haben wir nichts gegessen. Gib uns doch bitte etwas von deinem Brei ab.«

Der König erwiderte: »Nun gut, aber ihr dürft nicht eure großen Blätter nehmen. Geht, und sucht euch zuerst kleinere.«

Als sie schließlich mit kleineren Blättern zurückkehrten, gab der König jedem eine winzige Portion Brei. Er selbst nahm sich den ganzen Rest. Augenblicklich verwandelte sich einer der Götter in einen Hund und pinkelte dem König in seinen Brei. Die Götter verzehrten ihre kleinen Portionen mit großem Genuß und sagten: »Wenn du nicht teilst, sind die Dinge den Besitz nicht wert.«

»Von diesem Zeitpunkt an«, beendete der Buddha seine Geschichte, »lernte der König zu teilen. Schließlich wurde er sogar der großzügigste Mensch im ganzen Königreich.«

Die dritte Grundlage der Eintracht ist das Beachten derselben Regeln. In Plum Village bitten wir jeden, der Teil der Gemeinschaft werden möchte, die Fünf Richtlinien einzuhalten.

Wenn wir zum Beispiel im Garten arbeiten oder Pflaumen ernten, sind wir uns der Ersten Richtlinie bewußt, nämlich nicht zu töten. Wir bemühen uns auch, keine Produkte zu verwenden, die Leben vernichten oder Ergebnis des Nehmens von Leben sind. Das bedeutet, daß die Sachen bei uns manchmal länger dauern. Aber wenn wir einfach leben können, haben wir diese Zeit. Die Schnecken sind ein echtes Problem, jeden Tag sammeln wir sie auf und bringen sie in einer Blechdose irgendwohin, wo sie kein Gemüse fressen können. Die Fünf Wunderbaren Richtlinien sind für die Gesundheit der Gemeinschaft sehr wichtig.

Die vierte Grundlage der Eintracht beschäftigt sich mit der Rede. Meist entspringt das, was wir sagen, unseren Gewohnheitsmustern. Es entspricht dem, was wir schon früher gesagt oder von anderen gehört haben. Als wir Kinder waren, haben unsere Eltern bestimmte Dinge wieder und wieder gesagt, und ihre Gewohnheiten sind Teil unserer eigenen Art zu sprechen geworden. Wir müssen neue harmonische Sprachmuster entwickeln. Anuruddha und seine beiden Mönchsfreunde berichteten dem Buddha, daß sie, bevor sie tatsächlich das Wort ergriffen, sich immer die Frage stellten: »Wenn ich dieses oder jenes jetzt sage, wird es meine beiden Brüder glücklich machen?« Es geht darum, unsere negativen Sprechgewohnheiten aufzugeben. Wenn wir innehalten und unserem Atem folgen, findet eine Art Erneuerung statt, und eine neue Rede kommt zum Vorschein. Vor dem Sprechen stellen wir uns die Frage: »Wird es den anderen glücklich machen? Wird es den anderen Mitgliedern der Gemeinschaft helfen?«

Die fünfte Grundlage, Harmonie in den Ansichten, ist vielleicht die wichtigste. Wir müssen lernen, unseren Individualismus zu dämpfen. Wir haben starke Meinungen und tiefe Gefühle. Wenn wir jemanden etwas sagen hören, reagieren wir gewöhnlich sofort: »So sehe ich die Sache, so muß es also richtig sein.« Oder »Nein, das sehe ich anders, also muß es falsch sein.« Wenn in einer Gemeinschaft jemand eine Idee vorbringt, müssen wir aufmerksam zuhören und das Gesagte ernst nehmen. Ist jemand anderer Meinung, suchen wir nach Wegen, die beide Standpunkte berücksichtigen.

Das Teilen von Ansichten beinhaltet auch das Teilen unserer Praxiserfahrungen. Es ist ganz wichtig, daß wir nicht nur unsere positiven Erlebnisse mit anderen teilen, sondern genauso müssen wir unsere Fehler mitteilen und, wenn nötig, die anderen um Hilfe bitten. Wenn wir in unserer Praxis weitergekommen sind, sollten wir nie denken: »Ich bin weiter als die anderen.« Wir sollten diese Erfahrungen so mit den anderen teilen, daß es für sie möglichst hilfreich ist und nicht ihren Neid erregt.

Obwohl es zutrifft, daß wir das, was wir erfahren, niemals ganz mit Worten beschreiben können, ist die Sprache doch unser Fahrzeug. Nachdem der Buddha unter dem Bodhibaum sitzend seine Erleuchtung erlangt hatte, wußte er sieben Wochen lang nichts zu sagen. Er hatte das Gefühl, seine Erfahrung nicht mitteilen zu können. Erst als er den fünf Asketen begegnete, deren Leiden ihn tief berührte, war es ihm möglich, seine Erfahrung in Worte zu fassen. Er formulierte die Vier Edlen Wahrheiten, die Zwölf Glieder Abhängigen Entstehens und den Mittleren Weg. Der Mittlere Weg ergab sich offensichtlich als angemessene Lehre für Menschen, die extreme Askese übten. Die Lehre des Mittleren Weges kam nicht zustande, weil der Buddha eine spezielle Sicht zu vertreten hatte. Sie ergab sich, weil er deutlich sah, wie die falsche Sicht der Asketen zu Leiden führte. Wenn wir in einem Dharma-Gespräch unsere Vorstellungen von der Praxis darstellen, dann tun wir dies auch, um zu lernen, so über unsere Erfahrungen zu sprechen, daß es für uns selbst und andere hilfreich ist.

Die sechste Grundlage der Eintracht behandelt den Geist. Wir nutzen unseren Geist, unser Denken, um anderen in der Gemeinschaft zu helfen. Es ist, als würden wir über jedes Gemeinschaftsmitglied eine Akte führen. Wir wissen von jedem, was ihn freut und was ihn leiden läßt. Wenn jemand ein bestimmtes körperliches Gebrechen hat, so sind wir uns dessen bewußt. Wenn uns jemand etwas aus seiner Vergangenheit erzählt, nehmen wir es sofort in unsere Akte auf. Allmählich lernen wir die anderen immer besser kennen, und wir finden heraus, wie wir üben können, sie noch mehr zu lieben. So halten wir die Eintracht im Sinne des Geistes. So wie Ananda stets das Wohlergehen des Buddha im Sinn hatte, halten auch wir stets das Wohlergehen aller Mitglieder unserer Gemeinschaft im Sinn.

CHÂN PHÁP DÃNG

🀨 Lächeln

Bei uns in Plum Village ist die Achtsamkeitspraxis von Freude und Glück getragen. Alles, was wir tun, dient der Entwicklung dieser beiden, und die Grundlage dafür ist unsere Fähigkeit zu lächeln. Mit jedem Blick, mit jedem Schritt und mit jedem Atemzug üben wir zu lächeln. Die Übung der Achtsamkeit ohne Lächeln bringt Schwere, wir werden müde und gelangweilt, und nur zu bald geben wir unsere Praxis wieder auf. Manchmal fühlen die Menschen sich überwältigt, weil sie so unfroh üben. Es ist nicht immer leicht zu lächeln. Wenn wir es aber kontinuierlich üben, wird uns das Lächeln schließlich zur Gewohnheit. Je mehr wir lächeln, desto glücklicher sind wir. Jeden Morgen, wenn ich aufwache, kehre ich zu meinem Atem zurück und rezitiere das folgende Gatha:

Ich erwache heute morgen und lächle.
Vierundzwanzig brandneue Stunden liegen vor mir.
Ich gelobe, jeden Augenblick voll und ganz zu leben
und alle Wesen mit Augen des Mitgefühls zu sehen.

Einfach nur dieses Gatha zu rezitieren und dabei bewußt zu atmen, zaubert schon ein Lächeln auf meine Lippen. Manchmal vergesse ich auch zu lächeln, aber wenn ich dann das Fenster öffne, erinnert mich der Gesang der Vögel wieder daran.

In der Sitzmeditation gründe ich mich fest in meinem bewußten Atmen und lächle. Freude und Glück sind immer da aber wir müssen sie erkennen – mit einem Lächeln geht das leicht. Es ist sehr angenehm, als junger Mönch in einer guten Gemeinschaft zu leben und sich in der Sitzpraxis ruhig und ausgeglichen fühlen zu dürfen. Freude und Glück entspringen ganz natürlich meinem Lächeln. Mein Lächeln bringt auch in die Atmosphäre der Gemeinschaft Freude und Glück, und ich kann es fühlen.

Jeden Morgen grüßen wir einander mit einem frühen Lächeln, und auch unsere Gäste heißen wir mit einem breiten Lächeln willkommen. Bevor er wieder abfuhr, hat ein amerikanischer Freund einmal gesagt: »Danke für deine Hilfe bei der Praxis, besonders für dein Lächeln. Es hat etwas in mir verändert.«

Gewöhnlich nehmen wir unsere Mahlzeiten schweigend ein. Von Zeit zu Zeit blicken wir auf, sehen unsere Sangha an und lächeln. Ich lächle während der formellen Mahlzeiten fast immer, denn mir gegenüber sitzt meine jüngere Schwester Chân Tuê Nghiêm. Ich esse sehr gerne schweigend, weil ich dann das Essen wirklich berühren kann. Auch wenn ich nur Reis esse, empfinde ich tiefe Freude und tiefes Glück. Durch den Reis erkenne ich meine Brüder und Schwestern in Vietnam. Solche Gefühle machen den Reis kostbarer, und er schmeckt noch besser.

In den geleiteten Meditationen lächeln wir unserem Körper, unseren Gefühlen, unserem Schmerz und unserem Zorn zu, denn ein Lächeln hat die Kraft, unsere Gefühle, unseren Schmerz und unseren Zorn zu heilen und uns Freude und Glück zu bringen. Das Lächeln ist eine Blume, die auf den Lippen eines jeden Menschen erblühen kann.

TEIL 6

Die Zukunft liegt in unserer Hand

THICH NHAT HANH

✺ Diät für eine achtsame Gesellschaft

Um in unserem Alltagsleben Frieden finden zu können, brauchen wir ein paar Richtlinien. Der Buddha gab vor zweitausendfünfhundert Jahren Anathapindika und seinen Freunden Fünf wunderbare Richtlinien für die Gestaltung eines friedvollen und heilsamen Lebens. Seit dieser Zeit sind die Fünf Richtlinien in vielen Ländern Asiens zur ethischen Grundlage eines glücklichen Lebens geworden. Ich möchte sie Ihnen heute auf eine Weise präsentieren, die ihre Anwendbarkeit auch unter heutigen Bedingungen sichtbar macht. Gewalt, Rassendiskriminierung, Alkoholismus, sexuelle Ausbeutung, Umweltverschmutzung und viele weitere Probleme drängen uns, Mittel und Wege zu finden, dem zügellos in uns und in der Gesellschaft wuchernden Leid Einhalt zu gebieten. Ich hoffe, daß Sie über die Fünf Richtlinien nachdenken und sie in die Praxis umsetzen, entweder in der hier präsentierten Form oder so, wie sie in Ihrer eigenen Tradition gelehrt werden.

Die Erste Richtlinie

Im Bewußtsein des Leides, das durch die Zerstörung von Leben entsteht, gelobe ich, Mitgefühl zu entwickeln und Wege zu erlernen, das Leben von Menschen, Tieren, Pflanzen und Mineralien zu schützen. Ich bin entschlossen, nicht zu töten, das Töten durch andere zu verhindern und keine Form des Tötens zu dulden, sei es in der Realität, in meinen Gedanken oder in meiner Lebensart.

Die Basis aller Richtlinien ist Achtsamkeit. Mit Achtsamkeit wird uns bewußt, daß überall Leben vernichtet wird, und wir geloben,

Mitgefühl zu entwickeln, als Energiequelle für den Schutz von Menschen, Tieren, Pflanzen, kurz unseres ganzen Planeten. Mitgefühl allein ist jedoch nicht genug. Ebenso müssen wir Verständnis entwickeln, damit wir wissen, was zu tun ist. Wir müssen uns Mühe geben, alle Kriege zu stoppen.

Die Grundlage allen Handelns ist der Geist. Es ist gefährlicher mit dem Geist zu töten als mit dem Körper. Wenn Sie zum Beispiel der Überzeugung wären, Ihr Weg sei der einzig richtige für die Menschheit und jeder, der einem anderen Weg folgt, somit Ihr Feind, wäre es möglich, daß Millionen Menschen wegen dieser Idee sterben müssen. Nicht nur indem Sie physisch das Töten vermeiden, beachten Sie die Erste Richtlinie. Auch wenn Sie nur in Ihren Gedanken den Akt des Tötens weiter zulassen, weichen Sie von dieser Richtlinie ab. Wir müssen aufmerksam schauen. Sobald wir etwas kaufen oder konsumieren, beteiligen wir uns möglicherweise schon an einem Tötungsakt. Die Erste Richtlinie bringt unseren Entschluß zum Ausdruck, weder direkt noch indirekt zu töten und außerdem andere vom Töten abzuhalten. Indem wir geloben, diese Richtlinie üben zu wollen, verpflichten wir uns zum Schutz unseres Planeten und werden zu einem Bodhisattva, getragen von der Energie der Übung von Liebe und Mitgefühl.

Die Zweite Richtlinie

Im Bewußtsein des Leides, das durch Ausbeutung, soziale Ungerechtigkeit, Diebstahl und Unterdrückung entsteht, gelobe ich, liebevolle Güte zu entwickeln und Wege zu erlernen, die dem Wohlergehen der Menschen, Tiere, Pflanzen und Mineralien dienen. Ich gelobe Großzügigkeit zu üben, indem ich meine Zeit, Energie und materiellen Mittel mit denen teile, die sie wirklich brauchen. Ich bin entschlossen, nicht zu stehlen und mir nichts anzueignen, was anderen zusteht. Ich will das Eigentum anderer achten, aber auch andere davon abhalten, sich an menschlichem Leiden oder am Leiden anderer Lebensformen auf der Erde zu bereichern.

Diebstahl hat viele Gesichter. Unterdrückung ist eine Form des Stehlens, die sowohl hier als auch in der Dritten Welt viel Leiden verursacht. Ganze Nationen werden von Armut und Unterdrückung zerrissen. Gern würden wir den hungernden Kindern ja helfen, wir sind jedoch vollauf mit den Problemen unseres eigenen Alltagslebens beschäftigt, so daß uns keine Zeit bleibt. Manchmal könnte schon ein Medikament oder etwas Reis das Leben eines Kindes retten, aber weil wir uns nicht von den kleinen Problemen unseres Lebensstils befreien können, tun wir nichts.

Auch in dieser Richtlinie geht es um ein Bewußtsein des Leides und die Entwicklung liebevoller Güte. Wir haben vielleicht ein großzügiges Wesen, aber wir müssen auch spezielle Wege finden, unsere Großzügigkeit zum Ausdruck zu bringen. Zeit ist mehr als Geld. Zeit ist dafür da, anderen Menschen Freude und Glück zu bringen und damit uns selbst glücklich zu machen. Es gibt drei Arten von Geschenken: das Geschenk materieller Güter, das Geschenk, anderen zu helfen, sich auf sich selbst verlassen zu können, und das Geschenk der Furchtlosigkeit. Menschen zu helfen, sich nicht von der Furcht auffressen zu lassen, ist das größte Geschenk von allen. Die Zweite Richtlinie lehrt uns die äußerst tiefgründige Praxis, unsere Zeit, Energie und materiellen Güter mit den wirklich Bedürftigen zu teilen. Damit ist sie ein wahres Spiegelbild für das Bodhisattva-Ideal des Mitgefühls.

Die Dritte Richtlinie

Im Bewußtsein des Leides, das durch sexuelles Fehlverhalten entsteht, gelobe ich, Verantwortung zu entwickeln und Wege zu erlernen, die Sicherheit und Integrität von Individuen, Paaren, Familien und der Gesellschaft zu schützen. Ich bin entschlossen, keine sexuelle Beziehung aufzunehmen ohne Liebe und die Absicht einer dauerhaften Bindung. Um mein eigenes Glück und das der anderen zu bewahren, will ich die von mir und anderen eingegangenen Bindungen achten. Ich will alles mir Mögliche tun, um Kinder vor sexuellem Mißbrauch zu schützen, und verhindern, daß Paare und Familien infolge sexuellen Fehlverhaltens auseinanderbrechen.

Diese Richtlinie üben wir, um zu verhindern, daß wir selbst und andere verletzt werden, und um Frieden und Sicherheit in uns selbst, unseren Familien und der Gesellschaft wiederherzustellen. Eine sexuelle Beziehung ist ein Akt der Kommunion, der in Achtsamkeit und mit Liebe, Fürsorge und Achtung ausgeübt werden sollte. »Liebe« ist ein wunderbares Wort, dem wir seinen wahren Sinn wiedergeben müssen. Wenn wir sagen: »Ich liebe Hamburger«, mißbrauchen wir das Wort. Wir müssen uns Mühe geben, Worte wieder angemessen und mit Bedacht zu gebrauchen. Wahre Liebe umfaßt immer auch ein Gefühl der Verantwortung und das Akzeptieren des anderen Menschen so, wie er ist, mit all seinen Stärken und Schwächen. Wenn Sie nur die guten Seiten eines Menschen lieben, kann man nicht von wahrer Liebe sprechen. Sie müssen auch seine Schwächen akzeptieren und dann Ihre Geduld, Ihr Verständnis und Ihre Energie einsetzen, um dem anderen zu helfen, sich zu ändern. Diese Liebe ist zuverlässig.

Die Liebe, die uns krank macht, beschreiben wir mit dem Ausdruck »Liebeskrankheit«. Diese Liebe ist eine Art Anhaftung oder Sucht. Wie eine Droge verleiht sie uns ein kurzzeitiges Hochgefühl, aber wenn wir erst süchtig sind, finden wir keinen Frieden mehr. Wir können nicht mehr arbeiten, studieren oder schlafen. Wir denken ausschließlich an den anderen Menschen. Diese Liebe ist besitzergreifend, ja sogar totalitär. Wir wollen das Objekt unserer Liebe besitzen, wir dulden nicht, daß irgend jemand oder irgend etwas uns daran hindert, diesen Menschen total in Besitz zu nehmen. So schaffen wir ein Gefängnis für den Menschen, den wir lieben. Er hat nicht mehr das Recht, er selbst zu sein.

Das Gefühl der Einsamkeit ist in unserer Gesellschaft allgegenwärtig, und es kann uns in eine Beziehung zwingen. Naiv glauben wir, daß eine sexuelle Beziehung uns die Einsamkeit nehmen würde. Aber wenn zwischen Ihnen und Ihrem Partner/Ihrer Partnerin keine echte Kommunikation stattfindet, wird die sexuelle

Verbindung den Abgrund nur vergrößern, und Sie werden beide leiden.

Der Ausdruck »dauerhafte Bindung« kann die Tiefe unserer Liebe eigentlich nur unzureichend beschreiben, aber irgend etwas müssen wir schließlich sagen, damit die Menschen verstehen.

Sie müssen eine langfristige Bindung eingehen, wenn Sie Ihr Kind wirklich aufrichtig lieben und ihm, Ihr Leben lang, in seiner Reise durchs Leben beistehen wollen. Wenn Sie einen guten Freund, eine gute Freundin haben, gehen Sie auch eine langfristige Bindung ein. Um wieviel mehr, wenn es sich um den Menschen handelt, mit dem Sie Ihren Körper und Ihre Seele teilen wollen. Es ist wichtig, eine derartige Verpflichtung im Rahmen einer Gemeinschaft einzugehen, die Ihren Entschluß bezeugt und Ihnen beiden hilft. Das, was Sie füreinander empfinden, reicht vielleicht nicht aus, Ihr Glück auch in Zeiten von Widrigkeiten zu erhalten. Selbst wenn Sie die Institution der Ehe nicht akzeptieren, ist es doch wichtig, daß Sie Ihrer gegenseitigen Verpflichtung in Gegenwart lieber Freunde Ausdruck geben. Als Ergebnis erfahren Sie Frieden, Sicherheit und eine größere Chance für wahres Glück.

Auch diese Richtlinie hat einen Bezug zur Gesellschaft. Auf vielerlei Weise leiden unsere Familien und die Gesellschaft unter den Folgen sexuellen Fehlverhaltens. Viele Menschen leiden tagtäglich, weil sie als Kind mißbraucht wurden. Wenn Sie diese Richtlinie beachten, geloben Sie die Kinder zu schützen, aber auch diejenigen, die Kinder sexuell mißbrauchen. Diejenigen, die das Leiden verursachen, müssen ebenfalls Empfänger unserer Liebe und unseres Schutzes werden. Sie sind das Produkt einer instabilen Gesellschaft und brauchen unsere Hilfe. Gerade in diesem Bereich braucht unsere Gesellschaft Bodhisattvas, die daran arbeiten, Leiden durch das Zerbrechen von Beziehungen, Familien und individuellen Leben zu verhindern.

Die Vierte Richtlinie

Im Bewußtsein des Leides, das durch unachtsame Rede und durch die Unfähigkeit, anderen zuzuhören, entsteht, gelobe ich, Liebevolles zu sprechen und tief mitfühlend zuzuhören, um meinen Mitmenschen Freude und Glück zu bereiten und zu helfen, ihr Leiden zu lindern. In dem Wissen, daß Worte sowohl Glück als auch Leid hervorrufen können, gelobe ich, wahrhaftig und einfühlsam reden zu lernen und Worte zu gebrauchen, die Selbstvertrauen, Freude und Hoffnung fördern. Ich bin entschlossen, keine Neuigkeiten zu verbreiten, bevor ich nicht ganz sicher bin, daß sie der Wahrheit entsprechen, und nichts zu kritisieren oder zu verurteilen, worüber ich nichts Genaues weiß. Ich will keine Worte gebrauchen, die Spaltung, Haß oder Zwietracht auslösen oder zum Bruch von Familien und Gemeinschaften beitragen können. Ich will mich stets um Versöhnung und Lösung aller Konflikte bemühen – so klein sie auch sein mögen.

Liebevolle Rede ist ein Akt der Großzügigkeit. Wenn wir von liebevoller Güte motiviert sind, können wir durch freundliche Worte viele Menschen glücklich machen. Solange wir selber große Schmerzen empfinden, ist es schwierig, liebevoll zu reden, also ist es notwendig, daß wir die Natur unseres Zorns, unserer Verzweiflung und unseres Leidens aufmerksam betrachten, damit wir sie überwinden können. Gebrauchen wir Worte, die Selbstvertrauen und Zutrauen inspirieren, blühen die Menschen auf, besonders unsere Kinder.

Wenn wir uns in meiner Tradition zur Übung tiefen Zuhörens inspirieren möchten, rezitieren wir den folgenden Vers:

Wir rufen deinen Namen, Avalokiteshvara. Wir haben die feste Absicht, deine Art des Zuhörens zu erlernen, um zu helfen, das Leiden in der Welt zu lindern. Du weißt, wie man zuhört, um zu verstehen. Wir rufen deinen Namen, um mit offenem Herzen und unserer ganzen Aufmerksamkeit das Zuhören zu üben. Wir werden dasitzen und zuhören, ohne voreingenommen zu sein. Wir werden dasitzen und zuhören, ohne zu verurteilen oder zu beeinflussen. Wir werden dasitzen und zuhören, um zu verstehen. Wir werden dasitzen und so aufmerksam zuhören, daß wir wirklich wahrnehmen können, was die andere Person sagt, und auch, was sie nicht sagt. Wir wissen, daß wir schon durch tiefes Zuhören sehr viel Schmerz und Leid beim anderen lindern können.

Aufmerksames Zuhören ist die Basis der Versöhnung. Sich versöhnen bedeutet, allen Mitgliedern der Familie und der Gesellschaft Frieden und Glück zu bringen. Um die Arbeit der Versöhnung voranzubringen, dürfen wir uns nicht auf die Seite einer der beiden Parteien schlagen. Wir müssen neutral bleiben, damit wir beide Seiten verstehen können. Diese Arbeit erfordert Mut; vielleicht werden wir von genau den Menschen, denen wir helfen wollen, unterdrückt oder sogar getötet. Nachdem wir beide Seiten angehört haben, können wir jeder Partei vom Leiden der jeweils anderen Seite berichten. Das allein wird schon zu einem besseren Verständnis führen. Dringend werden Menschen gebraucht, die diese Arbeit in den vielen Krisenherden der Welt tun können. Unsere Gesellschaft braucht Bodhisattvas, die den oft tiefen Abgrund zwischen Religionen, Rassen und Völkern überbrücken können.

Die Fünfte Richtlinie

Im Bewußtsein des Leides, das durch unachtsames Konsumieren entsteht, gelobe ich, auf körperliche und geistige Gesundheit zu achten, für mich selbst, meine Familie und meine Gesellschaft, indem ich achtsames Essen, Trinken und Konsumieren übe. Ich will nur das zu mir nehmen, was das Wohl, den Frieden und das Glück meines Körpers und meines Geistes fördert und ebenso der kollektiven körperlichen und geistigen Gesundheit dient. Ich bin entschlossen, auf Alkohol oder andere Rauschmittel zu verzichten und keine Nahrungsmittel oder andere Dinge zu mir zu nehmen, die eine zerrüttende Wirkung haben, wie z. B. bestimmte Fernsehprogramme, Zeitschriften, Bücher, Filme und Unterhaltungen. Ich bin mir bewußt, daß ich meinen Vorfahren, meinen Eltern, der Gesellschaft und den zukünftigen Generationen

Unrecht tue, wenn ich meinen Körper und mein Bewußtsein solch schädigenden Einflüssen aussetze. Ich will an der Transformation von Gewalt, Angst, Ärger und Verwirrung in mir selbst und in der Gesellschaft arbeiten, indem ich eine maßvolle Lebensweise übe. Mir ist bewußt, daß eine maßvolle Lebensweise für meine eigene Veränderung ebenso entscheidend ist wie für die Veränderung der Gesellschaft.

Im Westen haben die Menschen den Eindruck, daß ihr Körper ihr Eigentum sei und sie daher mit ihm anstellen können, was immer sie wollen. Sie haben das Gefühl, ihr Leben ganz nach eigenem Belieben leben zu können. Dabei haben sie sogar das Gesetz auf ihrer Seite. Das ist krasser Individualismus. Doch die Lehre des Interseins zeigt uns, daß unser Körper nicht unser Eigentum ist. Er gehört unseren Vorfahren, unseren Eltern und den zukünftigen Generationen. Er gehört ebenso der Gesellschaft und allen Lebewesen. Alle sind zusammengekommen, um die Gegenwart dieses Körpers zu schaffen. Den Körper gesund zu erhalten bedeutet, dem ganzen Kosmos Dank zu erweisen – den Bäumen, den Wolken, allem. Sie üben diese Richtlinie für die ganze Gesellschaft. Sind Sie körperlich und geistig gesund, können wir alle davon profitieren. Wir sind, was wir konsumieren und verdauen. Wir müssen essen, trinken und konsumieren; tun wir es jedoch ohne Achtsamkeit, können wir leicht unseren Körper und unser Bewußtsein schädigen und uns gegenüber unseren Vorfahren, unseren Eltern und den zukünftigen Generationen undankbar erweisen. Das Objekt dieser Richtlinie ist achtsames Konsumieren.

Für jede Familie ist es wichtig, mindestens eine gemeinsame Mahlzeit täglich einzunehmen. Diese Mahlzeit sollte eine Gelegenheit sein, Achtsamkeit zu üben und sich bewußt zu werden, wieviel Glück wir haben, zusammensein zu können. Nachdem wir uns hingesetzt haben, sehen wir einander an, atmen ein und aus und lächeln einander kurz an. Diese Übung kann Wunder wirken. Sie macht uns real, und sie macht die anderen und den Eßtisch real.

Dann üben wir Meditation über das Essen. Ein Familienmitglied blickt ein Gericht auf dem Tisch an, beschreibt es und erzählt seine Geschichte. Kinder und Erwachsene können daraus lernen und eine tiefere Einsicht in das Wesen der Speisen gewinnen. Das dauert nur ein paar Minuten, kann aber jedem helfen, das Essen viel mehr zu genießen. Zum Beispiel könnte jemand sagen: »Dieses Brot aus Weizen, Sonne und Regen ist das Ergebnis viel harter Arbeit. Den Weizen hat ein Bauer biologisch angebaut, und es hat eine ganze Menge Benzin gekostet, das Mehl zu unserem Bäcker an der Ecke zu transportieren. Laßt uns die positiven und negativen Elemente in jedem Bissen würdigen, und laßt uns so leben, daß wir uns dieser Speise würdig erweisen.«

Eine sehr wichtige Übung ist es auch, während des Essens zu schweigen, und wenn es nur ein paar Minuten sind. Die Stille nimmt alle Ablenkungen weg, die uns daran hindern könnten, wirklich mit dem Essen in Berührung zu kommen. Unsere Achtsamkeit ist vielleicht nicht so stark, und es könnte uns überfordern, ein Gespräch zu führen und gleichzeitig das Essen zu würdigen. Darum ist es sehr gut, während der ersten fünf oder zehn Minuten des Essens zu schweigen. In meiner Klostertradition üben wir vor dem Essen die Fünf Kontemplationen. Die zweite dieser Kontemplationen lautet: »Wir geloben uns der Speisen würdig zu erweisen.« Ich denke, die beste Art, sich des Essens würdig zu erweisen, besteht darin, es achtsam zu essen. Der ganze Kosmos hat zusammengewirkt, um dieses Essen hervorzubringen, und jemand hat eine Stunde oder mehr mit seiner Zubereitung zugebracht. Es wäre doch ein Jammer, wenn wir es da nicht mit Achtsamkeit und Wertschätzung verzehren würden.

Nach der Periode des Schweigens können wir achtsames Sprechen üben. Wir reden auf eine Art und Weise, die das Glück in der Familie zunehmen läßt. Keinesfalls sollten wir über Dinge sprechen, die zu Streit führen können; und während des Essens sollten wir niemanden tadeln. Das würde alles verderben. Eltern sollten nicht über die Fehler ihrer Kinder sprechen; und auch die Kinder sollten nur Dinge sagen, die die anderen glücklich machen und die Achtsamkeit der ganzen Familie verstärken. Wenn wir so miteinander reden, pflegen wir die Samen des Glücks aller Familienmitglieder. Das Leben ist eine Kunst. Wir alle müssen Künstler werden, um glücklich zu leben. Über Geschäfte oder die Schule können wir auch später noch sprechen. Während des Essens sind wir voller Dankbarkeit, daß wir zusammen sind, daß wir etwas zu essen haben, und wir genießen wirklich das Essen und die Gegenwart der anderen.

Auf eine gesunde Lebensführung zu achten ist wesentlich. Schließlich gibt es so viele wunderbare Dinge zum Essen und Trinken, daß wir auf die schädlichen verzichten sollten. Alkohol zum Beispiel ist Ursache für sehr viel Leid. Sehr viele Menschen haben in ihrer Kindheit an Mißhandlungen durch alkoholkranke Eltern gelitten. Das zur Alkoholherstellung verbrauchte Obst und Getreide könnte viele Hungernde ernähren. Und wie viele Autounfälle geschehen nicht unter Alkoholeinfluß! Wenn wir begreifen, daß wir nicht nur für uns selbst üben, hören wir auf, Alkohol zu trinken. Mit dem Trinken aufzuhören ist eine Erklärung an unsere Kinder und an die Gesellschaft, daß wir den Alkohol nicht gut heißen. Selbst wenn wir selbst keinen Alkohol trinken, könnten wir von einem betrunkenen Autofahrer getötet werden. Wenn wir auch nur einen Menschen überzeugen können, daß es besser ist, nicht mehr zu trinken, wird die Welt für uns alle ein kleines bißchen sicherer. Das Trinken von Wein ist natürlich tief in der abendländischen Kultur verwurzelt. In den Zeremonien der Eucharistie und des Passah-Festes ist Wein ein bedeutendes Element. Ich habe mit Priestern und Rabbinern darüber gesprochen, und sie haben mir versichert, daß es durchaus möglich sei, den Wein durch Traubensaft zu ersetzen.

Häufig müßten wir gar nicht so viel konsumieren. Aber der Konsum selbst kann zu einer Art Sucht werden – weil wir uns so einsam fühlen. Einsamkeit ist heutzutage ein weitverbreitetes Leiden. Wenn wir einsam sind, führen wir unserem Körper und unserem Bewußtsein Dinge zu, die Giftstoffe enthalten. Genauso wie wir mit einer passenden Ernährung für unseren Körper sorgen, müssen wir auch eine Art Diät für unser Bewußtsein einhalten und darauf achten, keine vergiftete intellektuelle oder spirituelle Nahrung zu uns zu nehmen. Wenn wir ohne Achtsamkeit fernsehen, Magazine oder Bücher lesen oder telefonieren, machen wir unsere Lage nur noch schlimmer. Schauen wir uns eine Stunde einen Film mit viel Gewalt an, wässern wir die ganze Zeit die Samen der Gewalt, des Hasses und der Angst in uns. Wir müssen in unseren Familien einen intelligenten Umgang mit dem Fernsehen entwickeln. Vielleicht müßten wir auf unseren Fernsehgeräten einen ähnlichen Warnhinweis anbringen wie auf den Zigarettenschachteln: »Fernsehen gefährdet Ihre Gesundheit.«

Natürlich gibt es auch viele schöne und nützliche Programme. Wir müssen unsere Fernseher nicht vernichten; wir müssen das Medium nur mit Weisheit und Achtsamkeit nutzen. Und vielleicht hilft es ja etwas, an die Fernsehanstalten zu appellieren, bessere Programme zu senden, oder Fernsehgeräte auf den Markt zu bringen, die nur Kanäle mit der Bildung förderlichen Programmen empfangen können. Wir brauchen Schutz, denn die Gifte sind allgegenwärtig. Sie zerstören unsere Gesellschaft, unsere Familien und uns selbst.

Eine Diät einzuhalten ist die Essenz dieser Richtlinie. Unser kollektives Bewußtsein enthält viel Gewalt, Angst, Gier und Haß, die als Kriege und Bomben manifest werden können. Kriege und Bomben sind Produkte der Angst im kollektiven Bewußtsein. Die Bomben zu beseitigen ist nicht genug. Selbst wenn wir alle Bomben auf einen weit entfernten Planeten bringen könnten, wären wir noch nicht sicher, denn die Wurzeln für Kriege und Waffen wären in unserem kollektiven Bewußtsein immer noch vorhanden. Mit zornigen Demonstrationen werden wir den Krieg nicht abschaffen können. Wir müssen die Giftstoffe in unserem eigenen und im kollektiven Bewußtsein transformieren. Wir müssen für uns selbst, unsere Familien und die Gesellschaft eine gesunde Lebensführung praktizieren; und wir müssen mit Künstlern, Schriftstellerinnen, Filmemachern, Rechtsanwältinnen, Psychotherapeuten und anderen zusammenarbeiten, wenn wir den übertriebenen Konsum stoppen wollen, der unser kollektives Bewußtsein vergiftet.

Das Problem ist sehr umfassend. Es geht nicht nur um ein Gläschen Wein. Wenn Sie selbst ganz auf Alkohol oder unheilsame Filme und Fernsehsendungen verzichten, dann tun Sie etwas für die ganze Gesellschaft. Wenn Sie erkennen, daß wir uns in großer Gefahr befinden, ist der Verzicht auf das erste Glas Wein ein Ausdruck Ihrer Erleuchtung. Sie geben Ihren Kindern, Ihren Freunden und uns allen ein Beispiel. In einem französischen Fernseh-Werbespot heißt es: »*Un verre, ça va, deux verres, bonjour les dégâts.*« »Ein Glas ist o. k., mit dem zweiten beginnt die Zerstörung.« Sie sagen nicht, daß es ohne das erste kein zweites Glas geben könnte.

Bitte befolgen Sie meinen Rat und schreiben Sie drei Dinge auf. Erstens, welche Giftstoffe haben Sie bereits jetzt in Ihrem Körper und welche in Ihrer Psyche, Ihrem Bewußtsein? Unter was leiden Sie? Wenn Sie Sitz- oder Gehmeditation üben müssen, um aufmerksam genug zu schauen, dann tun Sie es bitte. Danach betrachten Sie Körper und Psyche Ihrer Kinder, Ihres Ehepartners oder anderer, die Ihnen nahestehen, schließlich üben Sie ja gemeinsam. Identifizieren Sie die Giftstoffe und schreiben Sie sie auf ein Blatt Papier – das ist Meditation, aufmerksames, wirkliches Schauen, um die Dinge bei ihrem wahren Namen zu nennen.

Zweitens stellen Sie sich die Frage: »Welche Giftstoffe führe ich meinem Körper und meinem Geist täglich zu? Wie steht es mit meiner Familie? Was nimmt meine Heimatstadt und mein Land an Gewalt, Haß und Furcht zu sich?« Die tägliche Gewalt auf der Straße zeigt, wieviel Haß, Angst und Gewalt in unserer Gesellschaft vorhanden ist. Welche Giftstoffe nehmen wir in unseren Familien, Städten und Nationen täglich zu uns? Sich dieser Frage zu stellen, ist eine kollektive Meditation.

Drittens, schreiben Sie aus Ihrer Einsicht heraus ein Rezept auf. Zum Beispiel: »Ich gelobe, von heute an nichts mehr von diesem oder jenem zu mir zu nehmen, damit mein Körper und mein Bewußtsein gesund werden.« Das ist die Basis jeder Praxis – die Übung liebevoller Güte gegenüber sich selbst. Sie können niemanden lieben, bevor Sie sich selbst nicht lieben und gut für sich sorgen. Wenn Sie auf diese Weise üben, entwickeln Sie Frieden, Liebe und Einsicht. Wenn Sie aufmerksam schauen, kommt die Einsicht, und aus Ihrer Einsicht entsteht Mitgefühl.

Bevor Sie mit dem Essen beginnen, atmen Sie ein und aus, sehen Sie sich die Speisen an und entscheiden Sie, was gut für Sie ist und was nicht. So üben Sie die Richtlinie, indem Sie Ihren Körper schützen. Wenn Sie fernsehen oder ins Kino gehen möchten, überlegen Sie sorgfältig, was Sie oder Ihre Kinder anschauen sollten und was nicht. Wählen Sie auch die Bücher und Zeitschriften für sich und Ihre Kinder nach diesen Kriterien aus. Wir sind nicht darauf angewiesen, uns von Dingen unterhalten zu lassen, die noch mehr Giftstoffe enthalten. Unsere eigene Einsicht befähigt uns zu entscheiden, was wir in unseren Körper und unsere Psyche aufnehmen wollen und was nicht.

Bitte diskutieren Sie mit Ihrer Familie und Ihren Freunden über eine Diät für den Körper und das Bewußtsein sowohl auf der individuellen als auch auf der kollektiven Ebene der Gesellschaft. Das ist Meditationspraxis und wahre Friedensarbeit. Der Friede beginnt damit, daß jeder einzelne von uns sich jeden Tag um seinen Körper und sein Bewußtsein kümmert.

Ich hoffe, daß Sie die Fünf Richtlinien buchstäblich und sinngemäß üben, daß Sie sie regelmäßig rezitieren und mit Freunden über sie sprechen werden. Wenn Sie ähnliche Regeln aus Ihrer eigenen Tradition vorziehen, dann ist das wunderbar. In Plum Village rezitieren wir die Richtlinien jede Woche. Eine Person liest jede Richtlinie langsam vor, atmet dreimal tief und sagt dann: »Dies ist die (Erste) Richtlinie. Habt ihr euch während der letzten Woche Mühe gegeben, sie zu studieren und zu praktizieren?« Wir antworten nicht mit ja oder nein. Wir atmen dreimal tief ein und aus und lassen die Frage einfach nur auf uns wirken. Das reicht. »Ja« wäre nicht ganz richtig, aber »nein« würde ebenso wenig stimmen. Niemand kann diese Richtlinien vollkommen üben.

Selbst wenn Sie sich zum Beispiel streng vegetarisch ernähren, enthält Ihre Nahrung immer noch Lebewesen. Aber etwas müssen wir tun. Und die Übung dieser Richtlinien ist eine Richtung, die wir einschlagen können, um die so dringend dramatischen Veränderungen in uns selbst und in der Gesellschaft herbeizuführen.

ROBERT AITKEN

🕸 Die Richtlinien und ihre verantwortungsvolle Übung

Als westliche Buddhisten anerkennen wir zwar unser monastisches Erbe, tendieren jedoch dazu, uns über diese archaische, restriktive und exklusive Art religiöser Übung erhaben zu fühlen. Die meisten von uns leben nicht als Mönche oder Nonnen. Unsere buddhistischen Zentren sind keine Klöster im traditionellen Sinne. Dennoch entspricht es unserm Selbstverständnis, daß wir die Arbeit des Buddha Shākyamuni und seiner asiatischen Nachfolger in unserer eigenen Zeit und Kultur fortsetzen. Tun wir das wirklich? Ist unsere Art, als Laien zu üben, eine natürliche Veränderung des Alten unter neuen Bedingungen? Oder besteht die Gefahr, daß wir aus modernen Zutaten etwas Neues konstruieren, das bloß an der Oberfläche wie Buddhismus aussieht?

Wir sind nicht die ersten, die sich mit diesen Fragen herumschlagen. Nachdem der Buddhismus nach China gelangt war, bestand der nächste Schritt darin, Klöster einzurichten, aber auch Laien die Möglichkeit zu geben zu üben. Das Ganze natürlich mit chinesischer Prägung. Der alte Weg eines Lebens ohne Arbeit wurde verworfen. »Ein Tag ohne Arbeit ist ein Tag ohne Essen«, erklärte Pai Chang, der Begründer des Klostersystems im Chan-Buddhismus (Zen). Allerdings handelte es sich größtenteils um Arbeit, die der Aufrechterhaltung des Klosterlebens diente. *Dana* war und ist bis heute die Grundlage der buddhistischen Traditionen Ostasiens. Die Aufgabe der Laien bestand meist darin, Mönche, Priester und Tempel zu unterhalten. In Japan besteht die Tempelgemeinschaft aus *danka* (»Dana-Familien«).

Die Verschiebung in Richtung Laientum ist weitergegangen. Nehmen wir Japan als Beispiel: Die Kamakura-Reformation im

235

13. Jahrhundert hat das Hauptgewicht der Verantwortung für die Verwirklichung des Dharma bis zu einem gewissen Grad den Laienanhängern zugeschoben. Dieser Prozeß hat einen generellen Niedergang der Religion ausgelöst, trotzdem sieht man bis zum heutigen Tag gewöhnliche Menschen den Namen Buddhas rezitieren oder unter Beratung von Priestern Zazen üben, oder sogar mit Mönchen gemeinsam Retreats absolvieren. In neueren Schulen des Buddhismus, wie etwa der Risshō Koseikai, sind nicht einmal die Führer ordiniert.

In unseren westlichen Mahāyāna-Zentren werden Mitglieder beiderlei Geschlechts ordiniert, obwohl die alten Zölibatsregeln, im Zuge früherer Reformationen ausgehöhlt, gewöhnlich nicht eingehalten werden. Benediktinische Arbeitsregeln wurden eingeführt, und einige Zentren versuchen, wirtschaftlich unabhängig zu werden. Laienanhänger überwiegen und üben gemeinsam mit Ordinierten. Auch Theravāda- und Vajrayāna-Zentren haben sich im Westen gebildet – Theravāda ohne nennenswerte Abweichungen von der monastischen Tradition und Vajrayāna meist ohne Weihen.

Für uns westliche Buddhisten ist es sicher an der Zeit, ja höchste Zeit, eine Bestandsaufnahme zu machen. Fangen wir mit der Absicht des Buddha an: Er wollte mit Sicherheit, daß der Sangha mehr ist als ein bloßer Zusammenschluß von Menschen, die dieselben religiösen Sehnsüchte teilen. Als Juwel des Weges war der Sangha für ihn die natürliche »Ordnung«, die allein Menschen die Befreiung von Angst und Leid ermöglichen konnte. Darüber hinaus betrachtete er die Annahme der Richtlinien, weiterentwickelt aus früheren Formulierungen in Indien und Persien, als notwendige Voraussetzung für alle, die dem Weg zu folgen wünschten.

Ungeachtet aller Veränderungen im Buddhismus, sind seine Anhänger dieser Sichtweise des Sangha als der »Ordnung« (Orden) des Dharma und den Richtlinien als dem Lebensstil des Sangha stets treu geblieben. Dennoch – als ein lebendiger Organismus entwickelt sich auch der Sangha weiter. Joanna Macy hat gezeigt, daß Theravāda-Mönche in Sri Lanka auch den Spaten in die Hand nehmen können und so ihren Beitrag zu der dort weitverbreiteten Bewegung der Selbstversorgung leisten. Westliche Laienbuddhisten halten es natürlich für selbstverständlich, die Verantwortung für ihre religiöse Praxis selbst zu übernehmen.

Thich Nhat Hanh, der »Thây« oder »Meister« des vietnamesischen Buddhismus im Westen, hat sich viele Gedanken zum Juwel des Weges, des Sangha, gemacht. Seinem Tiep-Hien-Orden gehören Mönche und Nonnen auf der ganzen Welt an. Seine Retreats geben ihnen und den Laienanhängern die Art der Sangha-Erneuerung, die die alten Weisen in ihren Monsun-Retreats gefunden haben. So wie bei der ursprünglichen Gemeinde des Buddha steht die Lehre der Vinaya, des moralischen Wegs, am Anfang. Seine Schüler lernen Anstand im Umgang miteinander, und als anständige Menschen gehen sie daran, die vielen Lebewesen zu retten.

Als Basis für diese Praxis dienen Thây *die pañcha-sila*, die Fünf fundamentalen Richtlinien des alten Weges. Er formuliert jede dieser Regeln positiv, ohne dabei jedoch ihren scharfen, Verzicht heischenden Impetus aufzugeben. Seine Formulierung bleibt der tiefgründigen Absicht des Buddha in jedem Fall treu und ist gleichzeitig relevant für heutige Schüler, die bereit sind, volle Verantwortung für ihre Übung zu übernehmen. Aus: »Ich gelobe, nicht zu töten«, wird so: »Im Bewußtsein des Leides, das durch die Zerstörung von Leben entsteht, gelobe ich, Mitgefühl zu entwickeln und Wege zu lernen, das Leben von Menschen, Tieren, Pflanzen und Mineralien zu schützen. Ich bin entschlossen, nicht zu töten, das Töten durch andere zu verhindern und keine Form des Tötens zu dulden, sei es in der Realität, in meinen Gedanken oder in meiner Lebensführung.«

Indem wir dieses Gelübde zu unserem eigenen machen, machen wir uns den entsprechenden Lebensstil zu eigen. Wir sagen demütig: »Mit allen meinen Schwächen und Fehlern nehme ich meine Aufgabe als Bodhisattva an.« Die Lebensart des Bodhisattva ist die Übung des »Nicht-Tötens«. Was aber ist »Nicht-Töten« anderes, als *tatsächlich* mit jedem Lächeln und mit jedem ermutigenden Wort das Leben zu nähren? Und was sind die anderen »nicht« in den Richtlinien – »nicht stehlen«, »nicht lügen« und so weiter anderes, als die Praxis des Mitgefühls und des Schützens von Menschen, Tieren, Pflanzen und Mineralien! Thâys wunderbare Worte erweitern den Horizont der Richtlinien – und das, so nehme ich an, ist ja das Ziel der meisten westlichen Lehrer. Wenn in vergangenen Jahrhunderten die Richtlinien bloße Pro-forma-Gelübde oder metaphysische Formeln gewesen sein sollten, so ist diese Zeit endgültig vorbei. In den meisten unserer Zentren werden die Richtlinien in Kursen oder im Rahmen von Orientierungsprogrammen studiert, die als Vorbereitung für die Zuflucht-Zeremonie gelten. Aus diesem Studium und aus den Zeremonien selbst ergibt sich klar und eindeutig, daß wir immer Menschen bleiben, egal wie der Grad unserer Erkenntnis auch beschaffen sein mag. Es gibt keine Vollkommenheit, außer der Vollkommenheit in unseren Herzen, der wir, so gut wir eben können, in unseren Familien, unter unseren Freunden und Kollegen und in der Welt zu entsprechen versuchen. Als Lehrer und Schüler nehmen wir uns die Richtlinien gleichermaßen zu Herzen und wenden sie in unserem Alltag so bewußt wie möglich an – oder wir sind bloß Möchtegern-Buddhisten, die viel Unheil anrichten können, was wir – mit großer Trauer – leider schon beobachten mußten.

Im Avatamsaka-Sūtra wird beschrieben, wie der junge Sudhāna, am Ende seiner langen Pilgerschaft, die glorreiche Pagode des Maitreya betritt und in ihr eine unendliche Anzahl weiterer Pagoden vorfindet, alle gleichermaßen prächtig geschmückt. Sobald er eine dieser inneren Pagoden betritt, trifft er auch dort wieder auf eine unendliche Anzahl weiterer Pagoden. Auf diese Weise erkannte Sudhāna das Netz des Indra, in dem jeder Punkt aus einem Juwel besteht, das alle anderen Juwele vollkommen reflektiert. Jedes Lebewesen, jedes Element eines jeden Lebewesens, enthält vollkommen alle anderen. Endlich kam er mit vollem Gewahrsein zu sich selbst, zu seinem eigenen Fleisch-und-Blut-Schatz des wechselseitigen Verbundenseins.

Wie in allen solchen Volkssagen, ist der Aufenthalt des Sudhāna in der Pagode selbst eine Pagode, die von jedem betreten und zur eigenen Wirklichkeit gemacht werden muß: die Realität der Heldin ebenso wie die des Helden, die des Erwachsenen, des alten Menschen und auch die des Jugendlichen. Es handelt sich um eine Personalisierung, deren Ziel nicht bloß in einer religiösen Pilgerschaft gipfelt, sondern die auf jedem Schritt des Weges von Bedeutung ist.

Diese »Dimension jeden Schrittes« wird von den Richtlinien des Buddha erhellt. Was ist »Nicht-Töten« anderes als das stufenweise Erlebnis letztendlicher Nähe, die wir in Sudhāna feiern? Tatsächlich lassen wir diese Intimität mit jedem Lächeln, mit jedem ermutigenden Wort realer und realer werden. Und was sind all die anderen »nicht« in den Richtlinien – »nicht stehlen«, »nicht lügen« und so weiter anderes, als Herr und Frau Sudhāna, die uns hier und heute ihre ewigen Juwele zeigen!

Was aber ist mit der Verschwörung des Untergangs, die solchen Metaphern Hohn lacht und die alles Gewordene, das wert ist, erhalten zu werden, den Flammen völliger Vernichtung ausliefern könnte? Irgendwie muß es uns gelingen, das allem inhärente Juwelen-Netz sichtbar zu machen – trotz Konsumterrors und Nationalismus. Das ist der Schritt über die Klostermauern hinaus, der von den alten Meistern nicht vorgegeben werden konnte. Es ist aber ein Schritt, ein Weg, den die unheilige Allianz von Gier, nationalem Egoismus, Rassismus, männlicher Vorherrschaft und Technokratie unumgänglich gemacht hat. Mit Sicherheit kein leichter Weg. Ich bin Thich Nhat Hanh dankbar für das Licht, mit dem er ihn uns erhellt.

STEPHEN BATCHELOR

Die Zukunft liegt in unserer Hand

»Was ist deine Übung?« Viele Praktizierende des Buddhismus würden denken, daß dies eine Frage nach ihrer bevorzugten Meditationsform ist und würden demzufolge etwa antworten: »Ich übe *vipassana* oder *dzogchen,* oder *shikantaza.*« Solche Antworten reflektieren die weitverbreitete Sicht, daß Übung im wesentlichen eine Angelegenheit der spirituellen Technik sei. Ethik gilt von diesem Gesichtspunkt aus als ein Satz von Werten und Richtlinien, die die eigene Praxis *unterstützen.*

Der Buddha jedoch sprach von der Übung *(siksa)* als einem dreifachen Weg, bestehend aus Ethik, Meditation und Weisheit. Wenn Buddhisten sich aber unter dem Einfluß der technozentrischen Kultur des Westens betrachten, verstehen sie ihr »Tun« hauptsächlich im Sinne der zweiten dieser drei Übungen, nämlich der Meditation. Das paßt zu einer Weltsicht, in der der Lösung von Problemen durch Anwendung von Techniken absolute Priorität eingeräumt wird.

Der signifikanteste Aspekt der sich entwickelnden Bewegung eines engagierten Buddhismus besteht in der Neubewertung dessen, was mit »Übung« oder »Praxis« umschrieben wird. Durch die Betonung des Engagements verschiebt sich das Zentrum der Übung von einer ausschließlichen Identifikation mit der Meditation hin zu einem Miteinbeziehen ethischer Fragen. Hier besteht allerdings die Gefahr, daß »engagierte Buddhisten« sich subtil (oder weniger subtil) anderen Buddhisten, die »nur« meditieren, überlegen fühlen. Wie beim Technozentrismus der Meditierenden laufen engagierte Buddhisten Gefahr, einer weiteren westlichen Obsession anheimzufallen: dem Glauben, allein das Handeln zähle.

Ethik als Übung beginnt damit, ethische Probleme in die Sphäre meditativen Gewahrseins einzubeziehen – sich achtsam der widerstreitenden Impulse gewahr zu sein, die während der Meditation ins Bewußtsein dringen. Statt sie als Ablenkungen zurückzuweisen (was ganz legitim wäre, wenn man Konzentration üben wollte), erkennt man sie als Potential für Handlungen, die eigenes Leiden oder das Leiden anderer zur Folge haben können.

Die Übung dieser Achtsamkeit führt zu zunehmender Empfänglichkeit gegenüber dem Von-Augenblick-zu-Augenblick-Entstehen von Gedanken und Emotionen. Sehr häufig werde ich mir eines Gefühls, zum Beispiel meines Zorns, erst dann bewußt, wenn er mich bereits überwältigt hat. Die oben erwähnte Art der Meditation trainiert mich darin, Geisteszustände während ihres Entstehens zu beobachten.

Das heißt aber nicht, daß ich die Impulse, die nicht in mein spirituelles Selbstbild passen, unterdrücke oder mißachte. Achtsamkeit bedeutet, alles, was entsteht, zu akzeptieren und es zu durchschauen. Die Wurzel meiner ethischen Praxis besteht in der Fähigkeit zu akzeptieren, daß auch ich *potentiell* ein Mörder, Dieb, Vergewaltiger, Lügner und Drogenabhängiger bin. Ethik zu üben bedeutet, die Realität dieser Impulse anzunehmen – und loszulassen. Sie loszulassen heißt, ihnen zu gestatten, ihrer eigenen Natur der Auflösung zu folgen. Denn nur wenn ich einen Impuls bestätige: »ja, ich hasse diesen Menschen!«, setze ich die Kettenreaktion in Gang, die in verbalem oder physischem Handeln gipfelt.

Wenn die Kraft der Achtsamkeit langsam wächst, gewinne ich zunehmende Entscheidungsfreiheit. Achtsamkeit verstärkt sich jedoch nicht nur durch die größere Kapazität, achtsam zu sein – wir alle haben wohl schon einmal die Erfahrung gemacht, uns selbst achtsam beim Übertreten einer Richtlinie zu beobachten. Achtsamkeit wird ebenso durch ihre »Schwester«-Qualitäten ermächtigt – gläubiges Vertrauen, Enthusiasmus, Meditation und Weisheit (die übrigen vier der fünf Kräfte, *indriya*, von denen der

241

Buddha sprach). Je weniger eine solche Achtsamkeit vorhanden ist, desto leichter wird unsere Wahl von psychischer Gewohnheit und gesellschaftlicher Konditionierung bestimmt. Nur wenn die Achtsamkeit voll entfaltet ist, bin ich in meiner Entscheidung wirklich frei.

Was bestimmt meine Entscheidung für dieses anstatt jenes? Was läßt mich glauben, diese Handlung sei richtig, eine andere jedoch falsch? Achtsamkeit hilft mir zu erkennen, welche Impulse von Augenblick zu Augenblick entstehen, aber sie sagt mir nicht, welche dieser Impulse ich loslassen und welchen ich nachgeben sollte. Um das zu wissen, muß ich mir meiner Prioritäten und Werte bewußt sein. Und dieses Gewahrsein liegt im Herzen meines *gläubigen Vertrauens* als Buddhist.

Die Praxis buddhistischer Ethik basiert auf gläubigem Vertrauen. Denn was ich als richtig und falsch, gut und schlecht betrachte, kann ich weder logisch beweisen noch sinnlich erfahren. Selbst wenn ich meine Überzeugung, was richtig und was falsch ist, mit dem Hinweis auf mein Gewissen, meine Intuition oder meine Buddha-Natur rechtfertige, handelt es sich immer noch um einen Akt gläubigen Vertrauens auf etwas (wie das Gewissen), das ich nicht beweisen oder beobachten kann.

»Buddhistische Ethik« bezieht sich generell auf die Richtlinien, denen ich mich als Laienanhänger, als Ordinierter, als strebender Bodhisattva, als Zen-Praktizierender oder als Anhänger des Vajrayāna verschreibe. Richtlinien sind formeller Ausdruck der Werte, die ich aus gläubigem Vertrauen wähle, um danach zu leben. Es sind diese in den Richtlinien festgelegten Werte, auf die ich mich beziehe, wenn ich eine ethische Entscheidung treffe.

Ohne Umschweife ausgesprochen (zum Beispiel: »Töte nicht«), scheint eine Richtlinie ausschließlich ein Verbot zu sein. Diesem Verbot liegen jedoch Werte zugrunde: daß das Leben kostbar ist, daß die Verminderung von Leiden gut ist, daß Mitgefühl gut ist, daß der Schutz und die Verbesserung des Lebens gut sind. In allen buddhistischen Traditionen herrscht eine Spannung zwischen jenen, die die buchstäbliche Bedeutung der Richtlinien betonen, und denen, die die zugrundeliegenden Werte betonen. Bekannt ist die Geschichte von den zwei Mönchen, die eine Frau im Fluß um ihr Leben kämpfen sehen. Der eine springt ins Wasser, um sie zu retten, während der andere mißbilligend zusieht. Ins Kloster zurückgekehrt, wirft letzterer dem anderen vor, sein Mönchsgelübde gebrochen zu haben, weil er eine Frau berührt habe. Der Gefährte antwortet: »Ich habe sie am Flußufer abgesetzt. Du trägst sie immer noch.«

Jedes ethische Dilemma konfrontiert mich mit einer einzigartigen und komplexen Situation, die niemals zuvor existiert hat und die auch nie wieder genauso eintreten wird. Keine noch so große Zahl von Regeln und Richtlinien wird jemals in der Lage sein, die unendliche Vielfalt möglicher ethischer Zweifelsfälle abzudecken, die mir begegnen könnten. Regeln mögen manche einfache Entscheidung erleichtern, aber die wirklichen Zwangslagen verlangen nach einer Übung in Ethik. Erfordern sie doch, daß man die Situation gründlich erwägt und dann – mit Weisheit – eine Entscheidung trifft. Diese Weisheit verlangt von mir, daß ich mein Augenmerk auf die den Richtlinien und Regeln zugrundeliegenden Werte richte.

Handlung (*karma*), so erklärt der Buddha, ist Absicht. Die Absicht haben, etwas zu tun, bedeutet, sich zu entscheiden, auf bestimmte Art und Weise zu handeln. Eine solche Entscheidung jedoch beinhaltet jedesmal ein Risiko – denn ich kann mir des Ergebnisses meiner Handlung niemals sicher sein. Alles, worauf ich hoffen kann, ist, genug Weisheit zu besitzen, um zu erkennen, was das Beste wäre – eine Weisheit, die die Demut erfordert, mir darüber im klaren zu sein, daß ich Fehler mache.

Die Übung der Ethik umfaßt also auch die Übung von Meditation und Weisheit. Die Dreifache Übung des Buddha ist daher in jeder ethischen Handlung präsent: in der inneren Verpflichtung gegenüber den Werten, die in den Richtlinien formuliert sind, in der Klarheit, Stille und Freiheit der Achtsamkeit, die es mir erlaubt, bewußt zu erleben, was im Moment vorgeht, und in der Weisheit, mich für das entscheiden zu können, was das Beste ist.

Im Frühjahr 1993 hatte ich das Glück, Mitglied einer Gruppe westlicher buddhistischer Lehrerinnen und Lehrer zu sein, die sich mit Seiner Heiligkeit dem Dalai Lama trafen, um unter anderem Fragen buddhistischer Ethik vor allem im Hinblick auf Lehrende zu diskutieren. Der Dalai Lama ist sowohl ein außerordentlicher Vertreter des historischen Dharma wie auch ein herausragender Interpret seiner Inhalte. Er ist von radikaler Liberalität, was die Doktrin und ihre Interpretation angeht, in ethischen Fragen jedoch höchst konservativ.

Es ist der Schüler, so sagte der Dalai Lama, der den Lehrer mit Autorität ausstattet und ihn in eine bestimmte Rolle drängt. Warum sind einige Lehrer in Amerika und Europa in Skandale verwickelt gewesen? Warum konnten sie ihre Schülerinnen und Schüler ausbeuten und mißbrauchen? Dies war ein Thema, das dem Dalai Lama sehr am Herzen lag. Der Schüler, die Schülerin, so merkte er an, prüft oft die ethischen und spirituellen Qualitäten einer Person nicht eingehend genug, bevor er ihn (meistens handelt es sich um »ihn«) als Lehrer akzeptiert. Die tibetische Tradition hingegen postuliert, daß einem solchen Schritt Jahre genauester Prüfung vorausgehen sollten. Der Fehler liegt allerdings in erster Linie beim Lehrer. Der Dalai Lama machte folgende Beobachtung: »Viele Freunde, die ich hier [in Indien und Tibet] gekannt hatte, waren da sehr bescheiden, im Westen aber wurden sie stolz.« Wenn ein einfacher Mönch aus einer ärmlichen Flüchtlingssiedlung in Indien plötzlich in einer europäischen oder amerikanischen Großstadt verehrt und mit Wohlstand überschüttet wird, ist die Gefahr, daß ihm diese Behandlung zu Kopf steigt, verständlicherweise groß. »Alkohol«, so sagt Seine Heiligkeit, »ist oft die Wurzel solcher Probleme.« Natürlich: ein verführerischer Krückstock für jemanden, der, seiner heimatlichen Kultur entfremdet, in eine verwirrende und herausfordernde Welt geworfen ist, ohne die notwendigen sozialen und emotionalen Mittel zu haben, den neuen Herausforderungen zu begegnen.

Das wäre alles gut und schön, bis auf die Tatsache, daß die meisten dieser asiatischen Lehrer und ihrer westlichen Nachfolger angeblich erleuchtet sein sollen. Was bedeutet »Erleuchtung«, wenn die, die sie angeblich haben, immer noch diesen wenig erbaulichen Verhaltensmustern unterworfen sind, die wir armen unerleuchteten Wesen zu überwinden bestrebt sind? Zumindest, so möchte man annehmen, sollte Erleuchtung doch einen gewissen Grad an Zufriedenheit herbeiführen. Wenn aber jemand zufrieden ist, wie kann er dann der Selbstüberschätzung erliegen? Warum kann er von Alkohol abhängig werden? Warum sollte er eine Vielzahl von schnellen sexuellen Abenteuern suchen? Selbst unerleuchtete zufriedene Menschen haben so etwas nicht nötig.

Wenn die Handlungen eines Lehrers unethisch sind, antwortete der Dalai Lama, dann ist seine Praxis falsch, selbst wenn er viele Jahre geübt haben sollte. Es mangelt solchen Lehrern ganz einfach am rechten Verständnis des Dharma. Es gibt eine »Lücke« zwischen dem Dharma und ihrem Leben. Er widersprach auch der Vorstellung, daß man nicht mehr an Moral gebunden sei, wenn man erst die letztendliche Wahrheit von der Leerheit verstanden habe. Im Gegenteil: Indem die Erkenntnis der Leerheit das Netz der Verbundenheit, das alle Lebewesen ethisch verbindet, enthüllt, überschreitet sie nicht mystisch jede Moralität, sondern verankert sie in der Erfahrung.

Seine Heiligkeit gab bei einer Gelegenheit der Sorge Ausdruck, daß die Zen-Erfahrung des *satori* entweder mit einem Zustand tiefer Konzentration (*samādhi*) verwechselt werden oder einfach ein Zustand der Nicht-Begrifflichkeit sein könne, die beide kein transformatives Verstehen enthalten würden. Die Betonung hoher Ebenen der Erleuchtung im Zen, so merkte er an, berge die Gefahr, niedere Ebenen einfachen neurotischen Verhaltens unbearbeitet zu lassen. Er wunderte sich auch über Buddhisten, denen er begegnet war, die über Erfahrungen von Leerheit sprachen, aber menschliche Wärme vermissen ließen, was für ihn auf eine meditative Fehlentwicklung in Richtung reiner Nicht-Begrifflichkeit oder geistigen Sinkens (eine subtile Form der Dumpfheit) hinwies. »Daher«, so schloß er, »bevorzuge ich den stufenweisen Weg.«

Jemand bemerkte, daß unsere gemeinsam verbrachten Tage »ein Gefühl von Richtigkeit bis in die Knochen« gebracht hatten. Die Begegnung mit dem Dalai Lama diente als Bestätigung von etwas, das viele von uns intuitiv seit langem für richtig hielten, das auszudrücken sie jedoch weder die Worte noch den Mut gefunden hatten. »Die Vergangenheit ist vergangen«, sagte der Dalai Lama am letzten Tag. »Was wichtig ist, ist die Zukunft. Wir sind die Schöpfer. Die Zukunft liegt in unserer Hand. Selbst wenn wir versagen sollten, kein Bedauern – wir müssen uns Mühe geben.«

DER DALAI LAMA

🪷 Hoffnung für die Zukunft

Ich möchte zu Ihnen über die Bedeutung von Güte und Mitgefühl
sprechen. Wenn ich über dieses Thema rede, sehe ich mich nicht
als Buddhisten, nicht als den Dalai Lama, ja nicht einmal als
Tibeter, sondern einfach als Menschen. Ich hoffe, daß auch Sie
sich als Menschen sehen und nicht als Amerikaner oder Abendländer oder Mitglied irgendeiner anderen Gruppierung. Diese
Dinge sind zweitrangig. Wenn Sie und ich einfach als Menschen
miteinander umgehen, können wir uns auf einer sehr grundlegenden Ebene begegnen. Wenn ich sage: »Ich bin Mönch, ich
bin Buddhist«, dann sind das, verglichen mit meinem Wesen als
Mensch, temporäre Zustände. Mensch zu sein ist unsere gemeinsame Basis. Sind wir einmal als Menschen geboren, so ist diese
Tatsache unabänderlich – bis zu unserem Tod. Alle anderen Merkmale – ob man gebildet oder ungebildet ist, ob reich oder arm –
sind zweitrangig.

Heutzutage sind wir mit vielen Problemen konfrontiert. Einige
dieser Probleme haben wir eindeutig selbst geschaffen. Sie gehen
zurück auf Diskriminierungen aus ideologischen, religiösen, ras-
sischen Gründen, auf wirtschaftlichen Status und andere Faktoren. Aus diesem Grund ist es nun an der Zeit, auf einer grundlegenderen Ebene zu denken, auf der Ebene der Menschlichkeit,
und von dieser Ebene aus uns selbst und andere als Menschen zu
respektieren und zu schätzen, uns als ebenbürtig und gleich zu
fühlen. Wir müssen engere Beziehungen aufbauen, getragen von
gegenseitigem Vertrauen, Verständnis und Respekt, unabhängig
von Unterschieden in Kultur, Philosophie, Religion und Glauben.

Schließlich sind alle Menschen aus Fleisch und Blut. Alle wollen glücklich sein und nicht leiden. Und wir alle haben dasselbe

Recht, glücklich zu sein. Darum ist es so wichtig, unsere Gleichheit als Menschen zu erkennen. Wir alle gehören derselben menschlichen Familie an. Zwar streiten wir häufig miteinander, aber immer aus sekundären Gründen, und all das Streiten, Betrügen und gegenseitige Bedrängen hat keinen Sinn.

Unglücklicherweise haben sich die Menschen jahrhundertelang mit allen nur denkbaren Mitteln gegenseitig verletzt und unterjocht. Furchtbare Dinge sind geschehen. Wir haben immer mehr Probleme, immer mehr Leid und immer mehr Mißtrauen geschaffen und Haß und Diskriminierung vertieft.

Heute wird die Welt von Tag zu Tag kleiner. Die verschiedenen Ecken der Welt rücken wirtschaftlich und auch ganz allgemein gesehen immer näher zusammen, weil die Nationen immer stärker voneinander abhängig sind. Aus diesem Grund häufen sich die Gipfeltreffen; die Probleme auch noch des abgelegensten Ortes sind mit der globalen Krise eng verknüpft. Die Umstände selbst sind Beweis dafür, daß es endlich an der Zeit ist, die gemeinsamen menschlichen Werte zu betonen, statt weiterhin auf den Dingen herumzureiten, die uns trennen. Darum spreche ich als Mensch zu Ihnen, und ich hoffe, daß auch Sie diese Zeilen mit dem Gedanken lesen: »Ich bin ein Mensch und lese hier die Worte eines Mitmenschen.«

Wir alle wünschen uns Glück. Jeder ist ungeheuer beschäftigt, sei es in der Stadt, auf dem Land, selbst noch im abgelegensten Dorf. Warum eigentlich? Jeder versucht glücklich zu werden. Und daran ist ja auch überhaupt nichts auszusetzen. Allerdings sollte man bei der Suche nach Glück unbedingt weise vorgehen. Zu viel Beschäftigung mit Oberflächlichkeiten kann große Probleme nicht lösen.

Wir sind von vielen Krisen, vielen Ängsten umzingelt. Durch eine hochentwickelte Wissenschaft und Technik haben wir einen sehr weitgehenden materiellen Fortschritt erreicht. Dieser Fortschritt ist nützlich und nötig. Wenn wir jedoch diesen äußeren mit unserem inneren Fortschritt vergleichen, wird schnell klar, daß die innere Entwicklung zu kurz gekommen ist. In vielen Ländern sind die Krisen durch Terrorismus, Mord und so weiter mittlerweile chronisch geworden. Die Menschen beklagen den Niedergang der ethischen Werte und den Anstieg der Kriminalität. Obwohl wir also nach außen hin hoch entwickelt sind und sogar immer noch weitere Fortschritte machen, vernachlässigen wir gleichzeitig unsere innere Entwicklung.

In früheren Zeiten waren die Auswirkungen von Kriegen noch überschaubar und begrenzt. Wegen des äußerlichen materiellen Fortschritts jedoch sehen wir uns heute mit einem unvorstellbaren Zerstörungspotential konfrontiert. Vor einiger Zeit besuchte ich Hiroshima, und obwohl ich einiges über den Abwurf der Atombombe wußte, fand ich es zutiefst bewegend, den Schauplatz mit eigenen Augen zu sehen und mit Menschen zu sprechen, die die Atomexplosion noch selbst miterlebt hatten. Es war schrecklich. Eine grauenhafte Waffe war eingesetzt worden. Sicher gibt es Menschen, die wir für unsere Feinde halten. Auf einer grundlegenderen Ebene jedoch ist auch der Feind ein menschliches Wesen, auch er will Glück und hat jedes Recht dazu. Als ich in Hiroshima über diese Tatsache nachdachte, wurde meine Überzeugung, daß Zorn und Haß Probleme nicht lösen können, noch fester. Zorn läßt sich nicht durch Zorn überwinden. Wenn jemand wütend auf Sie ist und Sie ebenfalls mit Zorn reagieren, kommt es zur Katastrophe. Wenn Sie hingegen Ihren Zorn in den Griff bekommen und die gegenteilige Geisteshaltung zeigen – Mitgefühl, Toleranz und Geduld –, bewahren Sie nicht nur Ihren eigenen Frieden, sondern der Zorn des anderen wird ebenfalls allmählich abnehmen. Auch die globalen Probleme lassen sich nicht mit einer Haltung von Wut oder Haß lösen. Wir müssen ihnen mit Mitgefühl, Liebe und aufrichtiger Güte entgegentreten. Zwar haben wir nun einmal all diese furchtbaren Waffen, doch von sich aus können die Waffen keinen Krieg vom Zaun brechen. Der Knopf, der sie auslöst, liegt unter einem menschlichen Finger, und auch der bewegt sich durch Denken und nicht aus eigener Kraft. Die Verantwortung liegt also in unserem Denken.

Wenn man die Dinge aufmerksam betrachtet, dann findet man ihren Beweggrund im Inneren – im Geist, der das Handeln motiviert. Darum ist es zuerst einmal wichtig, den Geist unter Kontrolle zu bringen. Ich rede nicht von einer geistigen Kontrolle im Sinne tiefer Meditation, sondern von der Reduzierung des Zorns und der Entwicklung von mehr Respekt für die Rechte anderer, von mehr Fürsorge für andere, von mehr Erkenntnis der Gleichheit aller Menschen. Diese Haltung mag die Probleme nicht augenblicklich lösen, aber es ist den Versuch wert. Haben wir denn eine andere Wahl? Wir müssen anfangen, diese Einstellung in Magazinen und Fernsehsendern zu verbreiten. Statt die Medien nur zur platten Werbung zwecks Mehrung unseres Vermögens zu nutzen, müssen wir sie in den Dienst einer sinnvolleren Sache stellen – das tatsächliche Wohlergehen der Menschheit. Geld allein reicht nicht. Geld ist wichtig, aber Sinn und Zweck des Geldes ist doch letztlich das Wohlergehen der Menschen. Manchmal vergessen wir die Menschen und denken nur noch ans Geld. Das ist unlogisch.

Schließlich wollen wir alle glücklich sein, und niemand wird der Tatsache widersprechen, daß Friede und Haß einander ausschließen. Nur mit Güte und Liebe läßt sich geistiger Friede erreichen. Niemand wünscht geistige Rastlosigkeit, aber aus Unwissenheit, Depression und so weiter kommt es zu diesen unerwünschten Zuständen. Alle schlechten Gewohnheiten entstehen nur aus Unwissenheit und nicht aus eigener Kraft.

Im Zorn verlieren wir eine unserer besten menschlichen Qualitäten: die Kraft des Urteilsvermögens. Wir haben einen bewundernswerten Intellekt, mit dem wir unterscheiden können, was richtig und was falsch ist, und zwar nicht nur im Sinne der momentanen Umstände, sondern sogar zehn, zwanzig oder hundert Jahre in die Zukunft blickend. Wir brauchen keine Hellseher zu sein, allein mit unserem gesunden Menschenverstand können wir unterscheiden, ob etwas richtig oder falsch ist. Wenn wir dieses tun, so können wir erkennen, wird jenes die Folge sein. Sobald jedoch unser Geist von Zorn besessen ist, verlieren wir die

Kraft des Urteilsvermögens. Und ist diese Kraft erst verloren, steht es ziemlich schlimm – rein körperlich ist man zwar noch ein Mensch, aber geistig fehlt etwas Wesentliches. Da wir körperlich eine menschliche Form erlangt haben, müssen wir uns auch das geistige Urteilsvermögen bewahren, vor dessen Verlust uns keine Versicherungsgesellschaft schützen kann. Die Versicherung geschieht in uns selbst: durch Selbstdisziplin, Selbstbewußtsein und die klare Erkenntnis der Unzulänglichkeiten des Zorns und der positiven Wirkungen der Güte. Denken wir wieder und wieder über diese Dinge nach, gelangen wir schließlich zu einer festen Überzeugung. In einem nächsten Schritt können wir dann den Geist durch Innenschau unter Kontrolle bringen.

Vielleicht lassen Sie sich momentan noch durch Kleinigkeiten leicht aus der Fassung bringen. Mit klarem Verständnis und klarer Bewußtheit können Sie diese Schwäche allmählich unter Kontrolle bringen. Wenn Ihr Zorn gewöhnlich etwa zehn Minuten anhält, versuchen Sie die Zeit auf acht Minuten zu verkürzen. Nächste Woche dann machen Sie fünf Minuten daraus und nächsten Monat zwei. Schließlich sind Sie bei null Minuten. Auf diese Weise entwickeln und trainieren wir unseren Geist.

Das ist meine Überzeugung, und ich selbst übe auf diese Weise. Klar ist, daß jeder Mensch geistigen Frieden braucht; es stellt sich nur die Frage, wie er zu erreichen ist. Sicher nicht durch Zorn. Ausschließlich durch Güte, Liebe und Mitgefühl läßt sich geistiger Friede erreichen. Ergebnis wird eine friedliche Familie sein – glückliche Eltern und Kinder, weniger Streit zwischen den Ehepartnern, keine Scheidungsprobleme. Auf die nationale Ebene übertragen bringt diese Geisteshaltung Einheit, Harmonie und aufrichtige Zusammenarbeit. Auf der internationalen Ebene können gegenseitiges Vertrauen, gegenseitiger Respekt und Gespräche, die in einer Atmosphäre freundlicher Offenheit geführt werden, dazu führen, gemeinsame Anstrengungen zur Lösung der globalen Probleme zu unternehmen. All das ist möglich.

Aber zuerst müssen wir uns selbst ändern. Unsere Regierungen tun ihr Bestes, die Probleme zu lösen, aber sobald ein Problem gelöst ist, taucht das nächste auf. Es ist an der Zeit, es mit einem neuen Lösungsansatz zu versuchen. Natürlich ist es sehr schwierig, eine weltweite Bewegung für geistigen Frieden zu initiieren, aber es ist die einzige Alternative. Es wäre schön, wenn es eine einfachere und praktikablere Lösung gäbe, aber die gibt es nicht. Wenn wir mit Waffen echten, dauerhaften Frieden schaffen könnten, warum nicht. Wandeln wir alle Produktionsstätten in Waffenfabriken um. Geben wir jeden Dollar für die Rüstung aus, wenn es tatsächlich dauerhaften Frieden bringt. Aber so funktioniert es nicht.

Waffen bleiben nicht im Arsenal. Sobald eine Waffe entwickelt ist, wird sie früher oder später auch benutzt. Vielleicht hat jemand das Gefühl, daß Millionen Dollar verschwendet wären, wenn die Waffe nicht irgendwann einmal eingesetzt würde, also sollten wir sie benutzen – probieren wir die Bombe aus, werfen wir sie ab. Als Folge kommen unschuldige Menschen ums Leben. Ein Freund hat mir von einem Geschäftsmann in Beirut erzählt, der ausschließlich aus persönlicher Gewinnsucht mit Waffen handelt. Wegen seiner Geschäfte kommen viele arme Menschen in den Straßen um – zehn, fünfzehn oder sogar hundert täglich. Das sind die Folgen, wenn es an menschlichem Verständnis, an gegenseitiger Achtung und an gegenseitigem Vertrauen fehlt und nicht auf der Basis von Güte und Liebe gehandelt wird.

Obwohl es also schwierig ist, den Frieden durch innere Transformation zu schaffen, gibt es doch keine andere Möglichkeit, dauerhaften Weltfrieden zu erreichen. Selbst wenn es nicht gelingen sollte, solange ich noch lebe, wäre das nicht so schlimm. Andere Menschen werden weitermachen – die nächste Generation und die übernächste – und den Fortschritt weitertragen. Ungeachtet der praktischen Schwierigkeiten und der Tatsache, daß viele es für unrealistisch halten, ist es, wie ich meine, doch den Versuch wert. Wo immer ich also hinkomme, spreche ich über diese Dinge, und es ermutigt mich, daß Menschen aus den verschiedensten gesellschaftlichen Gruppierungen diese Gedanken positiv aufnehmen.

Jeder einzelne trägt Verantwortung für die ganze Menschheit. Es ist an der Zeit, daß wir die anderen Menschen als wahre Brüder und Schwestern sehen und um ihr Wohlergehen besorgt sind. Selbst wenn Sie Ihr Eigeninteresse nicht völlig aufgeben können, sollten Sie doch die Belange der anderen nicht ganz vergessen. Wir alle sollten mehr an die Zukunft und das Wohl der ganzen Menschheit denken.

Wenn Sie Ihrer selbstsüchtigen Motive – Gier, Zorn und so weiter – Herr werden und mehr Güte und Mitgefühl für andere entwickeln, dann sind Sie selbst am Ende der Gewinner. Manchmal sage ich im Scherz, daß Menschen, die weise selbstsüchtig sind, sich auf diese Art und Weise üben. Dumme Selbstsüchtige denken immer nur an sich, und das Ergebnis ist negativ. Ein weise selbstsüchtiger Mensch hingegen denkt an andere und hilft ihnen, so gut er kann, und das Ergebnis ist positiv.

Das ist meine einfache Religion. Es braucht keine komplizierten Philosophien, ja nicht einmal Tempel. Unser eigener Geist, unser Herz ist unser Tempel. Die Philosophie ist Güte.

Über die Autorinnen und Autoren

/

ROBERT AITKEN

Robert Aitken Rōshi ist Gründer und ehemaliger Leiter der Diamond Sangha, einer zen-buddhistischen Gemeinschaft in Honolulu. Er ist Autor der folgenden Bücher: *Ethik des Zen* (München: Diederichs 1995), *Der spirituelle Weg. Zen-Buddhismus und Christentum im täglichen Leben* (München: Droemer Knaur 1996), *Zen als Lebenspraxis* (München: Diederichs 1998) und *The Dragon Who Never Sleeps: Verses for a Zen Buddhist Practice.*

ALLAN HUNT BADINER

Allan Hunt Badiner ist beratender Mitarbeiter bei *Tricycle*, einem amerikanischen buddhistischen Magazin und Herausgeber von *Dharma Gaia: A Harvest of Essays in Buddhism and Ecology.* Er ist Gründer von *teknozen action* einer Firma für Webdesign. Er lebt mit Frau und Tochter in Big Sur, Kalifornien.

RICHARD BAKER

Richard Baker Rōshi ist Gründer, Abt und Hauptlehrer der Dharma-Sangha-Zentren: Crestone Mountain Zen Center in Colorado und Buddhistisches Studienzentrum im Schwarzwald. Er ist der Dharma-Nachfolger von Shunryu Suzuki Rōshi und Autor von *Original Mind, the Practice of Zen in the West.*

STEPHEN BATCHELOR

Stephen Batchelor lebte zehn Jahre als buddhistischer Mönch der tibetischen und der Zen-Tradition. Er ist Autor von *Buddhismus für Ungläubige* (Frankfurt am Main: Fischer Taschenbuch 1998), *Der große Tibet-Führer* (Augsburg: Steiger 1993) und *Mit anderen allein. Eine existentialistische Annäherung an den Buddhismus* (Berlin: Theseus 1992). Darüber hinaus hat er viele buddhistische Texte übersetzt. Er ist Studiendirektor am buddhistischen Sharpham College in Devon, England, wo er mit seiner Frau auch lebt.

DER DALAI LAMA

Seine Heiligkeit, Tenzin Gyatso, der Vierzehnte Dalai Lama ist seit 1951 spiritueller und politischer Führer Tibets. Seit 1959 lebt er im Exil in Dharamsala, Indien. 1989 erhielt er den Friedensnobelpreis. Er hat viele Bücher verfaßt, darunter *Das Buch der Freiheit* (Bergisch-Gladbach: Lübbe 1998), *Einführung in den Buddhismus* (Freiburg: Herder o. J.), *Der Friede beginnt in dir* (München: O. W. Barth 1997) und *Die Vier Edlen Wahrheiten* (Frankfurt am Main: Krüger 1999).

CHÂN PHÂP DÂNG

Chân Phâp Dâng ist buddhistischer Mönch und Mitglied im Orden des Interseins. Er lebt in Plum Village, Thich Nhat Hanhs Retreatzentrum im Südwesten Frankreichs.

THICH NHAT HANH

1926 geboren, ist Thich Nhat Hanh seit seinem 16. Lebensjahr buddhistischer Mönch. Er ist Gründer von Plum Village, einem Retreatzentrum im Südwesten Frankreichs. Seit 1983 leitet er regelmäßig Seminare zur Kunst des achtsamen Lebens in den USA und Europa. Er ist Autor von mehr als 70 Büchern, darunter *Lebendiger Buddha, lebendiger Christus, Alter Pfad Weiße Wolken: Leben und Werk des Gautama Buddha, Innerer Friede, äußerer Friede.*

SCHWESTER CHÂN KHÔNG

Schwester Chân Không (Wahre Leerheit) wurde 1938 in Vietnam geboren. Schon als Jugendliche begann sie in den Slums Saigons zu arbeiten, verteilte Essen, half den Kranken und unterrichtete Kinder. 1964 schloß sie sich dem Zen-Meister Thich Nhat Hanh an und gründete mit ihm zusammen die Schule der Jugend für den Sozialen Dienst, die zu einer Bewegung heranwuchs, in der über 10 000 junge Menschen medizinische, schulische und landwirtschaftliche Einrichtungen organisierten. Heute lebt sie in Plum Village, wo sie als Dharmalehrerin, Gemeinschaftsvorstand und Sozialarbeiterin wirkt. Sie ist Autorin des Buches *Aus Liebe zu allen Wesen. Mein Weg, meine Visionen, meine Sangha* (Berlin: Theseus 1995).

JACK KORNFIELD

Jack Kornfield lebte als buddhistischer Mönch in Thailand, Burma und Indien. Seit 1974 lehrt er weltweit Meditation. Er ist Ehemann, Vater, Psychotherapeut und Gründungslehrer der Insight Meditation Society in Massachusetts und des Spirit Rock Meditation Center in Nordkalifornien. Er ist Coautor (mit Joseph Goldstein) von *Einsicht durch Meditation. Die Achtsamkeit des Herzens – Buddhistische Einsichts–Meditationen für westliche Menschen* (München: O. W. Barth 1989), und Autor von *Ein stiller Waldteich. Die Erkenntnismeditation von Ajahn Chah* (Berlin: Teseus 1996), *Buddhas kleines Weisungsbuch* (München: Knaur Taschenbuch 1994), *Frag den Buddha und geh den Weg des Herzens* (München: Kösel 1995) und *Geschichte des Herzens* (Freiamt: Arbor 1998).

ARNOLD KOTLER

Arnold Kotler war fünfzehn Jahre Mönch im San Francisco Zen Center und im Tassajara Zen Center. Er wurde von Thich Nhat Hanh zum Dharmalehrer ordiniert und ist Gründungsmitglied von Parallax Press.

KENNETH KRAFT

Kenneth Kraft ist Professor für japanische Religionen an der Lehigh University. Er lebt mit seiner Frau und zwei Töchtern in Philadelphia. Er ist Autor von *Eloquent Zen: Daito and Early Japanese Zen* und Herausgeber von *Zen: Tradition and Transition* sowie *Inner Peace, World Peace: Essays on Buddhism and Nonviolence.*

SCHWESTER ANNABEL LAITY

Schwester Annabel Laity ist buddhistische Nonne und Dharmalehrerin im Tiep-Hienh-Orden. Sie lebt in Plum Village, wo sie für die Leitung der täglichen Achtsamkeitspraxis verantwortlich ist. Sie leitet auch internationale Retreats und hat viele Bücher Thich Nhat Hanhs übersetzt, unter anderem *Breathe! You Are Alive, Our Appointment with Live* und *The Sun My Heart.*

JOANNA MACY

Joanna Macy beschäftigt sich intensiv mit Buddhismus, allgemeiner Systemtheorie und Tiefenökologie. In vielen Ländern ist sie bekannt für ihre Workshops über kreatives, tragfähiges soziales Handeln. Unter ihren Büchern sind *Die Wiederentdeckung der sinnlichen Erde. Wege zum ökologischen Selbst* (Berlin: Theseus 1994), *Mutual Causality in Buddhism and General Systems Theory: The Dharma of Natural Systems, World As Lover, World As Self.* Außerdem hat sie *Rilkes Stundenbuch* ins Englische übersetzt.

PETER MATTHIESSEN

Peter Matthiessen (Muryo Sensei) studierte Zen unter Nakagawa Soen Rōshi, Eido Shimano Rōshi, Taizan Maezumi Rōshi und erhielt die Dharmaübertragung im Jahre 1984 von Bernard Tetsugen Glassman Rōshi. Er ist engagierter Umweltschützer und tritt für soziale Gerechtigkeit ein. Er hat viele Bücher geschrieben, von denen auf Deutsch *Auf der Spur der Schneeleoparden* (München: Goldmann 1997) vorliegt.

GARY SNYDER

Gary Snyder ist Pulitzerpreisträger und lebt als Autor und Lehrer für Literatur in Kalifornien. Er ist Gründer des Ring of Bone Zendo und Autor von *Mountains and Rivers Without End, Axe Handles, Turtle Island, Earth House Hold* und vieler weiterer Bücher.

CLAUDE THOMAS

Claude Thomas ist Veteran des Vietnamkriegs und wurde 1995 von Bernard Glassman Rōshi zum Peacemaker-Priester geweiht.

ROBERT A. F. THURMAN

Robert A. F. Thurman ist Jey-Tsong-Khapa-Professor für indo-tibetische Studien an der Columbia Univerity, New York. Neben einer großen Zahl bedeutender Übersetzungen buddhistischer Originaltexte wie zum Beispiel *Das Tibetische Totenbuch* (Frankfurt am Main: Krüger 1996) umfaßt seine Bibliographie *Wisdom and Compassion: The Sacred Art of Tibet, Tsong Khapa's Speech of Gold in the Essence of True Eloquence: Reason and Enlightenment in the Central Philosophy of Tibet.*

Quellen

TEIL 1
DEN FRIEDEN FINDEN

»Altruismus kultivieren« ist aus *Worlds in Harmony* (1992), S. 3–10

»Leiden ist nicht genug« ist aus *Being Peace* (1987), S. 3–9

»Spirituelle Praxis und soziales Handeln« ist aus *The Path of Compassion* (1988), S. 24–30.

TEIL 2
DEN FRIEDEN BERÜHREN

»Das Leben ist ein Wunder« ist aus *Touching Peace* (1992), S. 1–9

»Der Drache, der niemals schläft« ist aus *The Dragon Who Never Sleeps* (1992), S. xii-xxii und ausgewählte Verse aus dem Text. Die Gedichte wurden erstmals veröffentlicht in fine-press limited edition (Monterey, Kentucky, Gray Zeitz, Larkspur Press, 1990)

»Gehmeditation« ist aus *The Long Road Turns to Joy* (1996), aus dem Text zusammengestellt.

»Die guten Nachrichten« ist aus *A Joyful Path* (1994), S. 64–65.

TEIL 3
AKTIVES MITGEFÜHL

»Aktive Liebe« ist aus *Love in Action* (1993), S. 39–47

»Engagierter Buddhismus« ist aus *The Path of Compassion* (1988), S. xi-xviii

»Nāgārjunas Richtlinien für soziales Handeln im Buddhismus«
ist aus *The Path of Compassion* (1988), S. 120–121 und 130–144
   »Frieden finden nach einem Leben im Krieg« ist aus *A Joyful Path* (1994), S. 59–62
   »Bitte rufe mich bei meinen wahren Namen« ist aus *The Path of Compassion* (1988), S. 31–39
   »Tage und Monate« ist aus *Learning True Love* (1993), S. 96–108
   »Buddhismus und die Möglichkeiten einer Weltkultur« ist aus *The Path of Compassion* (1988), S. 82–85
   »Echtes Mitgefühl« ist aus *Worlds in Harmony* (1992), S. 131–139.

TEIL 4
DAS ERGRÜNEN DES SELBST

   »Dharma Gaia« ist aus *Dharma Gaia* (1990), S. xiii-xviii
   »Die Samen der Achtsamkeit gießen« ist aus *A Joyful Path* (1994), S. 66–69
   »Welt als Liebster, Welt als Selbst« ist aus *World as Lover, World as Self* (1991), S. 3–14
   »Die Sonne mein Herz« ist aus *Love in Action* (1993), S. 127–138
   »Das Ergrünen des Selbst« ist aus *World as Lover, World as Self* (1991), S. 183–192.

TEIL 5
GEMEINSCHAFT

   »Gemeinschaft bauen« ist aus *A Joyful Path* (1994), S. 115
   »Gemeinschaft als Rückhalt« ist aus *A Joyful Path* (1994), S. 5–22
   »Die sechs Prinzipien der Harmonie« ist aus *A Joyful Path* (1994), S. 87–90
   »Lächeln« ist aus *A Joyful Path* (1994), S. 110–111.

TEIL 6
DIE ZUKUNFT LIEGT IN UNSERER HAND

»Diät für eine achtsame Gesellschaft« ist aus *For a Future To Be Possible* (1993), S. 62–79

»Die Richtlinien und ihre verantwortungsvolle Übung« ist aus *For a Future To Be Possible* (1993), S. 101–105

»Die Zukunft liegt in unserer Hand« ist aus *For a Future To Be Possible* (1993), S. 136–142

»Hoffnung für die Zukunft« ist aus *The Path of Compassion* (1988), S. 3–8.

Spirit

Taisha Abelar
Die Zauberin
Die magische Reise
einer Frau auf dem
toltekischen Weg
des Wissens
Band 13304

Meher Baba
**Darlegungen über
das Leben in Liebe
und Wahrheit**
Die Unterweisun-
gen eines universel-
len Weisheitslehrers
Band 13209

Stephen Batchelor
**Buddhismus für
Ungläubige**
Band 14026

Mojdeh Bayat
Mohammad Ali
Jamnia
**Geschichten aus
dem Land der Sufis**
Band 13966

Perle Besserman
**Der versteckte
Garten**
Die Kabbala als
Quelle spiritueller
Unterweisung
Band 13013

P. Besserman (Hg.)
**Früchte vom
Baum des Lebens**
Die Weisheit der
jüdischen Mystik
Band 13027

Jerry Braza
**Achtsamkeit –
leben im
Augenblick**
Band 14253

Thomas Cleary (Hg.)
Dhammapada
Die Quintessenz
der Buddha-Lehre
Band 13156
**Die Drei Schätze
des Dao**
Basistexte der
inneren Alchimie
Band 12899

Mark Epstein
**Gedanken ohne
den Denker**
Das Wechselspiel
von Buddhismus
und Psychotherapie
Band 14252

David Fontana
**Kursbuch
Meditation**
Die verschiedenen
Meditationstechni-
ken und ihre
Anwendung
Band 13098

Fischer Taschenbuch Verlag

Spirit

Matthew Fox
**Freundschaft
mit dem Leben**
Die vier Pfade
der Schöpfungs-
spiritualität
Band 14016

Meister Hakuin
Authentisches Zen
N. Waddell (Hg.)
Band 13333

William Hart
**Die Kunst
des Lebens**
Vipassana-
Meditation nach
S. N. Goenka
Band 12991

Huang-po
Der Geist des Zen
Band 13256

Sheldon Kopp
**Anfang und Ende
sind eins**
Band 13824

Arnold Kotler (Hg.)
Mitgefühl leben
Engagierter
Buddhismus heute
Band 14256

Jiddu Krishnamurti
**Über Leben
und Sterben**
Reflexion über die
Letzten Dinge
Band 13656

John Daido Loori
**Hat ein Hund
Buddha-Natur?**
Die Kōan-
Praxis im Zen
Band 13019

Erika Lorenz
**Praxis der
Kontemplation**
Die Weisungen der
klassischen Mystik
Band 13115

Th. E. Mails (Hg.)
**Ich singe mein
Lied für Donner,
Wind und Wolken**
Das Leben
von Fools Crow
Band 13032

Fischer Taschenbuch Verlag

Spirit

Thomas Merton
**Die Weisheit
der Wüste**
Band 14255

Maura O'Halloran
**Im Herzen
der Stille**
Aufzeichnungen
einer Zen-Schülerin
Band 13822

Raimon Panikkar
Gottes Schweigen
Die Antwort
des Buddha für
unsere Zeit
Band 13273

Ravi Ravindra
**Mystisches
Christentum**
Band 13029

Jalāluddīn Rūmī
**Die Sonne
von Tabriz**
Gedichte,
Aphorismen und
Lehrgeschichten
des großen Sufi-
Meisters
Band 13243

**Innenansichten der
großen Religionen**
Buddhismus -
Christentum -
Daoismus -
Hinduismus -
Islam - Judentum -
Konfuzianismus
Herausgegeben von
Arwind Sharma
Band 13142

Raymond Smullyan
Das Tao ist Stille
Band 13588

Chögyam Trungpa
**Die Insel des
JETZT im
Strom der Zeit**
Bardo-Erfahrungen
im Buddhismus
Band 13823

Yeshe Tsogyal
**Der Lotosge-
borene im Land
des Schnees**
Wie Padma-
sambhava den
Buddhismus nach
Tibet brachte
Band 12975

H. G. Türstig (Hg.)
**Die Weisheit der
Upanischaden**
Klassiker indischer
Spiritualität
Band 12896

Fischer Taschenbuch Verlag

fi 2090 / 5 c

Spirit

Fischer Taschenbuch Verlag

Llewellyn Vaughan-Lee

Transformation des Herzens

Die Lehren der Sufis

Aus dem Amerikanischen von
Franziska Espinoza

Band 14257

Llewellyn Vaughan-Lee legt hier eine Einführung in Theorie und meditative Praxis des Sufismus für moderne westliche Leser vor. In Kapiteln, die durchsetzt sind mit inspirierenden Zitaten aus der spirituellen Literatur des Orients, erläutert der Autor die Entstehung und Geschichte des Sufismus, seine Entwicklung bis hin zur Verbreitung im heutigen Westen, seine meditativen Praktiken und ihr Ziel. Dabei zieht er Parallelen vom sufischen Verständnis der inneren Entwicklung zur westlichen Psychologie Jungscher Prägung. Solche Parallelen gibt es besonders im Bereich der Traumarbeit, der Arbeit mit dem »Schatten« sowie den weiblichen und männlichen Komponenten in jedem Menschen (Anima/Animus, Ying/Yang). So wird deutlich, das Sufismus nicht nur etwas ist, das in alter Zeit von orientalischen Weisen praktiziert wurde: Es ist ein spiritueller Weg der inneren Entwicklung, der für Menschen in unserer heutigen westlichen Gesellschaft gangbar und praktikabel ist.

Fischer Taschenbuch Verlag

Reshad Feild

Jede Reise beginnt mit einer Frage

Ein Leben in der Sufi-Tradition

Aus dem Englischen von
Stefan Bommer

237 Seiten. Geb.

Seit Tim, wie er damals noch hieß, in einem Londoner Antiquitätengeschäft jenem Mann begegnete, den er ›Hamid‹ nannte, der ihn auf den Weg der Derwische führte und ihm den Namen Reshad gab, ist er auf seinen Reisen durch die Welt vielen Lehrmeistern begegnet – Heilern und Hexern, Schamanen und Okkultisten und einer Vielzahl ungewöhnlicher und faszinierender Menschen, die ihn lehrten, das Leben an sich mit all seinen Um- und Irrwegen als Lehrmeister zu betrachten. In seinem autobiographischen Bericht begegnen wir Reshad Feild als einem Lehrer des ›Weges‹, der die Flamme der Liebe und Wahrheit, die er in sich gefunden hat, nun selbst in alle Welt hinausträgt. In einem Kaleidoskop erstaunlicher Geschichten und Begegnungen zeigt Reshad Feild, daß die Suche nach der Wahrheit, die den Lehren der Sufis und anderen spirituellen Lehren zugrunde liegt, nie endet. Er macht uns klar: Hast du erst einmal realisiert, daß alle Wege nirgendwohin führen und der Umweg selbst das Ziel ist, dann findest du in den banalsten Erfahrungen des Alltags Lehren von ungeahnter Tiefe.

Wolfgang Krüger Verlag

fi 5043 / 3

Sheldon Kopp

Anfang und Ende sind eins

Aus dem Amerikanischen von Hans Sartorius

Band 13824

Was Sheldon Kopp in seinem Buch beschreibt, sind die Spannungen, die das menschliche Leben ausmachen, die ständigen Bewegungen zwischen Suchen und Finden und die schmerzhaften, aber lebendigen Prozesse, die diese Wandlungen immer begleiten. *Anfang und Ende sind eins* ist ein sehr persönliches Buch, das durch seine unverstellte Offenheit und Klarheit dem Leser die Möglichkeit bietet, nicht nur Kopps Entwicklung zu begreifen, sondern sie auch in sich selbst zu spiegeln. Sheldon Kopp beschreibt die Chancen und Krisen auf dem Weg zur Entdeckung unseres wahren Ichs; er zeigt die Notwendigkeit, unsere Eigenheit, unsere Besonderheit anzuerkennen, damit wir die höhere Macht in uns finden, und er öffnet die Tür zum »Nachhausekommen«, wenn sich die Dinge für uns endlich klären.

Fischer Taschenbuch Verlag

Taisha Abelar

Die Zauberin

Die magische Reise einer Frau auf dem
Yaqui-Weg des Wissens

Mit einem Vorwort von Carlos Castaneda

Einzig berechtigte Übersetzung aus dem Englischen
von Jochen Eggert

Band 13304

Auf der Suche nach neuem Lebenssinn und innerer Freiheit
durchstreift die junge Taisha den Südwesten der USA. Angezogen von der inneren Kraft und magischen Ausstrahlung einer
Frau, deren nur scheinbar »zufällige« Bekanntschaft sie macht,
stolpert sie, ohne es zunächst zu ahnen, in *das* Abenteuer ihres
Lebens hinein... Sie gerät in den Bannkreis von Menschen, die
sich als Eingeweihte einer uralten indianischen Weisheitstradi-
tion erweisen, die in Arizona und Mexiko noch lebendig ist.
Es ist eben jener Kreis von Suchern und Meistern unter der
geistigen Führung des Yaqui-Zauberers Don Juan, den auch
Carlos Castaneda in seinen Büchern schildert. Mit Hilfe eines
körperlichen und mentalen Trainings, das ihren ganzen Mut
und Einsatz erfordert, wird Taisha von ihren Lehrmeistern auf
den Yaqui-Weg des Wissens geführt. Dabei lernt sie, die ver-
schütteten Quellen ihrer tiefsten weiblichen Kräfte wieder zu
erschließen. Ihr Bericht über die Stadien des Weges der weisen
Frauen gibt uns Einblick in noch wenig bekannte Möglichkeiten
der menschlichen Erfahrung.

Fischer Taschenbuch Verlag

Stephen Batchelor
Buddhismus für Ungläubige

Aus dem Amerikanischen von
Jochen Eggert

Band 14026

Batchelor zeigt in diesem Buch, daß der Buddhismus nicht etwas ist, woran man »glauben« soll oder muß, sondern daß er praktische Anleitung zu einem achtsameren und mitfühlenderen Denken und Handeln ist, welches den Menschen dazu führt, authentischer im Hier und Jetzt zu leben. Dazu ist kein Bezug auf »überweltliche Wahrheiten« nötig, kein Glaube an Wiedergeburt und andere Kategorien der fernöstlichen Religionen, die nicht zum Kern des Buddhismus, sondern zu seinem kulturellen Überbau gehören. Er stützt seine Erläuterungen ab mit Anleitungen zu grundlegenden Meditationsübungen, die den Nachvollzug der Lehren in eigener Erfahrung ermöglichen.

Fischer Taschenbuch Verlag